Pol Ballús nació en el Hospital de Vic, pero es de Roda de Ter y esta muy orgulloso de ello. Empezó a ejercer en Radio Manlleu narrando partidos de fútbol. Fue becario en Catalunya Radio antes de emigrar a Liverpool en octubre de 2015 donde trabajó de camarero. No tardó en colaborar para la prensa catalana y esta será su cuarta temporada como acreditado en la Premier League, la tercera como corresponsal del Sport en Mánchester. Publicó en Panenka, colabora con la BBC y regularmente con Rac1; dicen que es guapo, divertido, buen hijo y que no hay periodista español que conozca mejor el futbol inglés que él.

Luis Martín es sin duda uno de los mejores reporteros en activo del periodismo deportivo español. Trabajó en el diario Sport y en El País, y hoy vive a caballo entre Barcelona y Mánchester. Colaborador habitual de la radio española, escribe en medios nacionales e internacionales. Se dice que no hay entrevista que se le resista. Ha cubierto Mundiales, Eurocopas, Copas América, Juegos Olímpicos y pocos países no han estampado su sello en el pasaporte de este maestro del periodismo de calle. Ha escrito varios libros, uno de ellos con Josep Guardiola.

CUADERNO DE MÁNCHESTER

LUIS MARTÍN Y POL BALLÚS

CUADERNO DE MÁNCHESTER

DE CÓMO Y CON QUIÉN PEP GUARDIOLA CONQUISTÓ INGLATERRA

MALPASO

BARCELONA MÉXICO BUENOS AIRES NUEVA YORK

Para obtener este libro en formato digital escriba su nombre y apellido con bolígrafo o rotulador en la primera página. Tome luego una foto de esa página y envíela a <ebooks@malpasoed.com>. A vuelta de correo recibirá el e-book gratis. Si tiene alguna duda escríbanos a la misma dirección.

C/ Diputació 327, pral. 1.ª
08009 Barcelona
www.malpasoed.com

ISBN: 978-84-17081-88-1
Depósito legal: B-20.950-2018
Primera edición: septiembre de 2018

Impresión: Novoprint
Diseño de interiores: Sergi Gòdia
Maquetación: Danira Espinosa
Imagen de la cubierta: © Matthew Ashton - AMA

El 22 de mayo de 2016, veintiuna personas murieron en un atentado terrorista al terminar el concierto de Ariana Grande en el Manchester Arena. Este libro está dedicado con todo nuestro cariño a su memoria, a sus familiares y amigos y a todos los que de alguna manera padecieron las consecuencias de aquella maldita noche de dolor. Y en especial a Cristina, Maria y Valentina por ser tan valientes.

We love Manchester.

PRÓLOGO

Conocí al Señor el 26 de mayo de 2016 en el Ethiad Campus. Me habían pedido que lo entrevistara para la página web del club y media docena de personas esperábamos su aparición en aquella sala. Ninguno de nosotros lo conocía, de modo que estábamos, digamos, un pelín... no nerviosos, pero... me entendéis, ¿no? En cuanto llegó, sin embargo, consiguió que todo el mundo se sintiera cómodo. Estrechó las manos, preguntó los nombres y se interesó por el trabajo de cada uno. Durante los 45 minutos siguientes procedió a contarnos (con calma, con seguridad) lo que esperaba y deseaba hallar a lo largo de durante su período inicial en el club. Explicó lo que esperaba de los jugadores, la afición y el cuerpo técnico. Dijo que tenía muchas ganas de experimentar el clima de la ciudad y que pensaba trabajar y vivir en el centro. Parecía uno de nosotros, hablaba como nosotros, soñaba como nosotros. Recuerdo vivamente que, cuando salió de la sala y la puerta se cerró tras él, inflamos colectivamente nuestros carrillos y exclamamos «¡guau!» mirándonos unos a otros,

Mis amigos, que en su mayoría son *blues*, me llamaron enseguida preguntando: «¿Cómo es? ¿Qué ha dicho?». Les aseguré que trayéndolo a Mánchester nuestro pequeño y ridículo club de fútbol había dado un golpe maestro entre todos los golpes maestros. Nos hallábamos en buenas manos.

Dos años después estamos a punto de lograr algo increíble, algo que no es fácil de describir. Nunca habíamos presenciado tanta magia; nunca, al menos, durante toda una vida. Desde aquel día nos hemos visto a menudo, tanto en la victoria como en la derrota: siempre tranquilo, pero resuelto; siempre centrado, pero jovial; siempre exigente, pero afable. Jugar para el Señor debe de ser un auténtico placer.

P. D. ¡Lo del clima era mentira!

NOEL GALLAGHER, MARZO DE 2018

CUADERNO DE MÁNCHESTER

CAPÍTULO 1

LA TARDE DE LOS CIEN PUNTOS

So throw those curtains wide!
One day like this a year'd see me right!

ELBOW, «ONE DAY LIKE THIS»

Ese día, a las tres de la tarde, el City salió al campo de Southampton vestido de gris para jugarse los últimos tres puntos de la temporada. Ya era campeón de Liga, pero aun así afrontaba varios retos. Los Saints, con Mark Hugues en el banquillo, estaban virtualmente salvados del descenso: solo se iban a la mierda si perdían por una diferencia de nueve goles.

No encajaron un tanto hasta el minuto 93, cuando Kevin De Bruyne dio su vigesimoprimera asistencia de la temporada (llegó a 16 en la Liga, más que nadie) y Gabriel Jesus controló el pase largo con la izquierda para superar la salida del portero levantando suavemente la pelota con el interior del pie derecho. Gol del 33, que poco antes había salido al campo sustituyendo a Delph.

Gabriel Jesus salió corriendo en busca de los hinchas del City desplazados hasta el Saint Mary's, se quitó la camiseta y se entregó a sus abrazos para desesperación de los *stewards* que pilló en medio y de un fotógrafo que quedó atrapado en el tumulto. Porque detrás del brasileño aparecieron Brahim y Foden (que habían salido al campo básicamente para que pudieran sumar el quinto partido en la competición y la Football Association —FA— les otorgara la medalla que los reconocía como campeones de la Premier), Sterling, Stones, Sane, Walker (en un *sprint* majestuoso desde el banquillo), De Bruyne, Fernandinho, Delph, y Zinchenko. Ederson y Kompany llegaron los últimos y se tiraron como desalmados sobre la piña humana.

«Si algo tiene este equipo es la forma de celebrar los goles, un detalle que muestra cómo vive el vestuario, lo unidos que están los jugadores», dijo un día Manel Estiarte.

Josep Guardiola se abrazó a su amigo, el que fuera mejor waterpolista del mundo, con la misma pasión con que celebró el gol con Rodolf Borrell, uno de sus colaboradores. Domènec Torrent, Brian Kidd, Mikel Arteta y Lorenzo Buenaventura recibieron el cariño de Pep antes de que los jugadores volvieran al centro del campo, el Southampton pusiera la pelota en juego y se terminara el partido.

«Estoy muy feliz por el gol, pero no es lo más importante. Me tocó a mí, pero el premio es para el equipo. ¿Podemos compararlo con el gol del Kun? No, imposible. Él marcó en el Etihad, yo aquí, y su gol nos dio un título, el mío nos ha dado otras cosas. Es diferente», dijo Gabriel Jesus.

El gol del brasileño le dio al Manchester City todo lo que buscaba desde que el 15 de abril consiguió el título de campeón: a cinco partidos para el final del campeonato, era el equipo que lo ganaba de la manera más temprana junto con el United de Ferguson (temporada 2000-2001).

Los hechos eran elocuentes. Esa tarde, el equipo de Guardiola consiguió ser el primero en obtener 100 puntos en la historia de la Premier League (50 en casa y 50 a domicilio, algo insólito) y alcanzaba el título con la mayor diferencia de puntos (18) jamás obtenida con respecto al segundo clasificado, el Manchester United. Además sumaba 15 triunfos lejos de su estadio (superando al Chelsea de la temporada 2004-2005), 18 victorias consecutivas y 106 goles (2,8 por partido), tres más que los marcados por el Chelsea de Ancelotti durante la temporada 2009-2010. Había ganado 31 partidos (uno más que el Chelsea de Conte solo un año antes), registraba la mayor diferencia de goles nunca vista (+79 por los +71 del Chelsea en 2009-2010) y era el equipo con mayor porcentaje de posesión de la historia (71 %) y el que más pases había dado (28.242). O sea, el Manchester City reventaba todas las marcas.

No es extraño, pues, que Pep batiera otro récord: durante esa inolvidable temporada se convirtió en el entrenador más veces designado como el mejor del mes de forma consecutiva (cuatro premios entre septiembre y diciembre).

Pero esta historia empezó mucho antes.

CAPÍTULO 2

EL DÍA EN QUE NACIÓ PEP

So if you've come in off the street
And you're beginning to feel the heat
Well listen buster
You'd better to start to move your feet

MADNESS, «ONE STEP BEYOND»

Ocurrió en Santpedor, comarca del Bages, al norte de Manresa, en Cataluña. Josep Guardiola, el tercer hijo de Maria Dolors y Valentí, pesó cuatro kilos al nacer (un peso más que respetable). No era un bebé muy guapo, pero salió listo. Sería futbolista y con el tiempo le pondrían su nombre al campo de fútbol del pueblo. La yaya Maria vio una marca en la lengua del chiquillo y dijo: «Este niño tiene un don». No se equivocó.

A Francesca, su hermana mayor, todo el mundo le dijo aquel día: «Ya no eres la pubilla». Las mujeres catalanas perdían los derechos de herencia cuando nacía el primer varón. Años después, Francesca le hizo a Pep una carta astral basada en el calendario chino, en la que escribió:

> Nació bajo el signo del perro y el elemento metal. Es una persona fiable, sólida en sus principios y leal a sus amigos. Siempre intenta configurar su propia vida. No le preocupan los trastornos externos a su esfera privada, pero todo lo relacionado con su entorno debe estar en orden. Es un perfeccionista exageradamente meticuloso, disfruta discutiendo los detalles, analizando cualquier aspecto del asunto en cuestión. Necesita mantener su territorio bajo control, lo que implica una apreciable cantidad de modestia y algo de distancia.
>
> El perro es consciente de sus posibilidades, prefiere atenerse a lo que domina y no se deja tentar por conquistas excesivamente ambiciosas.

La capacidad para controlar su reino constituye, sin embargo, un gran activo, una extraordinaria fuerza impulsora que favorece sus proyectos. Uno puede llegar muy lejos cuando se limita a hacer bien las cosas en el campo que conoce a fondo.

En la astrología china se consideran cinco elementos: madera, fuego, tierra, metal y agua. Esta persona tiene una profunda afinidad con el metal. Ese elemento corresponde al planeta Venus, el color blanco y el número 9. Es individualista y animoso, rara vez elude las dificultades. Solo se le puede aconsejar que sea más flexible y diplomático, menos intransigente. Las adversidades suelen estimularlo y la gente admira su determinación. Insiste en sus ideas, descarta las opiniones ajenas y lleva sus empresas al éxito incluso cuando eso significa avanzar solo.

Sus decisiones son tan firmes, sus planteamientos tan rotundos, que esa intransigencia puede ocasionar algunos reveses. Por ello debería cultivar la tolerancia que naturalmente le falta; solo de ese modo podrá alcanzar una vida social e íntima armoniosa.

Sus rasgos principales son su poder de persuasión y una fe que mueve montañas, que supera los obstáculos más resistentes, pero muchas batallas se avecinan.

El 18 de enero de 1971, en Londres, se rompieron las negociaciones entre el gobierno y los empleados de correos, lo que derivó en una huelga de siete semanas. La crisis del petróleo asomaba por el horizonte: «La industria no rectifica y parece inevitable un conflicto con los países petroleros». Estalló dos años después provocando una enorme crisis económica. El *Times* se hizo eco de la «gran preocupación» que embargaba a los socios del Oxford and Cambridge Club y del Fly Fishers Club, que compartían sede, por los rumores de una fusión con el United Service Club. Ignoramos el motivo de esa inquietud, pero todo indica que era considerable. Ese día, una carta de Robert Shackleton, un señor de Oxford, defendía el proyecto de construir un túnel bajo el Canal de la Mancha. En la misma sección, David Chesterton, de Brentford, protestaba contra la sinrazón de que George Best fuera sancionado con dos semanas de empleo y sueldo por llegar tarde a los entrenamientos, como si eso fuera un delito.

Además se preguntaba por qué no se sancionaba a un diputado que había llegado tarde a un debate parlamentario o a un ejecutivo que se había acostado tarde la noche previa a una importante reunión. «Ambos casos son bien conocidos», añadía.

Aquel día continuaba la huelga de los trabajadores en los astilleros de Gdansk (Polonia) y U Thant, secretario general de las Naciones Unidas dimitió. Lamentablemente, 35 personas fallecieron al estrellarse un avión búlgaro cuando aterrizaba en Zúrich rodeado por la niebla, y otras siete murieron, también en esa ciudad, en un accidente de tren. Un día aciago en Suiza.

Mientras Pep mamaba en la casa de los Guardiola, el navegante John Ridgway regresó a Londres desde Brasil afirmando que había sido el primero en recorrer el Amazonas desde el nacimiento hasta la desembocadura (no se lo creyó nadie, por cierto). También en Londres, y con mucha solemnidad, se anunciaban cambios en las pistas de tenis: «Wimbledon empleará un tanteo de desempate», decía el *Times*.

Esa noche, sir Graham Rowlandson y su señora ofrecieron una cena en el número 18 de Grosvenor Square, Londres, en honor del alto comisionado de las Islas Mauricio. Entre los presentes estaban el embajador de Nepal y señora, el alcalde de Westminster y la alcaldesa consorte, el marqués y la marquesa de Bristol, el vizconde y la vizcondesa Massereene y sir William Armstrong acompañado por su esposa. Casi nada.

En los periódicos se podía leer: «Iniciativa para librarse de una computadora». El Consejo del Distrito de Horley quería quitarse de encima un ordenador de 20.000 libras instalado durante 18 meses en sus oficinas de Surrey con el fin de gestionar las nóminas, los alquileres, los impuestos, etcétera. Sencillamente se estropeaba con demasiada frecuencia. Sobre las deficiencias de la impresora no hay información.

Peor lo estaba pasando el reverendo Tom Ellell, de 60 años, vicario de la Iglesia de San Agustín en Huncoat (cerca de Accrington, Lancashire), que la víspera anunció a su congregación una triste noticia generada por su esposa: Marjorie, ya entrada en la cuarentena, lo había abandonado por Harold Shepherd, conserje de banco de 30 años. Estaba enamoradísima. Suponemos que la buena mujer nunca había pisado el Blue Gold Club, situado en las instalaciones del equipo de fútbol de regional King's Lynn Norfolk, donde cinco bailarinas hacían *striptease* ante 150 clientes. Y seguramente no conocía a Frank McManus, diputado independiente en el Parlamento de Westminster por la cir cunscripción norirlandesa de Fermanagh y South Tyrone, que ingresó en prisión tras una condena a seis meses de cárcel por participar en una marcha ilegal en defensa de los derechos civiles.

Todo eso pasó mientras las hermanas mayores de Pep celebraban la llegada del nuevo hermanito.

El día en que nació Pep también lo hicieron Binyavanga Wainaina, escritor keniata, y Christian Fittipaldi, piloto de Fórmula 1 y sobrino del mítico Emerson. Ese día habían nacido Rubén Darío (1867), poeta nicaragüense; Cary Grant (1904), actor estadounidense de origen británico (guapo donde los hubiera o hubiese); Joseph Bonanno (1905), gánster italoamericano; Philippe Starck (1949), diseñador, interiorista y arquitecto francés; Iván Zamorano (1967), futbolista chileno, y Walter H. Thompson (1890), guardaespaldas de Winston Churchill.

Solo algunos tendrían la oportunidad de saber que en la temporada 2017-2018 el Manchester City, con Pep Guardiola al frente, batió todos los récords de la Premier League.

Ya lo dijo la abuela Maria: aquel niño tenía un don.

CAPÍTULO 3

CI SIAMO

To the center of the city where all roads meet
waiting for you

JOY DIVISION, «SHADOWPLAY»

Hay fichajes y fichajes. Según Txiki Begiristain, el de Pep Guardiola por el City se gestó «de forma natural». O sea, que fue antinatural si consideramos lo que es natural en el mundo del fútbol, un mundo de lobos.

«Siempre tuvimos la sensación de que antes o después nos reencontraríamos si él quería entrenar en Inglaterra, porque somos amigos», sostiene el vasco.

Eso mismo piensa Pep: «Estoy en el City porque están Txiki, Patsy y Soriano, es evidente —asegura—. Siempre he querido reencontrarme con mis amigos».

Estiarte lo explica a su manera. Una mañana, durante el año sabático que se concedió tras dejar el Barcelona, estaba en Pescara y Pep lo llamó: «"¿Estás sentado?", me preguntó. Y entonces me dijo: "Nos vamos a Múnich". En cambio, nunca hubo un día en que me dijera "nos vamos a Mánchester". Sencillamente, cuando decidió que se iba del Bayern todos sabíamos que, si optaba por trabajar en Inglaterra y quería que trabajásemos con él, acabaríamos en el City. Sucedió como algo natural».

Durante esa época, Pep vivió un año en Nueva York, frente a Central Park, en un extraño apartamento doble que le alquiló un banquero y cuya entrada había servido de carátula para una serie infantil de Disney. Ferran Soriano, director ejecutivo del City, lo visitó allí y comprobó que no tenía ninguna posibilidad de ficharlo porque el entrenador ya se había reunido con Uli

Hoeness, presidente del Bayern. Pep le dijo que el equipo bávaro solo llama una vez. Suficiente. Pep había escogido.

Txiki sacó entonces la carta de Manuel Pellegrini, la puso en el paquete y desde entonces en Mánchester se canta: «Sheik Mansour went to Spain in a Lamborghini, brought us back a manager: Manuel Pellegrini!» (¡El jeque Mansour fue a España en un Lamborghini y nos trajo a un entrenador: Manuel Pellegrini!)

Años después, en Múnich, tras un partido de pretemporada, Pep le dijo a Soriano: «Ya me llamaréis si algún día Pellegrini se quiere ir». Entonces Soriano supo que era cierto lo que Joan Patsy, el más fiel colaborador de Txiki Begiristain le decía con frecuencia: «Estará tres años en el Bayern y luego hablará con nosotros. Seremos los primeros». Y supo que las sensaciones del propio director deportivo del club («tendremos opciones, tranquilo, tarde o temprano tendremos opciones») iban a misa. Supo que llegaría una oportunidad aunque Abramóvich le diera a Pep un cheque en blanco. Supo que el historial del United en la Champions o el prestigio del Arsenal, el peso de esas camisetas, no serían los factores decisivos.

La oportunidad llegaría, estaba claro. Y se trataba de no fallar el disparo a puerta cuando se produjera el pase que Pep le debía a Txiki. O sea, era necesario preparar un contrato que Guardiola no pudiese rechazar. Y el pase llegó. En julio de 2015, Joan Patsy inició la operación con una llamada desde Buenos Aires, donde trabajaba como responsable del mercado sudamericano para el City Football Group: «Creo que ha llegado el momento. Hay que empezar a moverse. Este va a ser el último año de Pep en el Bayern». Era casi una intuición, pero Patsy, que habla a menudo con Pep y su gente, no suele equivocarse.

Conoce a Guardiola desde los tiempos en que este jugaba en el filial del Barça y Quique Costas, su entrenador, le habló de él. Fue uno de los mejores amigos de Johan Cruyff y llegó al City de la mano de Txiki, del que es inseparable desde que el vasco fichó por el Barcelona. Tras aquella llamada, y de acuerdo con la costumbre, una mañana de agosto, Soriano desayunó con Pere, hermano del entrenador y agente de futbolistas, en la terraza de su casa de Tamariu, en la Costa Brava. Hablaron de mil cosas y, como siempre, Pep salió a relucir.

—¿Cómo anda Pep?

—Hombre, pues acaba contrato y yo la verdad no sé, no me ha dicho nada, así que, yo de vosotros estaría atento... —dijo Pere.

Y acabaron el desayuno. Suficiente. La pelota ya estaba en juego, el partido había empezado.

Soriano empezó a estudiar el posible contrato. Las conversaciones maduraron durante seis meses y el resultado fue un contrato estándar: una parte fija, una remuneración extra por títulos conseguidos y un porcentaje (el 20 % en este caso) sobre los derechos de imagen. Los contratos de los entrenadores no se registran en la Premier, son privados, y en el de Guardiola hay una cláusula de penalización que impide hacerlo público.

Txiki, mientras tanto, empezó a armar el equipo pensando por cabeza ajena. No le costó mucho: llevaba 20 años hablando con Pep y cada vez que lo hacían (casi cada semana) conversaban sobre fútbol: «Es fácil. Si me gusta un jugador holandés, llamo a Koeman porque seguro que él lo conoce mejor. Si me gusta un danés, llamo a Michael [Laudrup]. Al final te fías de tus amigos. Cuando pensé en Sané, llamé a Pep».

Cada uno, en resumen, desempeñaba su papel. Soriano le daba vueltas al contrato. Pere Guardiola y los asesores de Pep perfilaban el plan conversando con Josep Maria Orobitg, su representante de toda la vida. Txiki y Patsy pensaban en lo que iba a necesitar su amigo y buscaban: Gündogan, Sané, centrales... Lo conocían demasiado bien para fallar en ese terreno.

En Navidad, cuando el entrenador ya había comunicado al Bayern su decisión, Pere y Lluís Orobitg, fiscalista de confianza de Pep, hermano de Josep María Orobitg, su primer y único representante, se reunieron con Ferran Soriano y un abogado del City en la casa barcelonesa de Pere. Resultó fácil ponerse de acuerdo.

«No fichó por dinero. En cualquier otro club le habrían pagado más. Tardamos muy poco en cerrar el trato. Pep quería ser entrenador del City», asegura un protagonista de aquellas negociaciones.

Poco después, a principios de enero, Soriano recibió una llamada de Guardiola. «Como dicen en italiano, *ci siamo*», le dijo. O sea, «estamos, asunto concluido».

Acto seguido, Soriano descolgó el teléfono y llamó a Abu Dabi para comunicarle la noticia a Khaldoon, el presidente del club: «Ya está».

Txiki habló con Pellegrini. «Manuel, que estaba informado, tuvo una reacción buenísima», cuentan en la CFA (City Football Academy). Allí, en la academia del City, se referían a Pep con un nombre en clave, casi un apodo: el Alemán.

El 1 de febrero de 2016, el club dejó una nota en la sala de los periodistas tras la rueda de prensa previa al partido contra el Sunderland, jornada 24. El City estaba segundo a tres puntos del Leicester. Pellegrini había pedido que se hiciera el anuncio.

«He hablado con el club y se rescindirá mi contrato. Tenía un año más, pero había una cláusula por la cual una de las dos partes podría suspenderlo unilateralmente. El City no ha hecho nada a mis espaldas. No eran buenos los rumores y las especulaciones. He sido yo quien ha decidido acabar con todo esto, por eso lo he hablado con la prensa y con los jugadores. Hace dos semanas pedí al club que hiciera hoy el comunicado», dijo el chileno en rueda de prensa.

El club optaba a ganar la Liga, estaba clasificado para los octavos de la Champions y para la final de la EFL Cup, que terminó ganando al Liverpool en la tanda de penaltis el 28 de febrero gracias a una excelente actuación de Willy Caballero (paró tres lanzamientos). Llegaron a las semifinales de la Champions y perdieron la eliminatoria contra el Real Madrid (1-0 con gol en propia puerta de Fernando en el partido de vuelta, que se jugó en el Bernabéu).

El contrato lo firmaron en Londres, a finales de febrero, los abogados del City y Pere Guardiola (por poderes), pero el 3 de julio, cuando lo presentaron en Mánchester, Pepe aún no había firmado todos los documentos. Lo hizo el día en que Francia le ganó a Alemania la semifinal de la Eurocopa. Esa noche cenó con su *staff* y algunos amigos catalanes en el restaurante Gaucho de Mánchester. Era el 7 de julio, san Fermín.

CAPÍTULO 4

PRIMER ÉS SABER QUÈ FER

Maybe I just want to breathe
Maybe I just don't believe
Maybe you're the same as me, we see things they'll never see
You and I were gonna live forever

OASIS, «LIVE FOREVER»

El entrenador del Manchester City tiene un principio inamovible:

Primer és saber què fer.
Després, saber com fer-ho!

Lo primero es saber qué hacer. Después, ¡saber hacerlo!

Esta es la frase que Pep Guardiola escribió en la pared de su despacho nada más llegar a la City Football Academy. Maria, su hija mayor, añadió esto:

Maria was here!
Good luck!
T'estimo.

CAPÍTULO 5

UNA CANCIÓN PARA PEP

Say that you need me
All of the time
Say that you love me
You'll always be mine
Because we've got Guardiola
We've got Guardiola

THE DAVE CLARK FIVES, «GLAD ALL OVER»
(VERSIÓN ADAPTADA POR LA AFICIÓN DEL CITY)

«Un puto vertedero. Un lugar horrible. Un páramo cultural.» Así describían su propia ciudad los vecinos de Stoke-on-Trent en un artículo escrito por Jonathan Ward para la página web del Centre for the Understanding of Sustainable Prosperity, una entidad cuya exacta naturaleza no conocemos bien, sinceramente. Eso es auténtico orgullo de ciudad.

Stoke no solo es jodido para la vista (si hemos de creer lo que se cuenta): también lo es (y mucho) para jugar al fútbol. «Todo portero de la Premier tiene que pasar por la prueba del Stoke», dejó dicho Iñaki Vergara, portero del Athletic, Alavés, Logroñés y Murcia; preparador de porteros en el Wigan, el Swansea, el Everton, siempre al lado de Roberto Martínez y, actualmente, con el de Balaguer en la selección belga. Un crack en lo suyo. Iñaki, que vivió en Mánchester mucho tiempo, explica su juicio: «Es un campo abierto en los córneres y por allí sopla un viento infernal. No hay estadio peor en Inglaterra. Una pesadilla para cualquier portero».

Pep Guardiola pisó por primera vez el Britannia Stadium, ahora Bet365 Stadium, el 20 de agosto de 2016, segunda jornada de Liga. Stoke-on-Trent no es el sitio ideal para unas vacaciones veraniegas (en agosto se alcanzan mínimas de nueve grados), pero esa no era mala fecha para jugar un partido de fútbol: te ahorras el pavoroso frío del invierno. El Stoke recibió a los *citizens* a las 13.30 horas con una temperatura de 17 grados y, eso no lo evita ni Dios, el viento arreciando por las cuatro esquinas del recinto. El City ganó por 1-4 en el tercer partido oficial con el técnico catalán al mando. Agüero, con dos penaltis, y Nolito, con dos contras, solucionaron el choque en un campo que se le solía atragantar al equipo de Mánchester: solo había ganado en dos de sus 10 visitas anteriores (cinco empates y tres derrotas).

Dentro del campo no ocurrió nada extraordinario, pero en la grada sucedió algo que marcaría la estancia de Guardiola en el City. Se acercaba el final del partido, el triunfo estaba asegurado y los *fans* celestes desplazados al estadio (que está a una hora en coche por la M6) se pusieron a cantar una estrofa (que introduce este capítulo) del tema «Glad All Over» de los Dave Clark Five. Allí nació «We've got Guardiola», el himno que la afición del City creó para su entrenador. Fue una enorme sorpresa, en especial para Pep.

«Me gustó oír mi nombre, básicamente porque fue lo único que entendí», admitió el catalán después del partido. Cuando averiguó el significado de aquellos versos se sintió halagado: «Nunca me habían hecho una canción. Estoy contento, evidentemente. Jugamos para los *fans*, para que ellos sean felices».

El origen del «We've got Guardiola» es muy anterior a la llegada de Pep a Mánchester. La primera vez que se cantó fue en Londres el 28 de febrero de 2016, justo antes de que el Manchester City de Pellegrini disputara la final de la EFL Cup contra el Liverpool. El fichaje del nuevo entrenador era oficial desde hacía semanas y unos colegas que iban a Wembley tuvieron la inspiración en un bar tras ingerir unas cuantas pintas de cerveza. En la estrofa solo cambian los dos últimos versos, «I'm feelin' glad all over / Yes I am glad all over», que se convierten en «Because we've got Guardiola / we've got Guardiola» [«porque tenemos a Guardiola» o «porque Guardiola es nuestro»]. No se rompieron mucho la cabeza, pero el resultado era efectivo.

Colgaron el vídeo en las redes sociales, la canción empezó a correr por internet y muchos aficionados se la aprendieron para recibir a su nuevo entrenador. Pep se estrenó con el City jugando en el Etihad contra el Sunderland el 13 de agosto de 2016, primera jornada de la Premier. Varios testigos afirman que ya había grupos sueltos entonando la estrofa, pero la explosión llegaría una semana después en Stoke. Hasta hoy.

Todo gracias a un grupo londinense de los años sesenta, los Dave Clark Five, que siempre estuvo a la sombra de los Beatles y tuvo su gran éxito con el mencionado tema. En enero de 1964 llegó al número uno en el Singles Chart británico. La letra es una declaración de amor, nada que ver con el mundo del deporte (donde, sin embargo, ha triunfado en toda la línea).

La canción original es uno de los cánticos más recurrentes entre la afición del Crystal Palace. Los *eagles* cantan «Glad All Over» desde que en 1968 la banda tocó en Selhurst Park. A la afición le encantó: hoy sigue sonando antes y después de los partidos del equipo en casa. El Blackpool se subió al carro y pone el tema en su estadio cada vez que el equipo marca un gol. Lo mismo hacen el Rotherham United, el Port Vale, el Swindon Town, el Yeovil Town y el Woking, todos ellos de las divisiones inferiores. La canción ha traspasado fronteras: los conjuntos escoceses Patrick Thistle y Dunfermline Athletic también la emiten por los altavoces para celebrar los goles. Pero no acaba aquí la historia.

En otras disciplinas también la han adoptado. Es el caso de los Wigan Warriors, conjunto inglés de rugbi a 13, que la pone al final de los partidos. El Pontypridd, equipo galés de rugbi a 15, la usa desde 2004, cuando convierten un golpe de castigo o consiguen un drop. ¡La que liaron los Dave Clark Five! Para que luego digan que no pueden salir cosas bonitas de Stoke-on-Trent.

CAPÍTULO 6

UN DÍA EN LA OFICINA

I live my life in the city
Because there's no easy way out
The day's moving just too fast for me
I need some time in the sunshine

OASIS, «ROCK 'N' ROLL STAR»

Pep Guardiola dijo un día que quienes se levantan temprano, muy temprano, hacen a un país imparable. Él suele despertarse a las siete y media. ¿Muy pronto? Según el cristal con que se mire, claro. Luego reparte besos por la casa con la ciudad a sus pies, mira al cielo para averiguar si va a llover —normalmente ya llueve— ve desayunar a sus hijos, se despide de ellos cuando se van al colegio, se asea, consulta la prensa y, si se tercia, va con su esposa a algún local *cool* próximo a la catedral para el primer café del día... Y a currar. Por el camino escucha Catalunya Ràdio o RAC1. Y así llega a Clayton Lane, atento a las noticias, cuando la CFA apenas empieza a despertar. «Para mí, Mánchester es eso, la CFA», dice. Llega, se desconecta de Mònica Terribas y Jordi Basté, los presentadores de los programas que escucha (buenos amigos, por cierto), saluda a Stacy, la recepcionista y sube los 28 escalones que separan la entrada del despacho heredado de Pellegrini y decorado a su gusto. Luego saluda a Ana Leyva, la secretaria de Txiki, que trabaja en el espacio contiguo, creado tras la reordenación pedida por Guardiola. Aprovechando esos cambios, se reubicó también el despacho del delegado, Marc Boixasa, ahora junto al de Manel Estiarte, y se crearon otros para Carles Planchart, Mikel Arteta y Xabier Mancisidor. También se amplió la sala de análisis, donde ya hay gente trabajando cuando Pep abre la puerta de su despacho. El día en la oficina acaba de empezar.

Pep estuvo por vez primera en la ciudad deportiva aprovechando un parón de selecciones en marzo de 2016 (Inglaterra le ganó a Alemania). La segunda fue el 3 de junio (Coldplay actuaba en el Etihad al día siguiente). Muy pocos se percataron de estas visitas: David Quintana, hombre de confianza de Txiki en el departamento de atención al jugador, y Amaia Díaz, una navarra de mucho carácter que entonces era secretaria del director técnico, ayudaron a Begiristain, a Joan Patsy y, por supuesto, a Ferran Soriano a preparar el desembarco de Pep, entonces solo, el Alemán.

Ninguno de los dos sigue en el club. Ella «huyó» a Santo Domingo buscando un nuevo proyecto de vida, nuevas experiencias, con el pañuelo de seda que el entrenador le regaló a su llegada. Ahora vuelve a vivir en Mánchester. David Quintana causó baja por enfermedad mediada la segunda temporada: se le echa en falta. En su día fue un soporte fundamental para los recién llegados y clave en la incorporación de Pep. Txiki tuvo que mandarlo a Alemania el 16 de marzo de 2016. «Vete a Múnich, pero que no se entere nadie. Tenemos un problema con el Alemán», le dijo.

El problema era que la casa donde vivía la familia Guardiola en la Sophienstrasse de Múnich era mucha casa y necesitaban algo parecido en Mánchester. Se reunió con Pep en un restaurante vietnamita un día después de que el Bayern eliminara a la Juventus en la Champions. Hablaron durante tres horas en presencia de Cristina, los niños, Josep Maria Orobitg y su esposa Núria. Entre otras cosas, le hizo una exacta radiografía del club y de la plantilla, pero no le solucionó el problema inmobiliario.

—¿Qué le has dicho? —le preguntó Txiki a la vuelta.

—La verdad: en Mánchester no existe lo que él necesita.

Txiki se quería morir. Para Pep era condición *sine qua non* vivir en el centro de la ciudad, hasta el punto de que eso amenazaba todo el contrato. Y Txiki sabía que no existía, pero que David podía encontrar la vivienda exigida.

—También le he dicho que tardaremos unos meses, pero que

la tendrán. Nos la inventaremos —añadió Quintana para tranquilidad del director deportivo.

La familia Guardiola vivió de alquiler en un piso de Deansgate hasta que terminaron las obras en la casa adquirida junto al Puente de Salford. Se mudaron con un retraso de dos meses con respecto a lo previsto.

Ana Leyva, la sustituta de Amaia, no trabaja directamente para Pep, pero tiene un trato diario con él y lo describe como una persona muy detallista y humilde: «Es muy cercano. Al segundo día vino y me dijo: "Como nadie lo ha hecho, lo haré yo. Mucho gusto, soy Pep Guardiola". A partir de ahí me ha gastado muchas bromas y me ha cuidado mucho».

No miente. Esta misma mañana le ha preguntado por su nuevo aspecto delante de todo el *staff*: «Ana, ¿te has cortado el pelo? ¡Estás guapísima! ¿No os parece?». Todos asienten. Se ha cortado el pelo y, en efecto, está muy guapa.

Normalmente, Pep pasa una vez al día por su despacho, a menudo para hablar con Manel Estiarte sobre algún tema relacionado con la FA, sobre la institución benéfica del club o sobre cualquier asunto menor.

Raro es el día en que, como hoy, Pep no camina hasta el comedor saludando a quienes ve en los distintos espacios. Con frecuencia va descalzo por comodidad. Allí encuentra a Sìlvia Tremoleda supervisando los menús. Sìlvia es una de las personas que abren el recinto porque a las siete o siete y media ya está en el gimnasio. Cosas de ser triatleta. Pep suele pedir un chocolate caliente a primera hora y luego vuelve al despacho, donde trabaja un rato. Hoy toma notas de unas imágenes que está examinando en el ordenador. Pregunta por Txiki. No está, pero enseguida regresará de un viaje.

Pep parece relajado esta mañana. El próximo partido no es de los más complicados y han tenido tiempo para prepararlo. Están jugando muy bien, hay buen ambiente. «Es fácil saber si Pep está tenso: basta con ver si bromea menos de lo habitual. Es muy transparente, se le nota mucho —cuentan en la CFA—, pero es un tipo muy cordial, muy agradable.»

Habla por teléfono con David Torras, jefe de comunicación del Girona, un viejo amigo. Se ríen. Cuelga cuando llega Carles Planchart, que le trae unos informes. Hablan la misma jerga para valorar no sé qué basculaciones del rival y se les oye comentar brevemente algo parecido a cómo generar superioridad por dentro (*sic*). Se entienden rápido en sus diagnósticos sobre el juego del rival. «Esta semana no es de las que necesitamos analizar mucho, es un equipo muy previsible, no hay sorpresas a la vista», asegura el jefe de analistas.

Pep tiene después una reunión con los médicos. Necesita saber qué va a ocurrir con un jugador, si conviene operarlo. Podría jugar, pero eso supone forzar la máquina y, seguramente, no llegaría en el mejor estado al Mundial. Hay debate. Anoche llamó al doctor Cugat, experto en lesiones de rodilla; hoy lo ha comentado con Lorenzo Buenaventura, el preparador físico, mientras daba su diario paseo por la CFA. «Es una esponja, quiere absorberlo todo. Pide cosas sorprendentes. Me ha preguntado si habíamos comparado las radiografías actuales con las de principio de temporada», cuenta un miembro del equipo médico. «Yo no tenía ni puta idea de que es aconsejable comparar radiografías. Me lo dijo una vez Loren [Buenaventura] y me hago el listo», bromea Pep. No hay que asumir riesgos, Pep entiende que el jugador no puede perderse el Mundial. Hablará con él y decidirán.

Llega el *staff* para la reunión previa al entrenamiento, que se hace en la mesa grande de su despacho. Manel aprovecha la ocasión y le deja unas camisetas que debe firmar para la Fundación Johan Cruyff, de la que es patrono. El entrenador pregunta si han llegado todos los jugadores. Solo falta Touré. ¡Qué raro! Como de costumbre, han llegado los primeros Fernandinho, Gundogan y Brahim, que son muy puntuales; David Silva o el Kun se lo toman con más calma. El último, como siempre, es Mendy, que llega y le pide gominolas a la telefonista y entra saludando con una sonrisa llena de dientes blancos, muy blancos. Stones entrenará solo. Fin de la reunión. El despacho se vacía. Pep también sale.

La actividad es frenética. Los jugadores suben y bajan las escaleras, del gimnasio al desayuno, del desayuno a la camilla. Pep recibe el informe del peso con el que han llegado. No rebasar los límites de peso es sagrado. Nadie puede estar por encima de los parámetros marcados por la dietista en función de la altura y la masa muscular. Pep no perdona eso.

Mientras, en el *hall*, los cámaras de Amazon preparan el material y los de City TV esperan a Gündogan para rodar una promo. Llega Txiki y se topa con Soriano, que habla por teléfono mientras teclea en una *tablet*, todo a la vez. En la puerta de su despacho, Pep bromea con Mikel Arteta, el segundo entrenador, y ve subir a Txiki por las escaleras. Se abrazan.

—Esta noche llega Joan —dice el director deportivo—. ¿Cenamos? Tendríamos que hablar.

Joan es Patsy.

—No, hoy no puedo, voy al teatro con Cris y los niños. ¿Es urgente? ¿Cancelo lo del teatro? ¡Me matarían!

—No, tranquilo, podemos quedar mañana.

—Vale, desayunamos. ¡Me haces un favor!

—Desayunamos, no te preocupes. Luego te cuento un poco —concluye Txiki.

—OK.

El City va lanzado hacia el título. Toca día de entrenamiento suave: Mancisidor tendrá un rato más para los porteros, Mikel podrá trabajar movimientos específicos con Sané y Sterling, Pep y Dome Torrent se dedicarán a la salida de balón después de que Loren y su equipo hayan dirigido unos ejercicios breves pero intensos que mantengan el tono de los jugadores sin cargarlos en exceso. El calendario ha sido muy duro.

Como siempre, al entrenamiento solo asisten los fisios, los médicos, los utileros, Manel, Txiki y el cuerpo técnico. Con frecuencia entrenan el sábado o el domingo, y Pep también llega temprano esos días. En ocasiones lo acompaña su hijo Màrius. Solo acepta visitas los días posteriores a los partidos y si han ganado está de lo más amable. Este año, por ejemplo, fue a verlo el seleccionador nacional de Escocia, Gregor

Townsend: le había concedido 10 minutos, pero el visitante estuvo una hora.

Pep baja del despacho al césped en todos los entrenamientos, llueva (lo cual no es precisamente raro), nieve (varias veces este año), brille el sol o caigan chuzos de punta. Al final de esta temporada, ya campeones, ha hecho buen tiempo, aunque hoy sopla el viento con ganas, pero el invierno que convirtió al City en el mejor equipo de la historia ha sido muy duro, con temperaturas que alcanzaban los 13 bajo cero de sensación térmica.

Siempre está al pie del cañón. Los días en que descansan los titulares, por ejemplo, no falla nunca porque piensa que apoyar a los suplentes también es su deber. «Los que no juegan necesitan más cariño, hay que cuidarlos más», dice. Eso sí, suele bajar al último, cuando todo está preparado. Hoy, de camino al trabajo, ha visto algo que lo sorprende en un campo anexo. Se acerca y pregunta: es el equipo de discapacitados. Pep prepara los rondos del primer equipo y da una charla memorable. «Ahora nos vamos a ver a esos chicos y vamos a valorar el mérito que tienen. Y vamos a apreciar la suerte que tenemos nosotros», les dice, según relatan después los jugadores. «Pep nos enseña a jugar al fútbol, pero también nos enseña valores», añaden. «Hubo un día en que llorábamos por las esquinas del vestuario», dice uno de ellos recordando la visita de Òscar Camps, director de Open Arms, una organización que se dedica a salvar migrantes en el Mediterráneo.

Lo de las esquinas es una metáfora porque el vestuario es oval. Pep ordenó ese diseño para que los jugadores se relacionen mejor entre ellos, se vean las caras y no formen grupos (como sucedía en el vestuario del Barça, donde incluso hay columnas que separan el espacio en compartimentos casi incomunicados). Quería eliminar los rincones y lo ha conseguido. Las relaciones son más fluidas y las bromas se comparten con todos.

La sala está presidida por un verso del poeta Tony Walsh que Pep mandó colocar en una pared: «Algunos nacimos aquí y otros hemos venido, pero todos lo llamamos hogar». Con ese lema conviven en una zona que Pep no pisa. «Es sagrada, es del equipo», explica. Cuando habla con los jugadores lo hace en un pequeño anfiteatro construido en la primera planta junto al comedor.

El entrenamiento ha terminado. Buenventura y el médico estudian los resultados recogidos por el aparato que señala el esfuerzo realizado por los jugadores. Los fisios dan los masajes protocolarios tras el ejercicio. Los utileros están dejándolo todo como una patena mientras se multiplican las risas en el vestuario, donde suena música de reguetón y Bernardo Silva es objeto de la enésima broma del día.

Pep se ducha, se cambia de ropa y llama por teléfono a su mujer mientras la CFA se prepara para comer.

Hay tres horarios para el almuerzo. El personal administrativo lo hace a las 11.30. Los jugadores comen cuando acaban el entrenamiento, así que en la cocina deben tener tiempo para preparar la comida de los empleados, limpiar todo y preparar la de los futbolistas, que llegan justo después. Comen los jugadores y Sìlvia Tremoleda, la dietista trabaja. A destajo. Después se presenta el equipo técnico y luego se suma Pep, que hoy ha llegado pronto. Finalmente aparecen Manel y Txiki. Este siempre come tarde (si come).

Pep a veces sale tan a deshora de su despacho que los cocineros ya han recogido la comida y los cacharros. «Ni una ni dos, nos ha pasado muchas veces. Te mueres de la vergüenza, claro, y le ofreces hacerle algo, recalentarle algo. Siempre gasta bromas del tipo "no pinto nada, soy un cero a la izquierda". Si tiene mucha hambre, lo solucionamos rápido: pica cualquier cosa o te dice que ya comerá en casa», cuenta Jorge Gutiérrez, uno de los cocineros.

Pep cambia impresiones con el *staff* sobre la calidad del entrenamiento, los errores cometidos, las ideas empleadas; se analizan cuestiones tácticas (cómo han realizado una jugada, quién la ha entendido mejor...). Ellos hablan y, llegados a cierto punto, resulta imposible entenderlos: un perfecto galimatías para los profanos en la materia. Es entonces, en esas conversaciones, cuando descubres que Pep ha puesto en práctica desde el primer minuto lo que leyó en un libro sobre los *all blacks*, la selección de rugbi neozelandesa: «No quiero *followers* no quiero seguidores, quiero líderes». Es cierto.

«Lo mejor de Pep es que la gente que lo rodea le discute, con razones, muchas cosas. Luego él hace lo que le da la gana. Pero hay debate —explica Txiki, que añade a modo de resumen—: Lo mejor de Pep es que es el mejor.» Txiki llama a su amigo la Bestia desde los tiempos que ambos jugaban en el Barcelona.

Durante la comida se ha resuelto un debate gracias al dato aportado por Lorenzo Buenaventura:

—Hoy este casi se mata entrenando.

—¿Sí? —pregunta Pep.

—¡Ya os lo decía yo! —exclama Domènec.

Un jugador está más cerca de ser titular después de esta comida. Pep calla. Acaban hablando de lo humano y lo divino. Se impone el buen rollo.

Cuando tiene menos asuntos que tratar y más cosas que ver en el ordenador o notas que tomar, Pep come solo en la oficina. A menudo una simple tortilla, algo frugal. Al terminar pide un vaso de agua caliente. Alguien le ha dicho que es bueno para la digestión. Normalmente, los días previos a cada partido, si tiene mucho trabajo acumulado o cuando hace mucho frío se encierra, pone música, enciende una vela de incienso... Los jugadores se han ido hace rato. Los empleados siguen trabajando (preparan material, tratan lesiones, elaboran informes sobre los equipos contra los que se va a jugar). Poco a poco van desfilando también ellos, son casi las cinco de la tarde. Pep continúa en su despacho. Huele a incienso y suena Oasis, Manel o Carla Bruni...

La sala está pintada de blanco y se puede escribir sobre la pared. Hay un cuadro con una caricatura de Noel Gallagher y una estrofa de su canción «Rock 'n' Roll Star».

Hoy el cielo está azul y la luz entra a raudales por el amplio ventanal.

Los días de sol escasean en Mánchester: según el MetOffice, la ciudad británica que disfruta más horas de sol al año es

Brighton (1888); Mánchester suma 1.416. Es la vigesimoctava población del país en ese campeonato, por debajo de Newcastle, Sheffield, Aberdeen, Londres o Tiree, isla cuya existencia ignorábamos y que estamos deseando visitar. «Me dijiste que no llovía tanto», le dijo Pep a Joan Patsy por teléfono el 14 de septiembre de 2016. Era la primera temporada de Pepe en Mánchester y Joan reía.

La tarde anterior se había suspendido el duelo contra el Borussia Mönchengladbach tras una tormenta feroz que se desató una hora antes de que comenzase el primer partido de la Champions. Fue tremendo, la ciudad se convirtió en una laguna. En 70 minutos llovió lo que allí se acumula durante mes y medio. Setenta minutos terribles. Las calles Kinsgway, Heaton, Demesne, Alnes y Alan Turing quedaron completamente inundadas generando el caos; un rayo impactó contra un transformador y el tranvía dejó de funcionar haciendo así imposible la llegada de los aficionados al Etihad. Las autoridades suspendieron el partido de acuerdo con Estiarte. El drenaje del césped no había fallado, el balón botaba (increíblemente), pero no había ni Cristo en las gradas. «Jugamos para la gente y no hay gente para quien jugar. O sea que no jugamos», dijo Guardiola.

Los alemanes se oponían porque sus aficionados sí estaban en el estadio, habían llegado muy pronto por seguridad, pero al final no se jugó. Mientras los periodistas trataban de secarse en la sala de prensa (aunque fuera metiéndose en el microondas), la UEFA anunció que se jugaría al día siguiente. El día del diluvio, el termómetro marcó 34,4 grados centígrados en el condado de Kent, la temperatura más alta registrada allí desde septiembre de 1911. La ola de calor llevó a miles de bañistas hasta las playas de Brighton. Hacía más calor en el sur del país que en Río de Janeiro.

En Mánchester llueve, como media, la mitad de los días. En marzo, por ejemplo, 16. En diciembre hay 45 horas de sol, aunque en mayo, cuando termina la temporada, da gusto entrenar: 186 horas de sol. Pero sigue lloviendo. Es obvio que nadie emigra a Mánchester en busca de luz y estupendos bronceados.

A Pep le ha subido el hándicap por la lluvia, aunque reconoce que los campos de golf ingleses son muy bonitos. Compró un simulador que está instalado en la CFA y que apenas usa. De hecho, lo ha empleado tres veces esta temporada.

En el despacho hay un saco de palos y, sobre la mesa de trabajo, una estatuilla de Cruyff regalada por la Fundación Johan Cruyff. Hay dos ordenadores, lápices, muchos papeles... En la pared situada a la izquierda de su sillón tiene colgado el plan de trabajo semanal, prueba de que la preparación va partido a partido. Junto a ese plan ha escrito con rotulador negro una reflexión de Marcelo Bielsa sobre el fracaso:

> Los momentos de mi vida en que he mejorado tienen que ver con el fracaso; los momentos de mi vida en que he empeorado tienen que ver con el éxito. El éxito es deformante, relaja, engaña, nos vuelve peores, nos ayuda a enamorarnos de nosotros mismos; el fracaso es todo lo contrario, es formativo, nos vuelve sólidos, nos acerca a las convicciones, nos hace coherentes. Fui feliz cuando disfruté del amateurismo, fui feliz cuando maduré enamorado de mi trabajo. Tengo un profundo amor por el fútbol, por el juego, por la esquina, por el baldío, por el picado, por la pelota. Y desprecio todo lo añadido. Para explicar un poquito mejor esto, sé que la alegría de un triunfo en un partido dura cinco minutos, después hay un vacío enorme y una soledad indescriptible. No permitan que el fracaso les deteriore la autoestima. Cuando ganas, el mensaje de admiración es confuso, estimula el amor hacia uno mismo y eso deforma. Cuando pierdes sucede todo lo contrario. Lo importante es la nobleza de los recursos utilizados.

Los días posteriores a los partidos, Pep se va muy pronto a casa y suele comer con su mujer. Si hace buen tiempo o tiene mucho trabajo, alarga la jornada en el despacho. En los días grises de invierno, cuando a las tres y media ya es de noche, no tarda en irse a casa. Entonces se sienta en la mesa de su amplio comedor, abre el ordenador, descorcha una botella de vino blanco o abre una cervecita y trabaja un rato.

Hoy se marcha hacia las seis al volante de su Mercedes negro. Es su cuarto coche en Mánchester. «No conduce muy bien, pero eso ya le pasaba en Barcelona», asegura alguien muy cercano. En Mánchester empezó destrozando retrovisores, luego mandó al taller un Range Rover por equivocarse al ponerle gasolina y terminó destrozando un Bentley plateado. Sigue jurando que la columna culpable no estaba allí antes de iniciar la marcha atrás. Quince minutos después llega a casa. Esta noche va a ver el musical *Shrek* con su esposa y los niños. Van a pie y hablan sobre la gran cantidad de *homeless* que hay en la ciudad. No consigue entenderlo. De vuelta a casa pican algo en el Tapeo. El título se halla cerca, lo ha pasado genial en el teatro, la familia está bien y ha sido un día tranquilo en la oficina. Hoy está contento.

(En esta reconstrucción de un día cualquiera se mezclan varios días cualesquiera. Nos tomamos esa licencia, pero todo ha ocurrido realmente.)

CAPÍTULO 7

EL MEJOR RESTAURANTE DE MÁNCHESTER

And the flesh you so fancifully fry
Is not succulent, tasty or kind

THE SMITHS, «MEAT IS MURDER»

El domingo 3 de julio de 2016, el City presentó a Pep Guardiola como su nuevo entrenador. Txiki Begiristain ya tenía cerrados los contratos de Lorenzo Buenaventura como preparador físico, Domènec Torrent, que llegaba de Múnich, como segundo entrenador, Mikel Arteta como asistente técnico y Carles Planchart como encargado del departamento de análisis. Txiki, además, recomendó a Brian Kidd como refuerzo en el cuerpo técnico y al vasco Xabier Mancisidor como entrenador de porteros. También se decidió que Rodolf Borrell sería perfecto como enlace con la cantera porque conocía bien el mundo de los jugadores jóvenes en Inglaterra. Manel Estiarte encabezaría el grupo de apoyo a los jugadores y Marc Boixasa sería el *team manager*, el delegado del equipo. Todo listo. ¿Todo? No, todo no.

En el *physical team* faltaba una pieza. Ya se había incorporado el doctor Ramon Cugat como asesor externo (requisito irrenunciable de Guardiola, que estaba escarmentado con lo ocurrido en el Bayern). El célebre galeno catalán propuso fichar para el día a día al doctor Edu Mauri (hombre de su confianza, exfutbolista y extraordinaria persona) y al fisioterapeuta asturiano Edu Álvarez, un genio, un mago, que además contaba con el aval de David Silva. Pero faltaba una pieza esencial para Pep: un dietista. Era imprescindible.

«Necesitaba un nutricionista. La alimentación es parte vital del deporte; no es solo importante para mí, lo es para todos. No hay club de alto nivel que no la cuide. La comida afecta muchísimo al rendimiento. El descanso o la fisioterapia ayudan a ganar partidos. Son mil detalles, y uno de ellos es la nutrición», sostiene Pep.

«Pep necesitaba algo muy concreto. El club hizo varias entrevistas y, por una razón u otra, no conseguía lo que buscaba. Al final lo encontramos gracias a Sìlvia», revelan en las oficinas.

Hablaron con el holandés Asker Jeukendrup, un crack en el campo de la suplementación fisiológica, pero resultó que esa era una especialidad ya controlada por el departamento de *sports science* del club. Pep necesitaba otra cosa. Buscaba una persona que estuviera allí, en Mánchester, con ellos. Hicieron una selección final con dos o tres candidatos, pero hasta octubre de 2016 no llegó la solución.

«Me interesaba por dos motivos: quería ayudar a mi amigo y quería trabajar con el mejor entrenador del mundo, pero acababa de ser madre y había hecho un pacto con mi marido», explica Sìlvia Tremoleda.

Desenredar la maraña no era fácil. Ella trabajaba en Barcelona y su esposo, Xavier Sala i Martín, enseñaba (y sigue enseñando) economía en la Universidad de Columbia, en Nueva York. Es un prestigioso economista ultraliberal y asesor del Foro de Davos que se ha dedicado sobre todo al estudio del crecimiento económico. Especialmente significativo es su indicador de la distribución mundial de la renta, que ha empleado para medir las tasas de pobreza y los niveles de desigualdad a escala mundial. Fue vicepresidente económico del mejor Barça de la historia, el entrenado por Guardiola y presidido por Joan Laporta. Por caprichos del destino presidió la junta gestora que dirigió el club en julio y agosto de 2006. Es un ferviente defensor de la independencia de Cataluña. Desde que conoce a Sìlvia Tremoleda practica deporte (algo que nadie había imaginado) y, por supuesto, come mucho más sano. No prueba el alcohol. Su relación con Pep se reforzó cuando este se mudó a Nueva York. Pep le pidió a Xavier que hablara con Maria, su hija mayor, para explicarle qué encontraría en Manhattan. Los ayudó a buscar colegios, los asesoró con el piso y, cuando por fin se instalaron,

Sìlvia y él les hicieron de canguros algunas noches. Además, Xavier permitió que Pep asistiera a sus clases en Columbia.

Sala i Martín conoció a su esposa por azar, como tantas cosas pasan en la vida. Tiene una amiga que vive frente a un gimnasio barcelonés donde trabajaba Sìlvia. Un día la amiga lo llamó llorando: «Me quiero separar. Estoy fatal». Quedaron en el bar del gimnasio. Sala i Martín le ofreció su hombro y, como es un hombre muy popular en Cataluña, nada más aparecer por allí el director lo reconoció y lo invitó a inscribirse gratis. «Entonces estaba como un hipopótamo —reconoce el economista—. Me pareció buena idea.»

Antes de iniciar los ejercicios de adelgazamiento era imprescindible que pasara por las manos del servicio médico, y la nutricionista Sìlvia Tremoleda formaba parte de ese servicio. «Cuando me vio llegar no se lo podía creer», recuerda él.

Claro, nos ha faltado decir que Sala i Martín suele llevar chaquetas de colores muy vivos (violeta, rosa, amarillo, azul City...) hechas a medida con seda que compra en la India. Aquel día iba de fucsia. La verdad, no pasa desapercibido. Pep conoce a Sìlvia gracias a este singular personaje.

En octubre de 2016, cuando llegó a Mánchester, Guardiola se marcó como objetivo mejorar el rendimiento de los jugadores con una alimentación sana, equilibrada y, sobre todo, no aburrida. Lo ha conseguido. David Quintana, miembro del equipo de Manel Estiarte, esperaba a Sìlvia en el aeropuerto con un ramo de girasoles. La llevó directamente a Wilmslow, unos 18 kilómetros al sur de Mánchester, a buscar casa. Necesitaba una muy grande. Al final, alquiló un piso en Media City, al oeste de la ciudad, cerca de Old Trafford.

«Trabajo en el Manchester City porque Xavi y yo, los dos, queremos mucho a Pep. Y porque Xavi me quiere mucho y ha sido tremendamente generoso. No es que le haga mucha gracia viajar cada semana de Nueva York a Mánchester para estar con nuestro hijo», explica la mujer que da de comer al equipo y que, según varios jugadores (incluso alguno que ya no está) ha convertido el comedor de la CFA en «el mejor restaurante de Mánchester». «Antes el pescado estaba seco, la carne era insulsa y el pollo siempre sabía igual. Ahora quedarse a comer es un placer e incluso pedimos comida para llevar a casa», cuenta uno de los veteranos.

«Cuando llegué estuve una semana observando lo que hacían y advertí que debíamos empezar de cero. Comían siempre lo mismo. Era como un bufé universitario. Así no íbamos a ningún lado», dice Sìlvia.

Siempre pensando que una buena alimentación mejora el rendimiento y previene lesiones, Sìlvia Tremoleda cambia los menús cada semana con la idea básica de que el jugador no se aburra, porque tiene la teoría de que si come siempre lo mismo acaba por irse a comer a otro sitio. Así, aunque el contenido nutricional sea igual, cambia regularmente el «envoltorio». «Muchas veces comemos por los ojos, vemos algo y nos apetece, ¿no? Pues de eso se trata, de que tenga las necesidades cubiertas y, al mismo tiempo, te apetezca», resume la dietista.

Todos los jugadores tienen la obligación de desayunar y comer en la CFA los días de entrenamiento. Por supuesto, si se concentran allí para un partido también cenan. Las cenas en casa fueron al principio un problema que ella supervisaba. Jugadores como De Bruyne o Gündogan le pidieron que las programase y por eso se reunió muchas veces con varias esposas para darles recetas. Hasta ese punto controla la alimentación de sus futbolistas: sabe que son muy jóvenes y que conviene estar encima de ellos. «Entiendo que a un chico de 22 años le guste comer pizza, y después de los partidos comemos pizza algunas veces, pero no podemos comer eso todos los días.»

Estas fueron las opciones un día cualquiera de entrenamiento, concretamente un jueves de febrero:

- Panes: blanco, integral, de cereales, sin gluten o *bagel*.
- Sopa de kale con espárragos o verduras variadas.
- En el mostrador frío: ensalada de aguacate, apio y tomates cherry o aguacate relleno de tomate y cangrejo.

- Proteínas: rodaballo, vieiras a la plancha, muslos de pollo al horno o albóndigas de pavo.
- En el cuenco saludable: *noodles* con verduras y piezas de pollo maceradas en leche de coco.
- Carbohidratos: arroz chino o pasta sin gluten.
- En el mostrador caliente: lentejas con verduras o bulgur con verduras.
- Verduras: calabacín con zanahoria, espinacas o calabaza al horno con boniatos.

Jean Luc, Mirco Sardo, David Vickers y Jorge Gutierrez, que había trabajado en el Barcelona durante la época de Luis Enrique, cocinan los menús diseñados por Sìlvia. Al principio costó que cambiaran sus hábitos, pero ahora funcionan como un reloj.

Sílvia nació en Madrid en 1974, pero al año ya vivía en Barcelona. Jugó campeonatos de tenis hasta que, a los 18 años y a punto de entrar en la universidad, tuvo que escoger y decidió estudiar. Pensaba matricularse en el Instituto Nacional de Educación Física, pero optó finalmente por una licenciatura recién creada: nutrición. Se licenció en Barcelona a los 22 años (fue discípula de los profesores Abel Mariné y Ramón Segura) y estudió un máster de tres años en Nueva York. Allí investigó asuntos tan prácticos como el papel del ajo en la lucha contra las agujetas. De vuelta a Barcelona empezó a trabajar en una famosa cadena de gimnasios, pero, según dice, no estaba contenta: «Cada día hacía lo mismo». Y no tenía tiempo para entrenarse.

Porque otra de sus pasiones es jugar pádel (es campeona de Cataluña) y, además, es triatleta. De hecho, ha completado varias pruebas de *ironman*, la modalidad más exigente del triatlón: 3,86 kilómetros de natación, 180 de ciclismo y una maratón (42,2 kilómetros) que deben recorrerse en un tiempo límite de 17 horas.

«Cuando jugaba al tenis conocí a un tío que hacía *ironman* y pensé: "Es un tarado". La primera vez que acabé una de esas pruebas, pensé: "No es para tanto". No es divertido, pero disfrutas», confiesa.

De hecho, la doctora Tremoleda ha experimentado en su propio cuerpo los beneficios de una buena alimentación. De los 25 a los 35 entrenaba cuatro horas al día y competía en varios deportes: «Cuando te metes diez series de mil metros o sabes lo que es nadar seis mil metros, aprendes a valorar los beneficios de una alimentación saludable. Eso ayuda luego a tratar a la gente porque el deportista de élite sabe que tú conoces bien el tema del que hablas».

Ahora sigue haciendo deporte en Mánchester, una hora y media cada día. A las siete y media ya está en las instalaciones del club. Sale a correr y/o monta en bicicleta. Luego se mete en faena. Y la tiene. De entrada, el control exhaustivo de los jugadores la obliga a vigilar parámetros a diario. Los jugadores pasan pruebas con las que ella obtiene datos sobre parámetros sanguíneos que le permiten regular las dosis alimentarias de cada uno: «Llego, miro los resultados de los análisis y decido. A la hora de comer le digo al futbolista: ayer comiste esto, hoy mejor come pescado». Ha hecho milagros como conseguir que Gabriel Jesus pida pescado cuando nunca en su vida lo había comido. Como no todos los jugadores comen lo mismo, la oferta ha de ser muy variada. «La dieta de cada persona depende de su trabajo, su sexo, su peso o su masa muscular; depende de si entrena o no, de si ha hecho o no ejercicios de recuperación», explica Tremoleda.

El City estudia con sumo cuidado el origen y la composición de los alimentos. Ciertas algas, por ejemplo, se analizan para prevenir posibles complicaciones en las pruebas antidopaje. La carne y el pollo son siempre orgánicos (y aptos para musulmanes), el pescado se adquiere en una pescadería de Chorlton, una empresa especializada se encarga de la fruta y la verdura y el pan de coca se compra en Barcelona.

Sílvia, por consenso unánime de los trabajadores de la CFA, irradia felicidad (hay quien dice que corre como un dibujo animado) y es de los empleados que más horas pasa en las instalaciones. Suele ser la primera en llegar (para hacer ejercicio) y de las últimas en marcharse. Es tan adicta al deporte que llegó a entrenar hasta los ocho meses y medio de embarazo. «Mantuve los hábitos hasta que pude. Hacía bicicleta elíptica o estática y corría, luego natación y más tarde salía a pasear. Pero nunca dejé de entrenar, de moverme. El ejercicio es bueno para la madre y para el bebé. Está demostrado. Bueno, si no lo has hecho nunca igual no, pero si lo has hecho toda la vida no puedes dejar de hacerlo. A la semana de parir estaba entrenando.»

El menú más importante es el de después del partido, y ahí tiene trabajo. Cuando juegan en casa es fácil, pero en los partidos a domicilio deben cocinar en el hotel, antes de salir para el campo, o incluso en el autobús. Y, además, el esfuerzo del partido les quita el apetito: «No tienen hambre, así que debemos hilar muy fino. La recuperación es fundamental». Nada más acabar el partido, cada jugador tiene un zumo personalizado y gelatinas de frutas con la idea de que se recupere adecuadamente. Sìlvia considera que son momentos vitales: reponerse bien tras el gran esfuerzo evita lesiones. Y como es complicado que coman, les da mucha variedad para que elijan. Esta, por ejemplo, fue la oferta posterior al partido disputado en el Etihad Stadium contra el Stoke City el 8 de marzo de 2017.

- Pan de cristal.
- Jamón pata negra.
- Aceitunas.
- Calabacín con tomate y mozzarella baja en grasa.
- Tortilla española.
- Mostrador de pasta: espaguetis sin gluten con salsa boloñesa o macarrones con pollo y salsa pesto.
- Arroz blanco.
- Bocadillo de jamón pata negra, queso y trufa.
- Pinchos de tomate, calabacín y salmón marinado con lima, soja o salsa ponzu.
- Hamburguesa de ternera con cebolla caramelizada.
- Hamburguesa de pollo con aguacate y salsa de mango.
- Postre: tarta de pera o de manzana.

Aunque ha practicado deportes extremos, el esfuerzo de los futbolistas sorprende a Sìlvia pero, jugando dos partidos semanales, no pueden hacer más, no hay tiempo. «Tienen muchas horas de masajes, piscina, recuperación, entrenamientos... No pueden más. Y eso cuando no tienen un golpe. Luis Enrique hacía *ironmans* y terminaba destrozado, pero siempre me decía que no era comparable, que a nivel de sistema nervioso y cansancio es mucho más dura una carrera extrema, pero que a nivel de golpes no, es incomparable. Corren 10 kilómetros, pero el dolor muscular es brutal. Entrenan una hora al día porque no pueden entrenar más, reventarían», dice Sìlvia.

En el comedor ha tenido el tacto de adaptarse a los gustos de los jugadores. Por ejemplo, hay curris porque les gustan mucho a los ingleses. Con Gaël Clichy había un problema: era vegetariano, así que debía idear su comida a diario. En la CFA solo hay leche de soja porque la de vaca «resulta demasiado indigesta». Hay muchos zumos que, por supuesto, se hacen siempre al momento: manzana, jengibre, lima, pera, fresa... David Silva, por ejemplo, se ha hecho adicto al zumo de fresa. Después de los entrenamientos y de los partidos es obligatorio tomar batidos hechos con leche de soja, yogur y avena que aportan proteínas e hidratos puros. «Necesitamos mantenerlos en su peso, pero no todos queman las mismas calorías: al portero, a Ederson, no podemos darle lo mismo que a Bernardo Silva.» El más comilón ha sido Yaya Touré, por eso estuvo fuera de peso tantas veces.

Sílvia también ha impuesto el consumo de alimentos en los descansos. «Me sorprendió mucho que no comieran nada. Vengo de la cultura de las maratones, donde no aguantas si no te hidratas y te alimentas. No podía entender que hicieran esfuerzos de 90 minutos sin reponer energía.» De modo que ha puesto a su disposición unas gelatinas con diferentes sabores: café, mango, cereza o fresa. Es una de las razones por las que llegan más fuertes al final de cada encuentro: «Nuestros datos muestran que hemos mejorado el rendimiento en la fase final de los partidos».

«Durante los descansos literalmente persigue a los jugadores para que a ninguno le falte su alimento», cuenta un colaborador de Pep entre risas. «Bueno, a algunos les cuesta más que a otros, sobre todo al principio, pero ya han cogido la dinámica. Entiendo que cuesta, por eso tenemos muchos zumos, que entran mejor», explica ella.

¿Y qué comen antes de un partido? Este fue el *pre-match meal* el 8 de marzo de 2017, día en que se enfrentaron al Stoke City a las ocho de la tarde en un encuentro ya mencionado antes.

- Selección de panes: blanco, integral, de cereales, sin gluten o *bagel.*
- Sopa de boniato.
- En el mostrador frío: maíz, aguacate, atún, jamón magro, pavo magro, salmón ahumado y huevo duro.
- Ensalada especial: tomate con atún y cebolla.
- Proteínas: filete de pollo o lenguado al vapor.
- Especial: el famoso pan de banana adorado por muchos jugadores y batido de mango, naranja y platano.
- Verdura: puré de batata.
- Carbohidratos: macarrones o espaguetis sin gluten con salsa de tomate.
- En el mostrador caliente: arroz basmati, ensalada de quinoa, avena con leche de soja, puré de plátano y canela o pudín de arroz.
- Postre: plátano con miel.

Sílvia Tremoleda ha estado muy cerca de Pep (por algo son amigos), sobre todo en las horas bajas. Cuando regresaron de Mónaco tras quedar eliminados de la Champions en 2017, hubo cena a base de mariscos, que a Pep le encanta. Tampoco lo abandonó a la vuelta de Londres tras la derrota contra el Chelsea en la primera temporada (el equipo entendió ese día que la Liga estaba perdida). Los dos estaban sin familia y se lo llevó al teatro: la compañía catalana Agrupación Señor Serrano presentaba en Mánchester su obra *Birdie*. Allí ahogaron sus penas y terminaron de copas con los «serranos». Bueno, Sìlvia no bebe, de hecho, odia el alcohol de manera furibunda. Lo ha prohibido absolutamente en la CFA y lo ocurrido tras la victoria en la Liga acabó por exasperarla.

«Los jugadores la liaban parda, iban de fiesta en fiesta y ella se desesperaba porque sabía que bebían alcohol. De hecho, lo prohibió en alguna fiesta», cuentan en la CFA.

Sílvia no cree que sea bueno beber un vaso de vino en las comidas, como recomiendan algunos médicos y como es habitual en la dieta mediterránea. Hasta ese punto llega su cruzada antialcohólica. *Nobody is perfect.*

Guardiola, en cualquier caso, la tiene siempre a su lado cuando la necesita, a las duras y a las maduras. «Pep se exige mucho, pero es muy positivo y al final muchas veces ha sido él quien ha levantado el ánimo de sus colaboradores. ¡Nos animaba a nosotros! Oí a menudo la misma frase durante la primera temporada. Nos decía: "El año que viene lo haremos mejor"», cuenta Sìlvia.

Y al año siguiente batieron todos los récords de la Premier. Parece que comieron muy bien.

CAPÍTULO 8

LORENZO BUENAVENTURA: EL NÚMERO UNO

Because we need each other
We believe in one another
And I know we're going to uncover
What's sleepin' in our soul

OASIS, «ACQUIESCE»

Pep le avisó cuando terminó el curso de entrenadores en Madrid, donde Lorenzo Buenaventura daba clases a los aspirantes a sentarse en un banquillo: «Cuando sea entrenador, te llamaré». Lorenzo no lo creyó: se lo habían dicho muchos, pero Pep lo llamó en cuanto llegó al primer equipo del Barça. Hasta hoy.

«El primer contrato que negocio siempre es el suyo. Es el mejor», dice Guardiola al hablar de su preparador físico. Si en la CFA han descubierto que no hay talento mayor que el de Pep, también saben que es casi imposible encontrar mejor persona que Loren para un equipo de trabajo.

«Loren es una lección de vida cada minuto que pasas a su lado», asegura el entrenador. «Es un tipo peculiar. Una persona que, por circunstancias de la vida, vive sola y tal ya es diferente. Se adapta a todo y es muy trabajador. Siempre suma, nunca pone problemas, siempre está de buen humor. Es fantástico trabajar con el», sentencia Domènec Torrent.

Es hijo de Pedro Buenaventura, que fue delegado, secretario técnico, director deportivo y entrenador del Betis. En el club verdiblanco es un mito, un auténtico pedazo de su historia. Lorenzo nació en Sevilla el 1 de enero de 1963. Estudió en los Salesianos y se marchó joven a Madrid para entrar en el INEF. De vuelta a casa estaba listo para trabajar en un colegio y en las divisiones inferiores del Betis, pero Irigoyen, presidente del Cádiz, habló durante una entrega de premios con Álvarez del Villar, del Betis, y le dijo que buscaba un preparador físico. «Habla con el hijo de Pedro», le respondió. Loren tenía 24 años, y le dieron el puesto. «En el fútbol ocurren estas casualidades, como en un partido, la pelota da en el palo y cambia todo. A mí me cambió la vida», explica tan tranquilo.

Estaba empezando a salir con Isabel, que hoy es su mujer, y se fue a Cádiz. A los dos años, en 1990, se casaron. Tienen dos hijos, la mayor, de 25 años y Loren júnior de 20. «Todos tenemos un ángel: el nuestro es él», dice al hablar de su hijo.

Nada le gusta más en la vida que darse un paseo por el Puerto de Santa María con su esposa, su hija, y Lorencito, su ángel (que padece un trastorno del espectro autista), pero vive solo en Mánchester. Su familia está en el Puerto porque Lorencito necesita mucha estabilidad. En Mánchester se ha hecho íntimo de Mikel Arteta, que también vive solo y además muy cerca, en el corazón de la ciudad. Se conocen desde hace 15 años. «Somos pareja de hecho —bromea el técnico vasco—. Para mí es una persona superespecial. Tiene dos cualidades que en un preparador físico son fundamentales. Una es la química que genera en el grupo, la energía que tiene, cómo se relaciona y la confianza que les da a los jugadores. Te dice: "Mira, aquí entrenamos así, pero si necesitas otra cosa porque vienes de Francia o Portugal, de donde sea, pues lo arreglamos. Quiero que te sientas bien". Y la otra cosa es que si Pep maneja un planteamiento determinado, él es capaz de cogerlo y plasmarlo en el campo a la perfección. Eso, amigo, hoy en el fútbol...»

Antes de unirse al equipo de Guardiola, Loren tenía más muescas en su hoja de servicios que tiros pegados por una escopeta de feria. Estuvo seis años en el Cádiz, trabajó en el Valladolid, recaló en el Español, donde coincidió con Bielsa (que se lo llevó al Mundial de Corea-Japón), pasó cinco años en el Atletico de Madrid («allí tuve más entrenadores que en toda mi carrera», comenta riendo). A lo largo del camino ha tratado personalmente a muchos futbolistas de élite porque, aparte de preparador físico, es un excelente recuperador y un magnífico fisioterapeuta. «Es el número uno en todo, te lo digo yo», insiste Guardiola, con quien ha trabajado los últimos nueve años. Solo se han separado durante el año sabático de Pep en Nueva York. Tenía contrato con el Barcelona, pero decidió romperlo por lealtad a su amigo. Estaba en Múnich cuando Pep le pidió que lo acompañara a Mánchester y no dudó.

En mayo de 2016 viajó a la ciudad y allí se reunió con quienes han sido sus colaboradores estos dos años. Al llegar descubrió que en Sports Science, el departamento que cuida la salud de los jugadores, había tres informáticos que después de cada partido elaboraban un informe completísimo donde, entre otros datos, podía averiguar los kilómetros recorridos por un jugador o cuántas veces había acelerado un metro por segundo (aceleración suave) o entre tres y seis (aceleración fuerte). Estudia esos parámetros porque, dice, le permiten mejorar los entrenamientos. Durante estos se registran datos similares para medir el esfuerzo realizado por cada jugador. El informe le muestra quién se ha tocado las narices y quién se ha dejado la piel. «Estamos atentos a ello, nos ayuda, pero tampoco nos volvemos locos. A veces las sensaciones engañan», sostiene. Pone como ejemplo un partido en Alemania que ganaron en campo contrario por 1 a 7. «Pareció un paseo, pero mirabas los datos y exclamabas: "¡Vaya paliza que se han dado, qué intensidad de juego!". Contra el Arsenal ha habido partidos de 67 minutos sin parar cuando lo normal es jugar 50 como mucho, así que el esfuerzo en esos partidos es mayor que en otros aparentemente más disputados. Al final, contra el Arsenal juegas más rato, te desgastas más.»

Los parámetros individualizados indican el esfuerzo personal y permiten saber quién ha ido al límite (y cuándo lo ha hecho) durante la semana y en cada partido. También se individualizan los calentamientos, algo que no ocurría en el Barça o en el Bayern. «El calentamiento es el reloj biológico. Walker y Silva, por ejemplo, necesitan ejercicios de intensidad muy distinta. Pero ese trabajo ya lo encontramos al llegar y decidimos no tocarlo.

El segundo año incorporamos el programa especial para los nuevos en función, básicamente, de su morfología.» La lluvia y el frío de Inglaterra lo han obligado a hacer más actividades bajo techo, ejercicios más estáticos en el vestuario o en el gimnasio.

Cuando aterrizó, aparte de los analistas que evalúan rendimientos, halló también tres preparadores físicos con los que ha colaborado estrechamente. «Sam, Simon y Barry hacen un gran trabajo. Sin ellos sería imposible lograr lo que pretendemos. Trabajamos por grupos o por líneas, así que nos repartimos la tarea. La actitud ha sido excelente, estaban entusiasmados cuando llegamos y su entrega ha sido total. Han sido muy receptivos. No nos conocíamos, pero ha ido todo perfecto. Tuvimos muchas reuniones antes de empezar, tuve contactos previos con Sam en mayo, aquí en Mánchester. Hablamos de todo, le pedí material y cuando llegamos estaba todo preparado. Simon ha trabajado más en el gimnasio. Nos lo hemos montado bien.»

En el City hay un axioma a la hora de preparar los entrenamientos: Loren debe adaptarse a lo que quiere Pep de cara al partido. Guardiola ha cambiado desde que estaba en el Barcelona y, evidentememte, ante partidos concretos reclama un tipo de trabajo muy específico. «No es lo mismo jugar con el Stoke que ir al campo del Chelsea; no es lo mismo jugar en un campo grande como el del West Ham que en uno más pequeño como el del Crystal Palace —explica Loren—. Poco a poco, además, vas aprendiendo. Empezamos hace dos temporadas ganando 10 partidos y jugando bien, pero tropezamos contra el Everton y el Chelsea siendo mejores que ellos. Aprendí que en Inglaterra no basta con manejar el partido, hay que dominar mucho las áreas porque con el control no basta.» Y eso lo trabajaron, claro.

Al llegar, durante las primeras reuniones, hablaron de cómo iba a jugar el City y entonces empezó a intuir los retos que afrontaría en Inglaterra. El preparador físico entendió que, básicamente, iba a necesitar tres cosas. Las enumera: «Primera, Pep demanda un ritmo alto, muy alto, así que los entrenamientos tienen ese ritmo. Segunda, él plantea el juego de una determinada manera, de modo que debemos introducir los fundamentos de ese juego en los entrenamientos diarios, en la parte física de los entrenamientos, en la parte técnica y táctica. En ese aspecto hemos tenido que adaptarnos a la manera de jugar en Inglaterra. En Alemania el jugador tiende a trasladarse con la pelota, es muy físico en el desplazamiento, hay mucha carrera. Aquí no se renuncia nunca al contacto y eso lo debes aplicar a los entrenamientos. Pero Pep es muy inteligente para amoldar los matices de lo que quiere a las exigencias del campeonato. Y por último: no tenemos muchos días para trabajar los partidos, así que intentamos inculcarles lo que quiere Pep realizando ejercicios físicos que los mantengan aptos para las exigencias de la competición, pero al mismo tiempo incluyan elementos válidos para el partido».

Explica que un equipo menos poderoso físicamente, menos fuerte en el contacto, debe pasar el balón más rápido para que no haya tanta fricción con el rival. Para que el jugador se acostumbre a pensar más rápido organiza partidillos en inferioridad o juegos de rapidez muy explosivos en espacios cortos; por ejemplo, carreras controlando la pelota con un compañero al lado hasta meterla en un saco.

«Tratamos de generar competitividad, pero con ejercicios divertidos. Hemos de ser imaginativos y con Pep no nos aburrimos: continuamente modifica, innova, une, separa... Es un tío muy veloz, muy vivo, en el trabajo. A veces te lo dice claramente: "Necesitamos juego por dentro". Entonces ya desde el calentamiento te inventas algo para llegar por dentro. Te acomodas como puedes porque tampoco tienes muchos días. Dedicas cada minuto del entrenamiento al planteamiento del juego. Ese es el plan.»

Tiene claro que en la CFA, mientras esté Pep, se trabajará «con pasión» y se cuidarán mucho los detalles: «Por ejemplo, como tenemos mucho la pelota, normalmente defendemos poco pero con mucha intensidad; se trata, por tanto, de presionar rápida y ordenadamente porque si no lo hacen así defienden demasiados espacios además de marcar al jugador contrario. Pep prefiere correr cuatro o cinco metros por delante que recular 20. A veces observa movimientos de jugadores, movimientos de equipos, y nos dice "eso me ha gustado". Entonces sabemos que va a potenciar eso e intentamos prepararlo en los entrenamientos para el día en que lo necesite. Siempre inisiste: "O le metemos pasión al trabajo o nunca llegaremos... y no ganaremos"».

Loren dice que a Pep le sobra pasión y autoexigencia, que se evalúa primero a sí mismo y luego a los demás porque se pone muy alto el listón del rendimiento. No pocas veces lo ha visto mortificado tras una victoria porque piensa que ha cometido un error o cree que el encuentro no se ha preparado lo suficiente y por eso no se ha jugado tan bien como esperaba.

Más de una vez le ha soltado un ladrido a la plantilla e incluso al cuerpo técnico: «Te da mucha responsabilidad y mucho cariño. Es muy agradecido, de modo que está en su derecho y a veces nos caen broncas. A los jugadores y al *staff*. Pringamos todos cuando lo hacemos mal, pero es que Pep es como el músico que compone una ópera: lo aplauden media hora en el Albert Hall y él sigue pensando que al final del segundo acto la ha cagado. Pep mira mucho todos los pormenores y yo soy distinto. Él dice: "Hoy los centrales han jugado demasiado juntos en la salida de balón". Y yo pienso: "¡Joder! Hoy hemos hecho 836.000 inicios de jugada, la hemos perdido una vez, no nos han metido un gol y nos han creado dos ocasiones de córner. Lo hemos hecho de puta madre. ¡Vamos a tomarnos una cervecita!" Alguna bronca ha caído, pero, como es muy afectuoso, ha habido muchos días en que nos ha reunido para felicitarnos. Y entonces piensas "hombre, nos hemos pegado un buen curro", aunque sabes que él se ha dado una paliza tres veces más grande que la tuya».

Cabe decir que Loren, como buen andaluz, es un poco exagerado. Y que no ha perdido el acento del sur ni hablando en inglés. Sigue yendo a clase dos días a la semana. «Se hace entender, no hay problema. Algunas risas sí hay, pero se le entiende todo», dice Arteta.

Loren suele contar con salero que se inventó un idioma particular en Alemania: «Usaba palabras que no existen, seguro; era una mezcla de alemán, castellano e inglés, pero me entendían, y de eso se trataba». En apenas media hora comprendes por qué Guardiola ficha siempre primero a Lorenzo Buenaventura: es el número uno.

CAPÍTULO 9

MANEL ESTIARTE: EL ÁNGEL DE LA GUARDA

Oh, there is a light and it never goes out
There is a light and it never goes out

THE SMITHS, «THERE IS A LIGHT THAT NEVER GOES OUT»

Una de las grandes habilidades de Manel Estiarte es conseguir estar moreno todos los días del año aunque viva en Mánchester. Guapo y elegante (hasta en chándal), tampoco se le da mal el waterpolo: fue designado mejor jugador del mundo durante siete años consecutivos. Intentaron ahogarlo croatas, bosnios, montenegrinos y serbios unidos bajo la bandera yugoslava, italianos, griegos y algún alemán despistado, pero siempre metió más goles que nadie. De hecho, aún es suyo el récord en unos Juegos Olímpicos. Para quien no lo sepa, es, sin duda, el mejor jugador que ha dado el deporte de la pelota acuática. He aquí un testimonio: el rumano Cornel Mărculescu, director ejecutivo de la Federación Internacional de Waterpolo, dio una charla con motivo del Mundial de Natación de 2013 para hablar sobre la dirección que debía tomar el juego de la piscina, sobre qué innovaciones se podían introducir para hacerlo más llamativo; terminó diciendo: «El futuro del waterpolo pasa por el nacimiento de un jugador que, por talento, herede el trono de Manel Estiarte. Lo mejor que le puede pasar al waterpolo es que nazca otro Estiarte». No seremos nosotros quienes lo pongamos en duda. Así de bueno era el delfín goleador, el Messi del agua

A Estiarte le han dado hostias para sacarlo de quicio, hostias para hacerle daño, hostias para echarlo de la piscina... Le han dado hostias hasta en el carné de identidad porque, sencillamente, el suyo es un deporte duro. Había tíos a los que fintaba y trataban de pararlo por la vía militar. Había tíos (como un tal Dani del Firenze) que aún no había empezado el partido y ya le estaba arreando patadas y arañazos. Pero durante muchos años fue el mejor, y eso que la vida no se lo puso fácil. Lo cuenta en un libro tremendo, *Todos mis hermanos*, imprescindible para entender todas las dimensiones de Manel.

Rosa, su hermana, una de las nadadoras más guapas que jamás haya conocido el deporte español, una mujer maravillosa, lo estaba pasando muy mal. Un maldito lunes de Pascua, en 1985, se encontraron en la casa de sus padres: ella saltó al vacío delante de sus ojos. Así cuenta Manel la horrible experiencia:

> Fue muy duro, brutal, pero sucedió y es parte de mi vida. Hablar de ello era difícil, pero me gusta recordarla, sentirla; emociona... Jamás olvidaré aquella mirada de Rosa clavada en la mía, una mirada vacía. Fue un último segundo. Subí a casa, traté de terminar una discusión de Rosa con mi padre y le dije: «Rosa, ya basta, tranquila». Y sin desesperación, ni un grito, nada, simplemente con una cara muy serena (aún la tengo presente en mi memoria, en mis ojos) me miró con ternura, con suavidad, y se puso a correr... Yo iba detrás de ella gritando: «¡Rosa, Rosa, Rosa!». Me llevaba cuatro metros de ventaja. No tuve tiempo de cogerla, se me escapó. No llegué. Me miró, un último segundo, una mirada vacía y saltó. Vi saltar a Rosa y la vi morir.

Manel se volvió loco aquel día. Salió corriendo en busca de una respuesta. Entró en una iglesia y lanzó sus reproches a gritos, buscó razones a gritos. Manel es creyente.

Nació en Manresa, capital del Bages, en 1961. Se inició en el waterpolo a los cinco años en el club de su ciudad natal compartiendo piscina con su hermano. Cuando tenía 18 años lo fichó el Club Natació Barcelona y luego pasó a la Liga italiana, la mejor del mundo. Estuvo en el Pallanuoto Pescara, el club al que dedicó más años de su vida, un total de 10 divididos en dos etapas. Entre medias se fue un par de temporadas al Rari Nantes Savona. En Italia echó raíces, allí conoció a Silvia, la mujer de su vida, la madre de sus dos hijas.

También lideró la mejor generación de waterpolistas que ha visto España, un grupo irrepetible que ganó mundiales y juegos olímpicos como pocos equipos lo han hecho en una piscina. Vivió la debacle de Barcelona 92, las olimpiadas que perdieron en la final siendo los mejores y que sirvió de acicate para resurgir con más fuerza en Atlanta 96. No se escapó el oro, con tres goles de Manel en la final. En su palmarés hay también un oro y dos platas en los mundiales, cuatro ligas y seis copas italianas, cinco ligas y cinco copas españolas, dos copas de Europa, dos supercopas y tres recopas. Insuperable. En 1996 le concedieron la Gran Cruz de la Real Orden del Mérito Deportivo y en 2001 el Premio Príncipe de Asturias de los Deportes. Fue internacional en 580 ocasiones, disputó seis juegos olímpicos y en tres de ellos fue el máximo artillero. Se retiró en el año 2000 tras las Olimpiadas de Sídney, donde fue el abanderado español. Desde entonces no ha vuelto a tocar una pelota en la piscina.

«Con todo lo que ha hecho, Manel podría decir "venid aquí y besadme los pies", pero si necesitas que se arrodille y friegue el suelo lo hace. Es el tío más humilde que conozco», dice Pep Guardiola, que tiene a Manel a su lado desde que llegó al primer equipo del Barcelona. «Su relación es de hermanos. Rápidamente notas que no es un vínculo profesional, es mucho más. Se quieren mucho. Y profesionalmente es como el ángel de la guarda de Pep», cuenta un miembro del *staff citizen.*

Muchas relaciones se forjan en la familia o en la escuela (como la que Pep tiene con sus excompañeras de instituto, que aun hoy organizan viajes para ir a verlo a Mánchester). Hay amistades, sin embargo, que se cocinan a lo largo del tiempo por afinidad y elección. La de Manel y Pep es de estas últimas. Nacieron en dos localidades separadas por 10 kilómetros, pero coincidieron cuando ya no vivían en ellas, cuando ya pertenecían a la élite del deporte. Cada uno en lo suyo. Se conocieron en 1992, después de la primera Liga tinerfeña. El Barcelona de

Johan Cruyff, con Pep en el equipo, ganó el título en la última jornada tras un tropiezo del Madrid, entonces líder, en Tenerife. Fue emocionante. Un gol de Agüero, para entendernos. Joan Patsy no paraba de elogiar a Pep, y Manel, muy culé, quería conocerlo. Los presentó Ricard Maxenchs en el viejo vestuario del Camp Nou.

La amistad se afianzó durante los Juegos Olímpicos de Barcelona, aunque se vieron poco porque el equipo de fútbol estaba en Valencia y solo pasó dos veces por Barcelona: en la inauguración y en la final (que se ganó). Las dos noches se saludaron; la primera en el tartán olímpico de Montjuïc, la segunda a las tantas de la noche en la Villa Olímpica. Al día siguiente, que era el de la clausura, jugaban la final los de waterpolo. Los futbolistas, ya campeones, llegaron de madrugada entre gritos de alegría. Manel, que no podía dormir, pensó: «Mañana quiero estar así de contento». Que la relación entre ellos empezara a ser tan personal como laboral es, sobre todo, responsabilidad de Joan Patsy. Estiarte y Patsy (que entonces trabajaba en TV3) se vieron casi a diario en el bar de los atletas de la Villa Olímpica durante los Juegos del 92: el primero iba allí a pasar el rato a la hora de la siesta cuando el segundo comía. La relación fue a más con el tiempo. Fue el actual *scout* del City quien años después le hizo la sugerencia a Laporta. «Manel se lleva bien con los medios, es muy respetado, sería un buen enlace», le dijo.

En el verano de 2008, Ferran Soriano, hoy director ejecutivo del City y entonces vicepresidente económico del Barcelona (con Joan Laporta en la presidencia), llamó a Estiarte, que estaba de vacaciones en Pescara. Se reunieron días después en el Hotel Casa Fuster de Barcelona. Hablaron sobre el club, sobre Pep, sobre sus visiones del deporte y sobre lo que podía aportar Manel. El Barça buscaba a alguien que ayudara con los medios de comunicación, que reforzase la comunicación externa del club y, al mismo tiempo, sirviera de enlace entre la directiva y la plantilla.

Fue una entrevista muy profesional, se entendieron. Estiarte vio después al presidente Laporta en un ambiente más distendido, menos rígido, más típico de Jan, que no paraba de decirle que era ideal para el perfil buscado. Manel llamó luego a su amigo Pep, que no sabía nada. «Me contestó sorprendido, algo así como "¿qué quieren de ti?"», recuerda Estiarte. Pero Pep estuvo encantado desde el primer momento. Las conversaciones fueron bien y el campeón olímpico aceptó la propuesta. No llegó a aguas tranquilas: la directiva estaba cuestionada por una moción de censura que fracasó, pero provocó la dimisión de Ferran Soriano. El destino se encargaría de volver a juntarlos. Manel se incorporó a su flamante puesto durante la pretemporada (la primera de Pep como entrenador) en Saint Andrews, Escocia. Guardiola lo acogió calurosamente y le presentó a sus colaboradores. Todo fue tan bien que Pep salió de allí con una convicción. «Creo que tú, Manel, debes estar más con nosotros, más cerca del equipo y del cuerpo técnico que de la institución», le dijo a su amigo. Y Laporta aceptó.

Durante cuatro años gloriosos, Estiarte fue la sombra de Pep: lo acompañaba a todas partes, lo protegía, asumía tareas que liberaban a su amigo de responsabilidades engorrosas. Siguió dirigiendo las relaciones exteriores, siguió ocupándose de la prensa, pero con una visión muy próxima a la del entrenador. Fueron años duros y felices en los que Manel se comió muchos marrones para defender a Pep. Hasta el último día, una fecha muy concreta: la derrota en la Champions contra el Chelsea el 24 de abril de 2012.

«Hasta entonces no me comentó nada —admite Estiarte recordando un período en que toda Barcelona se preguntaba si Pep iba a renovar—. Mi mujer me preguntaba por el futuro y ni yo lo sabía. Como Pep hablaba siempre del "año que viene", le decía que nos quedábamos, pero a veces lo veía tan cansado que no sé... no lo tenía claro. Había motivos para pensar tanto que sí como que no.» Hasta el día del Chelsea. Cuando llegaron al vestuario, justo después del partido, se lo dijo. Probablemente fue el primero en saberlo. Estiarte se quedó con una frase de Pep: «Siento que aún les puedo dar mucho a los jugadores, pero no les puedo dar todo». Y eso suele hacer Pep: darlo todo.

A la mañana siguiente, Manel llamó por teléfono a Sandro Rosell, entonces presidente del club, para comunicarle que él también dejaba el Barça. Pep valoraba enormemente la capacidad de su amigo y no tardó en hacerle otra propuesta. Esta vez la hizo él directamente, no el presidente del club. Lo llamó desde Nueva York: «¿Estás sentado? Bueno, pues lo he decidido. Nos vamos a Múnich».

Eso no lo esperaba. En el Bayern cambiaron sus funciones. Durante los dos primeros años en el Barça estuvo muy integrado en la estructura del club, se relacionaba con todos los cargos de poder. En Alemania se dedicó por entero al entrenador y al vestuario, pero no tenía un puesto oficial. Siguió protegiendo a Pep, a veces del propio club (evitándole molestias y conflictos), a veces «de sí mismo», como dice en broma un amigo común.

La decisión de ir a Mánchester, sin embargo, no fue una sorpresa para Manel: «Fue un proceso. Estábamos en el Bayern y recuerdo que Txiki o Joan Patsy venían por Alemania con cualquier excusa. "Venimos a ver a Gündogan", "venimos a ver a Sané", te decían. Y a Pep le brillaban los ojos».

En el City, como es bien sabido, han vuelto a trabajar con viejos amigos: Soriano, Txiki, Patsy... De hecho, Manel, como muchos de quienes conocen a Pep, está convencido de que este nunca ha tenido una relación tan estrecha con una directiva. «Como durante la época de Laporta en el Barça», afirma una persona muy próxima al entrenador.

Por decisión de Soriano, Estiarte tiene en Mánchester un cargo muy definido que lo obliga a despachar con todos los jefes de área del club. Seguramente nunca había tenido tantas responsabilidades. Su tarjeta de presentación indica cuál es la principal: Director of First Team Management Operations & Support. Algo así como «director gerente de operaciones y apoyo para el primer equipo».

«Aquí tiene tareas concretas. En el Bayern era, sobre todo, la mano derecha de Pep, pero aquí también colabora con Ferran», cuentan en las oficinas de la ciudad deportiva. «Hace un trabajo fantástico. Gracias a él somos un club más ágil y racional en lo que respecta a las actividades del primer equipo. Estamos encantados», sostiene Txiki. «Hay cosas que le podría decir a Pep, pero sé que no debo hacerlo porque está Manel y se las digo a él», explica Marc Boixasa, el delegado de la plantilla, para describir algo que les pasa a muchos. Lo mismo sucede en las áreas de márquetin o comunicación. Manel es la vía de acceso a Pep porque lo conoce bien y sabe cuándo ha de plantearle las cosas, sabe lo que debe hacerle llegar y sabe convencerlo si es necesario.

Pero tiene mucho más trabajo. Al principio contaba con la impagable ayuda de David Quintana, un fichaje de Txiki. Este canario llegó a Birmingham por amor y luego a Mánchester tras haber ayudado a David Silva y a Negredo en su integración. Fue muy útil para el City y en especial para Manel hasta que, cosas de la vida, se dio de baja mediada la temporada de los 100 puntos. Pero el equipo siguió funcionando con Claire de mano derecha. Manel se apoya mucho en Boixasa, cuya tarea como delegado también consiste en cuidar al jugador, de modo que el club ha decidido unir los dos departamentos bajo la dirección de Estiarte, ángel de la guarda para Pep y toda la plantilla.

Precisamente por su obstinada defensa del grupo y su conocimiento del vestuario, Estiarte, que despacha frecuentemente con Soriano, ha tenido alguna que otra pelotera durante estos dos años. «Nada grave, pero Manel es tan profesional como vehemente y defiende a muerte su parcela, la del equipo. Soriano piensa a lo grande, piensa en términos de empresa multinacional», cuenta un testigo. «Creo que Soriano pone paz si Manel le para los pies a márquetin o a comunicación si esos departamentos reclaman tiempo de los jugadores», aclara un asistente a las reuniones de los jueves, donde se examina la situación del club.

«Los dos defendemos lo mismo, el bien del City, de eso no hay duda —dice Soriano—. Todos necesitan a los jugadores para campañas, promociones... pero los jugadores tienen entrenamientos, reuniones con Pep, horas de descanso. Y ahí Manel salta, es inflexible.»

Tampoco le cuesta mucho cabrearse. En salas de prensa y zonas mixtas ha tenido broncas con periodistas o gente acreditada (que no es siempre lo mismo) y en los vestuarios con algunos árbitros, entrenadores y futbolistas. Incluso con *sponsors*. Se pegó con yugoslavos en las piscinas y, si es necesario, se pega con cualquiera fuera de ellas.

Se recuerda una anécdota ocurrida en el campo cubierto de la CFA durante un rodaje publicitario para la cerveza asiática Cambodia Beer, patrocinadora del City desde 2017. Participaban el Kun Agüero, Otamendi y Danilo. El anuncio requería movimientos bastante enérgicos y el Kun se quejó a Manel, que supervisaba todo, de que le dolía el tobillo. Estiarte se dirigió a los guionistas: «Oye, esto no me gusta mucho, carga demasiado a los jugadores, ¿se puede cambiar?». Dijeron que intentarían remediarlo, pero la cosa siguió igual. El mismo patrón y las mismas quejas del Kun. Así que va Manel, agarra al argentino y se lo lleva. En estas llega un empleado de la agencia publicitaria y les corta el paso: «No te puedes llevar al Kun, aún faltan escenas por grabar, así que no te lo llevas». El pobre chico no sabía con quién estaba hablando y, para colmo, sus maneras no habían sido muy delicadas. Estiarte no se cortó un pelo: «¿Que no me puedo llevar al Kun? OK, pues ahora me llevo a los tres, tú tranquilo». Otamendi y Danilo también se largaron. Cuentan que el causante del cabreo se quedó acojonado y boquiabierto: en efecto, no sabía con quién hablaba. Se pidieron disculpas y, tras unas gestiones del departamento de márquetin, volvieron a rodar sin más problemas.

«El tío tiene prontos. A veces suelta las cosas... pero al rato te pide perdón por las formas», dice Guardiola de su compañero. Luego añade que los prontos de Manel no son peores que los de su mujer. «Manel sufre mucho, lo sé. Sufre cuando hablan mal de mí o cuando hablan mal de Txiki. Nos defiende cuando nos atacan... porque al final, en este club, somos un grupo de amigos. De colegas que intentan hacer algo grande.»

Aseguran quienes lo conocen que no se mete en temas de fútbol, sabe que él no entiende de eso. Lo que entiende bien, sin duda, es el manejo de un vestuario. Pocos deportistas en el mundo han vivido lo mismo que él en ese terreno. Allí es donde lo quiere Pep: «Lo suyo es la plantilla. Te dice "tío, van a muerte contigo" o "cuidado, aquí hay unas fugas de agua que no veas". Lo necesito porque tiene olfato para ver cómo está la gente, para saber si me siguen o no, porque tú no puedes conseguir algo si no te siguen. Él esto lo maneja muy bien porque ha sido el mejor atleta de lo suyo, y si de algo sabe es de vestuarios».

En esto incluso llega a ser crítico con Pep, cuenta un miembro del cuerpo técnico: «Manel tiene sus puntos de vista. Cuando Pep da las charlas, por ejemplo, igual está en su rincón diciéndose "demasiado largo, demasiado largo". O después de la perorata ofrece su opinión: "Yo no les daría tantos datos antes de un partido, Pep". No es exactamente una crítica, son reflexiones, pero las hace».

En cierta ocasión, el City encadenó seis días sin partido, cosa extraña, y Pep propuso llevarse al equipo a entrenar en Barcelona. Manel, consciente de las obligaciones diarias del club, vio que aquella escapada no cuadraba por ningún sitio y encontró el punto medio: «Es mejor darles dos días libres que irnos a entrenar fuera, la verdad». Y no se fueron.

Por todo ello, los futbolistas lo respetan. Esto dice uno de ellos: «Los jugadores sabemos quién es, que ha sido deportista de élite, de lo más grande en lo suyo. Algunos, cuando llegamos, no sabíamos quién era, pero te enteras. Y agradeces su trabajo».

Hay una imagen icónica de ese agradecimiento. Había obras en el túnel de vestuarios y el equipo saltaba al campo por una esquina. Como siempre, a falta de cuatro o cinco minutos para que acabara el partido, Manel bajó al césped y se quedó en el banderín de corner a la espera de que el árbitro pitara. Entonces marcó Fernandinho, que, al verlo, corrió a abrazarse con él.

Donde no llega Pep, llega Manel. Y nadie conoce a Guardiola tan bien como él. Dice no ver grandes diferencias entre el técnico de Barcelona, el de Múnich y el de Mánchester. Cree que no ha cambiado mucho como entrenador: «La base es la base. Comete errores parecidos, pero ahora los ve y los arregla antes. Sufre, sufre mucho, pero un poco menos, ya no tanto. Y mantiene su autoexigencia, su enorme grado de responsabilidad, solo que ahora focaliza mejor los esfuerzos». Dice Manel que uno de los defectos del entrenador es que se implica demasiado en la vida personal de sus jugadores: «Sí, debe hacerlo en lo profesional, pero en lo personal se sumerge de forma excesiva, él es así».

Solo Cris, su mujer, cuida a Pep más que Manel. Dicen que se parecen, que tienen temperamentos similares. Será porque nacieron el mismo mes. Poca gente quiere a Pep más que Manel. Manel mataría por Pep. Y viceversa.

A Manel, que, como hemos visto, tiene muy malas pulgas, le cabrea que le pregunten si necesita algo. «¡No, si necesito algo ya lo diré!», suele exclamar. Así que la gente, Pep incluido, se limita a preguntarle: «¿Todo bien?». Nadie quiere que lo confunda con Dani... el del Firenze.

Pep tiene claro que no se quiere separar de su ángel custodio porque es un gran tipo y por lo mucho que lo ayuda: «Los entrenadores estamos muy solos. Con Manel lo estoy mucho menos». Por eso, antes de empezar cada partido, Pep lo abraza y le recuerda que lo quiere.

Es bueno decir «te quiero». Y conviene hacerlo a menudo.

CAPÍTULO 10

EL DÍA DE LOS PERCEBES
PRIMER DERBI:
MANCHESTER UNITED 1 – MANCHESTER CITY 2

A una isla del Caribe he tenido que emigrar
Y trabajar de camarero lejos de mi hogar

SINIESTRO TOTAL, «MIÑA TERRA GALEGA»

El día de san Nemesiano, Pep llegó a Old Trafford para jugar su primer derbi mancuniano. (Mancunium, por cierto, era el nombre del fuerte romano situado donde hoy está Mánchester.) Los paparazis llevaban meses persiguiendo sin éxito la foto de Mourinho y Pep juntos por la ciudad y aquel día por fin la encontraron, pero sobre el césped del Teatro de los Sueños. Medio mundo miraba a Mánchester mientras el Deutsche Bank planeaba una ampliación de capital de 9.000 millones de euros, dimitía el presidente del Bundesbank por racista (había afirmado que los inmigrantes musulmanes eran menos inteligentes que los alemanes de otras ascendencias) y en los periódicos ingleses se anunciaba que la Cámara de los Comunes había aprobado una moción para validar la investigación de las escuchas ilegales del *News of the World*, un periódico sensacionalista propiedad de Rupert Murdoch. Los empleados del magnate (o mangante) habían pinchado el teléfono personal del príncipe Guillermo durante el año 2007, una fechoría que condujo a la dimisión de Andy Coulson, director del diario.

Ya estaban en el estadio. Faltaba menos de una hora para que empezara el partido y Nolito buscó a Manel Estiarte con cara de agobio. «Tengo un problema», le dijo. El problema eran cinco kilos de percebes que unos amigos pescadores le habían llevado desde Vigo. Lógicamente no podían entrar en Old Trafford. Manel lo solucionó (como ha solucionado mil problemas de los jugadores durante los últimos dos años): salió a la calle, dio con los pescadores gallegos, cogió la caja de percebes y la guardó en el autocar del equipo. Cosas de Nolito: los percebes le costaron muchas coñas en el vestuario durante toda la temporada.

El primer derbi con José y Pep en los banquillos se vivió como si a la ciudad le fuera la vida en ello. No había mañana, desde todos los rincones del planeta se miraba a Mánchester, recién convertida en la capital mundial del fútbol. Imbatido el City en las primeras tres jornadas, en el duelo entre Mourinho y Guardiola solo faltaba Ibrahimovic, que cada vez que abría la boca insultaba al técnico catalán. Evidentemente no había entradas a la venta, en los hoteles reventaban los precios o no quedaban habitaciones y Old Trafford se llenó hasta la bandera. Era tal la expectación que incluso en la Tib Street Tavern, uno de los pubs más populares de la ciudad para ver fútbol, se puso el cartel de COMPLETO varias semanas antes del partido. El interés mediático era tan grande que la tribuna de prensa se quedó pequeña y el United se vio obligado a rechazar las acreditaciones de diarios tan prestigiosos como *El País* o el *Süddeutsche Zeitung*, nada menos.

Los dos equipos estaban en obras, aún les quedaba mucho por construir en sus respectivos proyectos. Para hacernos una idea, Ihenacho y Nolito, el de los percebes, fueron titulares. Extraña y fugaz pareja: el primero fue traspasado al Leicester por 25 millones de libras y el andaluz acabó en el Sevilla después de que su crédito terminara a ojos de Pep tras una lamentable primera parte en un partido de FA Cup en Huddesfield. Nolito volvió a España al final de la temporada harto de no jugar y de no ver el sol día tras día.

En el primer derbi de la era Guardiola debutó Claudio Bravo, que salía de una lesión. El chileno llegó al partido de milagro. Había aterrizado en Mánchester con un problema muscular. Estaba descartado hasta que Edu Álvarez (que es de Mieres, pero tan tozudo que parece de Maella, provincia de Zaragoza) le puso la mano encima.

La destreza del fisio lo dejó en condiciones de salir al campo, donde también jugaron Sagna, Stones, Otamendi, Kolarov, Fernandinho, De Bruyne (Zabaleta, minuto 89), Silva, Sterling (Sané, minuto 59) y Fernando, que sustituyó a Ihenacho en el minuto 53. Por el United jugaron De Gea, Valencia, Smalling, Bailly, Shaw (Martial, minuto 80), Pogba, Fellaini, Mkhitaryan (Herrera, minuto 45), Rooney, Lingard (Rashford, minuto 45) e Ibrahimovic.

De Bruyne marcó en el 15 y el delantero Ihenacho culminó en el 36 una excelente media hora del City. Al borde del descanso, Ibrahimovic aprovechó un error de Claudio Bravo para darle emoción al partido. Los de Trafford empujaron fuerte en la segunda parte, pero los azules aguantaron, que al final lo celebrarían a lo grande.

«Tenemos un gran recuerdo de aquel derbi —cuenta una persona que estaba en el vestuario—. Era el inicio de la temporada, justo la cuarta jornada. Todo el mundo estaba un poco tenso porque con la llegada de Pep cada jugador se quería ganar el puesto. No había muchas bromas. Aquel triunfo fue el primer momento de distensión, de celebrarlo todos juntos. Creo que fue muy significativo aquel derbi. Gran parte del equipo técnico quedó alucinada con el buen ambiente.»

Sir Alex Ferguson estaba impresionado. En sus declaraciones pospartido mostró su admiración por el exquisito fútbol al primer toque, por el estilo de los primeros 40 minutos azules. El legendario técnico, que ya sufrió a Pep cuando estaba en el Barcelona, esperó al entrenador catalán en el pasillo que lleva a la sala de prensa de Old Trafford y lo saludó cálida y respetuosamente. Puede que hablaran de Kevin De Bruyne, a quien Mou había permitido dejar el Chelsea (o a quien echó directamente) tres temporadas antes.

Mientras, la familia de Guardiola abandonaba el campo. Había seguido el partido desde la grada, detrás de la portería donde el City marcó los goles. Estaba su hermano Pere con su esposa, Laura, y los dos hijos mayores, Guillem y Pol, llegados desde

Londres, donde residen; estaba su cuñado, Joan y su hijo Marc, que viven en Mánchester; estaban, claro, su esposa, Cristina, con sus tres hijos, Maria, Valentina y Màrius, que salió de allí con una herida en la cabeza. Todos en la parte baja de la zona que ocupaba la afición del City, muy cerca del césped. También ellos eran *away fans*, aficionados visitantes.

«Mami, sueltan muchas palabrotas.» Desde sus tiernos ocho años, Valentina hablaba con su madre unos minutos antes de que Màrius notara un golpe. «Me han tirado algo», dijo el chico tocándose la cabeza. Sangraba. Era un corte superficial, pero sangraba. Llovían monedas y una le dio a él. Mala suerte. Estaban muy cerca de los *stewards*, uno de ellos se percató del incidente, intervinieron los servicios médicos y se levantó acta.

La sorpresa de los miembros de la Cruz Roja cuando Cristina les dijo que el niño se apellidaba Guardiola es fácilmente imaginable. Pese al golpe, Màrius le cogió gusto a ver partidos del City como *away fan*: en jornadas sucesivas viajaría en tren a varios estadios. A Huddersfield, por ejemplo. El 26 de noviembre de 2017 sufrió allí durante 83 minutos y terminó abrazado con desconocidos tras el gol de Sterling. Saltaba como un loco, como un *citizen* de toda la vida.

Màrius siempre podrá decir que le abrieron la cabeza animando al City el día en que su padre ganó por primera vez un derbi en el Teatro de los Sueños. Sangre azul.

CAPÍTULO 11

LA GORRA DE SUMMERBEE

They seek him here, they seek him there
His clothes are loud, but never square
It will make or break him so he's got to buy the best
Because he's a dedicated follower of fashion

THE KINKS, «DEDICATED FOLLOWER OF FASHION»

Las gorras están de moda en Inglaterra. Gran parte de la culpa la tiene Steven Knight, que creó hace cinco años *Peaky Blinders*, una serie de televisión de gran éxito estrenada por la BBC el 12 de septiembre de 2013. El *show* se articula en torno a una despiadada banda de gánsteres nacida en Birmingham en los años veinte. Los Blinders, liderados por el incomparable Tommy Shelby (personaje interpretado por Cillian Murphy) usan una gorra como rasgo distintivo de su espíritu tribal: en la visera esconden una cuchilla. Son el reflejo de una época. En 2017 se emitió la cuarta temporada,de la que varias escenas se rodaron en Mánchester.

La gorra ha sido una prenda muy usada entre los trabajadores de Mánchester, así que no es precisamente nuevo que la gente la use ahora. Tiene que ver con el clima y con el pasado industrial de la ciudad. Las esposas de los obreros podían coser una gorra incluso con retales, pero un paraguas salía caro y era un objeto bastante inútil: es fácil olvidarlo en la taberna y el viento puede destrozarlo. La gorra se guarda en el bolsillo del abrigo al entrar en el pub y, bien calada, es difícil que salga volando. La gorra, a diferencia del sombrero, es proletaria, y Pep, al fin y al cabo, es un tipo muy trabajador.

La gorra siempre ha estado presente en la familia Guardiola. La usaba el abuelo, la usa el padre, Valentí, de modo que era cuestión de tiempo que la usara Pep. Y, desde hace unos meses, también la usa Màrius, su hijo. Debe de intervenir un factor genético.

Cristina Serra suele asesorarlo en temas indumentarios, pero esta vez no tuvo nada que ver: Pep se buscó la vida. Cris tampoco se sorprendió cuando lo vio aparecer por casa con una gorra puesta y dos más en una bolsa: llevaba días oyéndole decir que tenía frío en la calva. Fue Mike Summerbee, que solía aparecer por el club los días de partido, quien acudió en ayuda del entrenador.

«Necesito un extremo derecho», dijo Guardiola el primer día que pisó la Academia del City, el día de su presentación. Fueron las primeras palabras que intercambió con Summerbee cuando se vieron. Mike había sido un jugador talentoso. Nació en Preston en 1947 y jugó para el City durante 10 temporadas. Encaraba, corría por la banda y, de reojo, veía el centro. Fue valiente en el campo y en la calle. Cuenta la leyenda que conoció a George Best el día en que este le levantó una chica en la barra de un bar. Desde entonces se hicieron inseparables. Con el mítico delantero del United compartía un apartamento adonde subían a las chicas. «Tenía que darme prisa porque George siempre llegaba primero», reconoce Summerbee. Otra leyenda cuenta que las llevaban con los ojos vendados para que no supieran dónde estaba el pisito. También compartieron una tienda de ropa en Mánchester. «En realidad, nunca vendimos mucho: lo hicimos por las mujeres, bàsicament.»

Mike es ahora embajador del club. No habla mucho de fútbol con Pep, pero se entienden bien. «Mi trabajo es otro. Si me quiere preguntar algo, lo atiendo gustoso, pero su trabajo es fútbol, fútbol y fútbol las 24 horas del día, y yo no estoy para eso. Hablamos de la vida, nos contamos historias, vamos intimando poco a poco», explica Mike. También se ha hecho muy amigo de Txiki, con quien suele sentarse en los aviones. «Es una de las mejores personas que he conocido en Mánchester. No podemos tener mejor embajador. Me gusta estar con él, lo quiero mucho», dice el director deportivo cuando oye el nombre de Mike, alias Narizotas. En eso también coinciden: los dos tienen una buena napia. Y un fino sentido del humor.

Pep se compró la primera gorra en una tienda que hay junto al restaurante Piccolino, en Albert Square. Allí venden productos de alto nivel al por mayor. Suele ser manufactura belga. Elegante como es, Mike usa una gorra muy bonita. A él recurrió el entrenador cuando quiso engalanarse. Fue a mediados de enero de la temporada pasada. Después de un partido se acercó al exfutbolista (que, por cierto, actuó en la película *Evasión o victoria*) y le pidió consejo. «Me dijo que le gustaba mi gorra, que le recordaba a *Peaky Blinders*. "Conozco al hombre que necesitas, no te preocupes", le contesté.»

Quede constancia de que Mike es «un tipo encantador» de acuerdo con la opinión más común en el City. Una excelente persona y un dandi. «A menudo me cuenta viejas historias del fútbol inglés, de antiguos viejos compañeros. Me gusta escucharlo», dice Txiki.

Quedaron en casa de Pep, junto a Salford Bridge, para acercarse luego a Williams & Gill, casi enfrente del Black Lion, un pub donde han bebido personajes como Orwell y, faltaría más, George Best. Quizá alguno de ustedes encuentre un bar donde no haya bebido George Best en los años setenta, pero nosotros no lo hemos conseguido.

David Williams es un sastre que sigue al pie del negocio que fundó hace 40 años y que regenta con socio, Jonathan Gill. Se dedican a confeccionar ropa a medida: gorras, trajes, camisas... lo que les pidas. Pep encargó cuatro gorras. La tienda está escondida detrás de una capilla. Un discreto letrero negro con letras blancas te ubica desafiando todos los cánones de la estética moderna. Un desastre: no hay quien dé con el local. De hecho, ni siquiera ayuda lo que se lee en la fachada del establecimiento, Thomas Silk, el nombre legal de la empresa. En Mánchester, todo el mundo la conoce por los apellidos de sus fundadores: Williams & Gill.

La tienda, un maravilloso caos, está cerca del Caffè Lupo, un diminuto local que en solo dos años pasó de ser conocido únicamente por los vecinos y por Mara, la mujer de Txiki, a convertirse en el restaurante italiano más famoso de Mánchester gracias al boca a boca. También hay una comisaría de policía del siglo XIX donde hoy tiene su despacho un arquitecto. En la zona abundan las grúas, evidencia del imparable crecimiento urbanístico de la ciudad. Por allí viven Gabriel Jesus, Ilkay Gündogan, David Silva y Leroy Sané.

David Williams extrajo un metro escondido entre retales y midió el perímetro craneal de Pep: 60,5 centímetros. «Nunca imaginé que me iba a ganar la vida con esto, pero aquí estoy», dice David orgulloso en su tienda. En la sala contigua, cuatro señoras cosen mientras miran de reojo al desconocido. «En los setenta dábamos trabajo a 20 personas, todas hacían camisas. Teníamos una fábrica aquí, en la ciudad, eran buenos tiempos», recuerda el sastre. Sus clientes eran las mejores camiserías del norte de Inglaterra y trabajaban en exclusiva para aristócratas, actores o futbolistas, entre ellos Johan Cruyff.

«A través de Mike he conocido a mucha gente, no solo de Mánchester. Íbamos al vestuario del Chelsea o del Tottenham, incluso a las convocatorias de la selección inglesa. Cuando acababa el partido o el entrenamiento les tomaba medidas a los futbolistas para los trajes o las camisas. El único que no sudaba era Cruyff.» Fue en Elland Road, el estadio del Leeds, con motivo de las semifinales de la Champions de 1975, que el Barça acabaría perdiendo contra los ingleses. «Era el día antes del partido, en el entrenamiento. Bajé con Mike al vestuario para tomarle medidas a un jugador. No me dijo nada más, pero recordaré siempre aquel momento. Había terminado todo, y allí estaba él después de entrenar. Saqué el metro lo extendí sobre su cuerpo y descubrí que no tenía ni una gota de sudor. ¡Ni una! Era extraño, una locura, ¿no? Cinco minutos antes había terminado de correr y por primera vez vi a un futbolista que no sudaba.»

Mike Summerbee conoció a Johan en Ámsterdam. «Jugamos un amistoso contra el Ajax en 1972. Empatamos a tres. Aquel día nació mi hija y me llevaron a celebrarlo. Lo pasamos bien con los holandeses», recuerda el delantero inglés. «Conocía a su agente y en 1975 necesitábamos una camiseta suya para una acción benéfica. Me dijo que fuera a Leeds. Fuimos, le tomamos medidas en el entrenamiento del día anterior al choque y volvimos al día siguiente, tras el partido, con seis camisas de regalo para él.»

Esa noche, de vuelta a casa con la camiseta de Cryff en una bolsa de plástico, Summerbee oyó en la radio del coche que el Fulham de Bobby Moore jugaba en Maine Road un partido de FA Cup. Intuyó que dormirían en la ciudad, así que al llegar a Mánchester se acercó al pub de George Best. «En efecto, allí estaban los dos», recuerda. Y Mike, que volvía de Leeds y no pensaba salir, se lio. «Volví a casa a las seis de la mañana con el regalo de Johan en la bolsa. Muy contento, eso sí. "Mira, me la ha dado Johan", le dije a mi señora. "Vete a dormir con Johan, largo de casa", me contestó.» Siguen felizmente casados, por supuesto.

Pero lo más asombroso para el sastre David Williams es cómo llegó Harry Potter a Chapel Street: «Pep vive cerca y a Mike lo conozco desde el colegio, y además soy del City... pero aún me pregunto cómo llegaron los del cine». El caso es que un día sonó el teléfono: «Descolgué y la cosa fue bastante simple. Dijeron que eran de Warner Brothers y que necesitaban con urgencia 300 camisas a medida para una película de Harry Potter que estaban rodando. Cuando te pasa algo así te pones inmediatamente a trabajar, ¿no?».

Williams & Gill se encargó de confeccionar todas las camisas que llevaron los alumnos de la academia Hogwarts en la séptima entrega de la serie, *Harry Potter y las reliquias de la muerte* (primera parte). La producción se complicó porque en Mánchester se complica todo lo complicable: duplicaron el pedido inicial. «Trabajaban en dos escenarios: un estudio de Londres donde grababan las escenas de la escuela y luego aquí, en el noreste, donde se rodaban escenas exteriores como las de la estación ferroviaria. Tuvimos que mandar la mitad a un sitio y la mitad a otro», explica David. A 45 libras por camisa, no fue un mal negocio.

Pep pagó 75 libras por gorra, pero nunca preguntó por el precio. Cuando fue a recogerlas, David bromeó. «Me dijo: "Bueno, creo que con lo que ganas podrás pagar un millón de libras, no será gran cosa para ti. Sí, con uno bastará"», recuerda Pep. «Nos reímos con ganas», cuenta David.

«Me encantó conocerlo; se nota que sabe lo que hace y que le gusta su oficio. Sinceramente, es la mejor compra que he hecho en mucho tiempo», dice Pep. «Pep es un buen tío, como Txiki. Se les ve a la legua. Si algo he aprendido en el fútbol es que no tienes tanto éxito como Pep si no eres una buena persona», afirma Mike.

David le hizo a Pep cuatro gorras Sándwich, también conocidas como Nueva York. Ese diseño debe su nombre al conde de un pueblo situado unas 80 millas al sudeste de Londres. Fueron los condes de Sándwich quienes, de tanto usarlas en el siglo pasado, popularizaron estas gorras. También le dieron su nombre inglés al bocadillo. Un sándwich fue lo que Núñez, presidente del Barça, le puso para merendar a Cruyff el día en que el gran jugador estuvo a punto de matarlo. «Al final, todo acaba en Johan», señala Pep, sonriendo.

«Escogió este modelo porque le gustaba la amplitud de la gorra. Eso me dijo. Es bastante ancha, hay modelos más ajustados a la cabeza, pero prefería tener holgura», cuenta David Williams. La corona, en efecto, es muy holgada y lleva un botón de adorno, punto diferencial en el plano estético. Dos de las cuatro gorras son de cachemira y las otras dos de *tweed*, lana que Williams & Gill adquiere directamente en Escocia. A Guardiola le gusta la ropa bien hecha. Conoció a su mujer en la tienda de Manresa que regenta la familia Serra desde hace muchos años. Entró a buscar unos pantalones y salió con la madre de sus tres hijos.

El abuelo de Cristina también era sastre. «Los futbolistas ya no son tan próximos o familiares como antes. Quizá en el Barcelona sea distinto porque tienen jugadores de la casa, pero en la Premier apenas conoces los nombres. Me gustaría que hubiera más casos como el de Phil Foden, así los aficionados se sentirán más unidos al club. Si no, es posible que en el futuro los *fans* no sean ni de Mánchester», dice David.

El Manchester City estuvo muchos años sin ganar la Liga cuando el United parecía invencible, de modo que a David no le quedó otro remedio que tomárselo con humor: se reía hasta de su propio equipo. «¡Imagínate la alegría cuando ganamos!», exclama el sastre de Chapel Street, el amigo de Summerbee, el tipo que le hizo cuatro gorras a Pep Guardiola, 600 camisas al colegio de Harry Potter y seis a Johan Cruyff.

CAPÍTULO 12

SOMOS LOS PEORES DEL MUNDO
SEGUNDO DERBI:
MANCHESTER UNITED 1 – MANCHESTER CITY 0

Well that's alright with me, I'm not in love with you
I just want us to do the things we both want to do
Though I've got this special feelin', I'd be wrong to call it love

BUZZCOCKS, «YOU SAY YOU DON'T LOVE ME»

En Old Trafford, a las ocho de la tarde, frente a 75.196 espectadores y con Mike Dean al pito se disputó el derbi 173 de Mánchester y el segundo de Pep Guardiola. Así lo quiso el sorteo de la Carabao Cup.

Los fotógrafos obtuvieron otra buena toma cuando Mourinho se acercó a saludar a Pep antes del partido y, agarrándolo del brazo, le dijo algo al oído con una sonrisa. «¿Qué te ha dicho?», le preguntaron sus colaboradores cuando se sentó en el banquillo. «¡Que somos los peores entrenadores del mundo!», contestó.

A Mourinho lo estaban despellejando los medios e incluso los hinchas del United. A Pep lo atacaba la prensa, no tanto la afición. Llegaron al partido tras nueve jornadas de Liga. El United, que era séptimo con 14 puntos, de los cinco partidos anteriores había ganado uno y empatado dos; el City estaba un poco mejor: era líder con 20 puntos, empatado con el Arsenal y el Liverpool, pero de los tres partidos anteriores no había ganado ninguno y solo había sumado dos puntos tras perder contra el Tottenham y empatar en casa contra el Everton y el Southampton.

Guardiola introdujo nueve cambios con respecto a la última alineación. Jugó con Willy Caballero, Maffeo, Otamendi, Kompany (Kolarov, minuto 45), Clichy, Aleix García, Fernando, Nolito (Agüero minuto 71), Sané (Sterling minuto 63), Navas e Ihenacho. Solo repetían Kompany y Sané: era un 11 joven y experimental. Mourinho decidió que el United (4-1-4-1) jugara con De Gea, Valencia, Rojo, Blind, Shaw, Carrick, Mata (Schneiderlin, minuto 73), Pogba, Ander Herrera, Rashford (Lingard minuto 82) e Ibrahimovic. En el minuto 54, Mata marcó el único gol de un partido aburrido hasta decir basta que comenzó con un remate al larguero de Ihenacho, pero de eso no se acuerda nadie. Se pidió un penalti de Carrick a Aleix García que el árbitro no pitó. El City no jugó bien en la segunda parte. «Fue una mierda de partido», reconocen varios jugadores de ambos equipos.

Al día siguiente, Guardiola fue muy criticado por la hinchada y la prensa, que lo acusaron de renunciar a la batalla alineando a tantos jóvenes. Él sin duda pensaba que cuatro competiciones eran muchas, que en alguna debía dar una oportunidad a los jugadores con menos minutos en la Liga o la Champions y que, puestos a escoger entre las dos copas, más valía priorizar la FA y no el campeonato patrocinado por una bebida tailandesa llamada Carabao. «Lo han hecho muy bien, estoy muy satisfecho de su rendimiento», dijo Pep. No pretendía renunciar a nada, simplemente daba oportunidades, pero aprendió la lección. Si querían Carabao, tendrían Carabao.

El United se llevó el torneo ganando la final (3-2) al Southampton de Claude Puel. Ibrahimovic marcó en el minuto 87 y el equipo clasificó para la Champions. En la Premier fue sexto con 69 puntos, a nueve del City, que fue tercero.

CAPÍTULO 13

BRIAN KIDD: EL CHICO QUE LIMPIABA LAS BOTAS DE DENIS LAW

And I'll be waiting, come what may
I'll find you (I'll find you)
Yes I'll find you (yes I'll find you)

NOEL GALLAGHER'S HIGH FLYING BIRDS,
«BALLAD OF THE MIGHTY I»

Brian Kidd nació el 29 de mayo de 1949 en Collyhurts, un barrio situado al norte de Mánchester, pura esencia de la *working class*. Ahora trabaja con Pep Guardiola y muchos años atrás era un mito del fútbol mancuniano. Un mito homérico. Había deseado ser lo que fue, futbolista, pero ni en sus mejores sueños imaginó que la tarde en que cumplió 19 años le marcaría al Benfica un gol decisivo durante la final de la Copa de Europa que dio el título al Manchester United en Milán. Era larguirucho, pero elegante y hábil. Marcó 52 goles en 203 partidos con el United, que lo traspasó al Arsenal por 110.000 libras tras el gol de Denis Law, jugador del City, que mandó a su equipo a la Segunda División en 1974. Marcó el día de su debut y terminó siendo el máximo goleador de los *gunners* durante su primera temporada (1974-75) con 19 goles en 40 partidos. En total firmó 34 tantos para los londinenses en 90 partidos antes de volver a Mánchester. En 1976 fichó por el City y le marcó al United tres de los 44 goles que acumuló en los 90 partidos disputados con su nuevo equipo. Jugó también en el Everton y el Bolton Wanderers. Se retiró en 1984 tras marcar un montón de goles en la Liga Americana: jugó para el Atlanta Chiefs, el Fort Lauderdale Strikers y el Minnesota Strikers. Fue dos veces internacional con Inglaterra y nadie ha podido negar que es una buena persona. Jamás olvidó que había nacido en Mánchester, algo de lo que presume. El fútbol es su vida y en el fútbol ha seguido desde que dejó de meter goles.

Tras su retirada entrenó al Barrow y luego dirigió brevemente el Preston North End antes de volver al Manchester United en 1988 como entrenador del equipo juvenil bajo la batuta de Alex Ferguson. Durante su gestión llegaron jugadores como Ryan Giggs. Desde 1991 fue segundo de sir Alex hasta que en 1997 dejó el United para hacerse cargo del Blackburn Rovers. En 1999 protagonizó una clamorosa trifulca con el todopoderoso Ferguson (Kidd mostró que lo cortés no quita lo valiente) y en mayo de 2000 fichó por el Leeds United como entrenador de juveniles. Fue ascendido a director técnico en marzo de 2001 bajo las órdenes de David O'Leary y, después, de Terry Venables. Dejó Leeds en mayo de 2003 cuando fue nombrado asistente de Sven-Göran Eriksson como seleccionador inglés, aunque un cáncer de próstata lo obligó a dejarlo. Lo superó, trabajó para el Sunderland y el Sheffield y finalmente, en 2009, volvió a Mánchester, esta vez para trabajar con Mancini vestido de azul. Con ese currículo podría decir «aquí estoy yo», pero no lo hace. Solo presume a sus tres vástagos: «Tengo dos hijas y un hijo. El chico es el mayor y juega bien al golf; la chica mayor es jefa de estudios en el St. Bede's College de Mánchester, el colegio donde estudian muchos hijos de empleados del City y también los de algunos jugadores».

Un día dijo: «Lo peor del mundo es darse importancia. Solo intento hacer las cosas bien y tener la conciencia tranquila. Veo que el fútbol es lo mejor que me ha ocurrido en la vida». Es muy difícil encontrar a alguien más respetado y querido en el Manchester City. Trabaja con Guardiola porque lo decidió Txiki Begiristain. «Me debe una», bromea el vasco.

Pep tiene motivos para agradecérselo a Txiki. «Brian es un ser maravilloso. Nos ha dado mucho», dice Pep cuando le preguntas por su ayudante. Brian Kidd es una enciclopedia futbolística que conoce a fondo todos los secretos y a todos los personajes de la Premier. Tiene amigos en las catacumbas de cualquier rincón inglés, pero, sobre todo, es un ser humano de una bondad incuestionable. Y si algo valora Guardiola es tener cerca a buena gente.

«A Brian no lo conocía de nada. Txiki me dijo que sería muy útil y no se equivocó. Yo no vine con 20 personas, vine con cuatro. Todos se han portado con nosotros de maravilla y Brian es el ejemplo paradigmático. Nunca me ha engañado y... ¡nos aporta tanto! Para él no es fácil, pero ha puesto mucho de su parte en este proyecto. Le estoy muy agradecido. No solo es la persona más educada del mundo, no solo sabe estar en su sitio: cuando le preguntas algo es totalmente claro, ve las cosas con extraordinaria agudeza. Lo quiero mucho. Con él he tenido mucha suerte», concluye el entrenador.

«Es un caballero en toda la extensión de la palabra, una de las personas más educadas que conozco», dice Manel Estiarte. «Pep tuvo claro que si Txiki lo recomendaba para el cuerpo técnico era por algo. Solo suma y, si lo miras fríamente, no es fácil su situación por lo que ha sido aquí. Es un mito, llegamos nosotros y podría haber pensado: "¿Estos? ¡Qué me van a enseñar a mí!". Pero acepta su papel como lo que es, un señor y un hombre de fútbol. Sabe que lo respetamos y lo escuchamos cuando habla. De modo que cuando tiene que decir algo lo dice. Yo hablo bastante con él y lo escucho con atención porque aprecio la voz de la experiencia», asegura Domènec Torrent.

«A mí me ayuda muchísimo. Solemos organizar juntos los entrenamientos sobre el césped. Es muy humano, muy sensible. Me gusta tomar café y charlar con él después de comer. Tenemos mucho que aprender de él», sostiene Lorenzo Buenaventura.

«Fue un inmenso honor y un privilegio que me incluyera en su *staff*. Había jugado contra él, contra equipos que él dirigía», explica Brian, que describe al «jefe» (así lo llama) como «un tipo muy inteligente», aunque por encima de todo, por encima de lo futbolístico, estima otras cualidades. «Lo que más me ha sorprendido es su carácter. Siendo quien es, famoso en todo el mundo tras pasar por Barça y el Bayern, me ha asombrado su humildad, el respeto y la empatía con que trata a la gente. Es una persona muy modesta. Me recuerda a Matt Busby, mi primer entrenador. Por como habla, por su forma de actuar en las reuniones de equipo, me recuerda a él desde el primer día. Olvida su capacidad en el fútbol, fíjate en su modestia, en el respeto que siente por la gente: eso es lo que más me gusta de Pep. Y el espíritu de equipo y la piña que ha creado aquí, no solo una fraternidad en el campo, sino en todo el club.»

Pep y Brian suelen jugar juntos al golf cuando están en Abu Dabi. Pep lo acribilla entonces a preguntas: cómo era Charlton, cómo jugaba Summerbee, cómo era George Best... Y disfruta a tope. «Me lo paso de cine, me encanta oírlo», reconoce el entrenador.

Brian, que agradece la curiosidad del joven, que valora su deseo de conocer a las leyendas, seguramente le habrá contado que, cuando era un adolescente, soñaba con ser Denis Law mientras le limpiaba el barro de las botas en el túnel de Old Trafford. «He tenido suerte, he sido muy afortunado desde que entré en la plantilla del Manchester United con 17 años hasta hoy... Soñaba con jugar al lado de ellos y lo conseguí. Llegué al primer equipo y coincidí con los grandes: Bobby Charlton, George Best, Denis Law... Pero antes les limpiaba las botas y, créeme, disfruté muchísimo haciéndolo. Teníamos un cesto viejo donde poníamos todas las botas sucias después de los entrenamientos. Lo llevábamos al túnel de Old Trafford y los jóvenes las limpiábamos allí. Mientras tanto pensaba que igual algún día podría llegar a jugar en aquel estadio con aquellos fantásticos jugadores. Y lo logré.» Debutó en un derbi de 1969 y ganó el City.

«Todo aquello fuc un gran aprendizaje. Creo que esto les falta a los jóvenes de hoy. Lo de las botas no era una tarea doméstica insignificante. Puede que ahora lo parezca, pero no es así. Se aprende mucho. Cuando eres joven tienes que ver a esos grandes jugadores, aspirar a ser como ellos, que te inspiren para seguir trabajando. Tiene que ver con el respeto que se necesita en el fútbol», explica el viejo y sabio futbolista. Muchas tardes podréis verlo llenando el maletero de su coche en el parquin de un supermercado, cerca del Etihad, con cajas de leche para donarlas a un orfanato.

Una de las cosas que más sorprende de Brian, aparte de la inseparable taza roja que usa para el té, es la costumbre de ir a misa cada domingo, algo poco habitual en el mundo del fútbol. Al principio de la primera temporada se reunió con Pep y le comunicó su voluntad de ausentarse los días de partido por la mañana, si jugaban en domingo, para asistir a un oficio religioso. Pep, por supuesto, no puso ninguna pega. Así que, antes de los viajes, Brian habla con Sophie (una especie de coordinadora administrativa, en la práctica la asistenta de Marc Boixasa, el delegado) y ella le busca una iglesia cercana al hotel para que pueda ir a misa antes del partido.

«Sí, soy católico practicante. Voy a misa todos los domingos. Es algo personal. Mi familia me acompaña a veces, pero yo voy siempre. No es un deber. No se trata de "debes hacer esto o lo otro". Al contrario. Es una decisión privada. Mi religión me da una serenidad especial y mucha convicción. Nunca rezo por nada vinculado con el fútbol, son siempre temas personales.»

Es muy probable que en sus últimas plegarias se incluya la salud de Alex Ferguson. Como buen cristiano le habrá perdonado el daño que le hizo cuando lo echó del United y, después, cuando fue tremendamente ácido con él en su autobiografía. Brian siguió comportándose como un señor.

Pep lo invitó a hablar un día en que compareció frente a la prensa rodeado de todo su *staff*. Ferguson estaba hospitalizado porque había sufrido un derrame cerebral y cuando le preguntaron al catalán, tras unas palabras llenas de admiración y buenos deseos, este le cedió el estrado a Brian:

> Es un símbolo y desde ayer por la tarde reina un ambiente sombrío, apagado. Alex Ferguson es indestructible. Lo que hizo por el Manchester United es increíble. Padecía una presión brutal, diaria, pero él seguía rindiendo al máximo, fue fenomenal. Sir Alex está en las

> oraciones y pensamientos de todos en el Manchester City; todos estamos con Cathy y sus hijos y deseamos una pronta recuperación. Desde aquí les mandamos todo nuestro amor. Creo que como todo el mundo. Vosotros, los periodistas, también habéis tenido desencuentros con él, pero sabéis cómo era. Tiene un gran corazón. No le puedo estar más agradecido. La oportunidad que me dio de trabajar a su lado... estaré siempre en deuda con él. Le deseamos lo mejor, una rápida recuperación. Que Dios lo bendiga.

Tal vez no quiera, pero el chico que limpiaba las botas de Denis Law da lecciones cada vez que abre la boca en la CFA. Pep Guardiola lo sabe.

CAPÍTULO 14

MARC BOIXASA: UNA COPA EN EL MÁNCHESTER

And we won't be together much longer
Unless we realize that we are the same
Ever fallen in love with someone

THE BUZZCOCKS, «EVER FALLEN IN LOVE (WITH SOMEONE YOU SHOULDN'T'VE)»

Hay gente predestinada a ser lo que es y a vivir donde vive. Un tal Marc Boixasa, por ejemplo: se crio en Barcelona, hacía los deberes en un bar de la calle Valldonzella y ahora, siendo *team manager* (delegado) del City, vive sobre las ruinas de The Haçienda, la discoteca más famosa en la historia de la ciudad. Conoció a Adela, su novia, en Maine Road, el antiguo estadio del equipo. ¿Quién da más?

El 17 de septiembre de 2014, festividad de santa Adriana de Frisia y santa Hildegarda de Bingen, Escocia, se preparaba para el referéndum de autodeterminación que tendría lugar al día siguiente; el precio del petróleo americano cayó por debajo de los 94 dólares por barril; Japón anunció un considerable incremento de su déficit comercial debido al escaso consumo de los productos nacionales por parte de su propia población (junto con el aumento de las importaciones), y el doctor Steve Simpson, profesor de Biología Marina y Cambio Global en la Universidad de Exeter, probó que los peces payaso, los primos de Nemo, son capaces de recorrer distancias descomunales: el 6 % de los estudiados realizaron viajes de hasta 400 kilómetros. «Una auténtica epopeya para estos pececitos. Cuando llegan al arrecife tienen pocos días y apenas miden un centímetro, de modo que para recorrer cientos de kilómetros en su migración deben aprovechar las corrientes marinas», explicó el doctor Simpson. El mundo es un lugar muy difícil.

Ese mismo día, el Manchester City de Manuel Pellegrini se desplazó a Múnich para disputar el primer partido de la Champions de aquel curso. Jugaba contra el Bayern entrenado por Josep Guardiola. El técnico chileno no podía sentarse en el banquillo porque el año anterior lo habían expulsado en el Camp Nou. De hecho, la UEFA le prohibió incluso pisar el vestidor del Allianz Arena. Txiki tuvo que buscar una solución, así que llamó a Marc Boixasa, que ejercía de *team manager* en el filial del City, el Elite Development Squad, y estaba en Múnich porque su equipo jugaba la Youth League (la Champions de juveniles) contra el Bayern. Begiristain le pidió que se sentara con Pellegrini durante el partido y que en el descanso bajara a darles instrucciones a los jugadores. Así lo hizo. El City aguantó el empate hasta el minuto 90, cuando Boateng decidió el partido en un saque de esquina.

Dos años más tarde, Pep y su *staff* aterrizaron en Mánchester y Txiki Begiristain no lo dudó ni un segundo. «El *team manager* será Marc, ya lo sabes. Lo subo del filial», le dijo Txiki al técnico, que aceptó la propuesta aunque no conocía a Marc. Pep no había tratado nunca con él, pero se fio de Txiki y de David Quintana. Y, por otro lado, tenía muy presente un consejo: «Recordando su experiencia en el Olympiacos, Ernesto Valverde me dijo que no me llevara a un equipo de 40 tíos, que era mejor confiar en gente de la casa. Y tenía razón. Por eso a Múnich llegué con Loren, Carles, Dome y Manel. Y ya está. Los otros puestos fueron para gente de allí. Y en Mánchester aún más. Además, estaba Txiki. Y Marc se ha acoplado de cojones».

Boixasa tomó el relevo del inglés Paul Banks. Tras dos años juntos, Pep puede valorarlo con conocimiento de causa: «Es un puto crack. He tenido muy buenos *team managers*: Carles Naval, Kathleen Kruger... los tres son top. La verdad es que Marc es una pasada».

Marc fue uno de los primeros catalanes que desembarcó en el

Manchester City (lo hizo en 2012). Su carrera profesional empezó en 2007 como becario en el Barcelona, donde estableció una sólida relación con la fotocopiadora: se tiró un año haciendo fotocopias. La temporada siguiente se fue a trabajar para el Sevilla. Allí maduró profesionalmente y se impregnó de sevillismo y sevillanía. Desde la distancia sigue al club como un aficionado más. Le encanta la ciudad y vuelve a Triana siempre que puede. Ser palangana le ha causado un pequeño problema: Lorenzo Buenaventura, el preparador físico, es del Betis. Pero se quieren. Pep incluso les ve cierto parecido: «No se les escapa una, son impecables en su trabajo y se desviven por cualquiera. A Marc le piden algo cada día y siempre lo soluciona. Y no lo hace porque sea su obligación, sino porque lo siente».

Boixasa dejó Sevilla y en la campaña 2010-2011 trabajó como consultor externo del Girona. Después buscó trabajo en Inglaterra: habló con el Sunderland, el United, el Chelsea, el Tottenham y el City. Con los *spurs* estuvo a punto de llegar a un acuerdo, pero la historia estaba escrita: tenía que acabar en Mánchester. Cerró un pacto con los azules y se fue a las oficinas del City en Londres. En octubre de 2012 aterrizó en el departamento comercial del club, donde estuvo casi dos años organizando giras de verano y gestionando asuntos relacionados con las escuelas de formación hasta que, en la temporada 2013-2014, Txiki Begiristain creó el puesto de *team manager* para la estructura del primer equipo. La idea funcionó y Patrick Vieira, que entrenaba al filial, sugirió llevarla a su equipo. Txiki pensó en Marc. «Patrick aceptó porque ya me conocía. Además, en el filial había franceses (Fofana, Ntcham o Ambrose) y españoles (Maffeo, Angeliño o Manu García), de manera que podía ser útil en la comunicación.» Marc habla catalán, castellano, inglés, francés y portugués. Es una mina.

En mayo de 2014 se mudó a Mánchester para ser el delegado del segundo equipo, pero tuvo bastante contacto con el primero, ya fuera traduciendo a Pellegrini en la sala de prensa o viajando con la plantilla. Siempre útil, empezó a asumir responsabilidades preparando la logística de los desplazamientos, tratando con la FA, la Premier League o la UEFA y supervisando el protocolo los días de partido. En sus ratos libres volvía a Barcelona o Sevilla. Y se echó novia.

Entonces llegó Pep y pasó a dedicarse exclusivamente al primer equipo. Su primer contacto con él se produjo justo antes de la primera pretemporada, en junio de 2016, mediante correos electrónicos. Nunca se habían visto. Era verano de Eurocopa y tenía que organizar el regreso de los jugadores al equipo. «Recuerdo la sensación de no saber si aquello me estaba pasando de verdad», nos dice. Trabajar con Guardiola significaba mucho para él. Quintana, que había tenido más relación con Pep, le echó una mano y Marc se lo agradece. «Pep no asusta, pero para mí eran palabras mayores. Obviamente, cuando trabajas en este puesto debes interpretar el estado de ánimo del jefe en función del momento, qué le puedes decir y qué no. En aquel momento me pareció alguien muy profesional, muy serio y metódico» explica.

Se conocieron en persona algo más tarde, poco antes de ir a la gira china, 15 días calamitosos. Casi se vuelve loco. La pretemporada se había organizado antes de que Pep se incorporase al club. El barcelonés apenas durmió durante unas semanas en que todo lo que podía salir mal salió peor: «Fue un desastre. China es un país jodido para trabajar: los permisos de los vuelos eran complicados, los hoteles estaban lejos de los estadios, las condiciones de los campos de entrenamiento eran un drama porque la lluvia los anegaba. Incluso se suspendió el partido contra el United... Fue una locura, una catástrofe de cabo a rabo. Era mi primer viaje como delegado del primer equipo y todo salió mal, casi no entrenamos ni un día. Me quería morir. Pero tomé nota de lo que me decía Pep e intenté aprender de cara al futuro».

«No era culpa suya y lo sabíamos todos, nadie le echó nada en cara. En ningún momento lo responsabilicé de los fallos. Hay cosas complicadas. Cuando llegamos aquí, la pretemporada china ya estaba montada y, además, ¿quién tuvo la culpa de que lloviera tanto?», dice Pep.

Pero hubo algún acusador. Joe Hart, por ejemplo, que le señaló como culpable. David Quintana dio la cara por él y lo defendió ante la plantilla, que mayoritariamente lo entendió y lo arropó. Al final, el grupo salió fortalecido. No entrenaron demasiado, pero convivieron y Pep habló mucho con ellos.

A partir de ahí, Marc ha aportado numerosas soluciones. Como el día de la primera temporada en que se les estropeó un avión volviendo de Londres después de jugar contra el Crystal Palace. Tuvieron que regresar en tren. Se les averió otro avión en Mánchester cuando iban a Southampton en la última jornada de la temporada 2017-2018. Se pasó toda la noche buscando alternativas y volaron al día siguiente.

«Íbamos 0-0 y ya me empezaba a temer que me culparían a mí y al viaje de no haber conseguido los 100 puntos. Cuando marcó Gabriel Jesus, lo celebré como un enajenado», confiesa.

Marc tiene la piel dura, tal vez por las muchas horas que pasó en la calle Valldonzella, donde sus abuelos maternos regentaban un bar histórico: la Bodega Valldonzella. «Solía bajar al bar por las tardes a hacer los deberes y otras cosas. Siempre he tenido un gran vínculo con el barrio. Mi abuela era la cocinera y mi abuelo servía en la barra. Yo me sentaba en una mesa y a veces me quedaba a dormir en el suelo del local», relata Marc recordando su infancia.

Hijo de enfermera y economista, también pasaba temporadas con sus primos en Taradell, el pueblo de sus abuelos paternos, en la Cataluña interior. Allí se hizo hincha del Manlleu y se aficionó al fútbol humilde. Por eso, en Mánchester acude cuando puede a los campos del Bury, el Oldham o del Rochdale. Los domingos le encanta sintonizar el programa *Goal Rush* de Channel 5 para ver los goles de las ligas inferiores. También ve *Operación Triunfo* con su amigo Álvaro.

Lo mejor que le ha dado Inglaterra, en cualquier caso, es el primer beso de Adela, su novia, junto al lugar donde en otro tiempo se alzaba The Haçienda. Adela es de Haro, una bella localidad riojana con unos 11.000 habitantes y muchísimas botellas de vino. Es una de las capitales vinícolas de España: según su página oficial de turismo, alberga 20 bodegas y ocho enotecas. La conoció en Maine Road, la calle que daba nombre al antiguo estadio del Manchester City, donde ella vivía cuando llegó a la ciudad. Ahora comparten piso en un edificio construido sobre el solar de la discoteca más famosa de Mánchester en los años noventa. Estaba escrito.

Marc bromea a veces con Lorenzo Buenaventura recordando aquel 17 de septiembre de 2014 en que ejerció como entrenador improvisado: «Vale que has ganado muchos títulos, pero a mí solo me ganaste con un gol de rebote en el descuento».

A Loren, Adela, Edu, Eva, Álvaro, David, Brandon, Pep y a todos los amigos del City los espera en Barcelona para llevarlos a la calle Valldonzella. La bodega de sus abuelos fue traspasada hace años y ahora se llama Bar Mánchester. Azares del destino. Marc suele volver. Allí se tomó una copa para celebrar la Liga de los 100 puntos la última vez que pasó por Barcelona.

CAPÍTULO 15

LÁGRIMAS DE NOCHEVIEJA

Some might say the sunshine follows thunder
Go and tell it to the man who cannot shine
Some might say that we should never ponder
Our thoughts today because they hold sway
over time

Some might say we will find a brighter day
Some might say we will find a brighter day

OASIS, «SOME MIGHT SAY»

El último día del año 2016 supimos que el tenista Andy Murray y el atleta Mo Farah habían sido nombrados caballeros por Su Majestad la reina (había tantos galardonados que la lista completa ocupaba siete páginas del *Times*). La autopsia seguía sin aclarar la muerte del cantante George Michael, encontrado muerto en su casa de la campiña de Oxford el día de Navidad. La industria alimentaria británica temía que la salida del Reino Unido de la UE pudiese facilitar la falsificación en el continente de productos tan exquisitos como el queso Stilton, las empanadas de Cornualles, los insuperables *pork pies* de Melton Mowbray, las salchichas de Cumberland o las ostras de Whitstable, manjares muy propios de las festividades navideñas.

Alex Ferguson, el actor Anthony Hopkins, el político escocés Alex Salmond, el lanzador de los Minnesota Twin Rick Aguilera y el rey saudí Salmán bin Abdulaziz Al Saud, entre otros muchos afortunados, celebraron su cumpleaños. Ese mismo día entregó su alma a Dios Michael Harmon, notorio miembro de la Asociación Nacional del Rifle norteamericana, en su casa de Sanford (Maine) cuando se disparó accidentalmente el arma de fuego que le mostraba a un adolescente, un percance deplorable. Ya se sabe: quien a hierro mata, a hierro muere.

Enfadado porque algunas familias habían empezado a marcharse antes de acabar el concierto que dirigía ante una audiencia infantil en Roma, el director de orquesta Giacomo Loprieno decidió revelar a los niños el secreto de que Santa Claus no existe. Fue despedido. Eso no fue un percance, sino una *vendetta* muy deliberada.

El Register Animal Life del *Times* nos comunicó que la perrita Coco había muerto el 23 de diciembre: nació y fue enterrada en Exmoor, «el lugar que más le gustaba del mundo». El veterinario de Devizes (Wiltshire) había tardado 45 minutos en separar las mandíbulas de un perro: se le habían quedado pegadas tras masticar un folleto de propaganda sobre la prevención del cáncer. «No había mucha cola, pero era más dura que una piedra y el pobre animal no podía abrir la boca», explicó el doctor.

El 31 de diciembre de 2016 fallecieron el jugador de críquet paquistaní Imtiaz Ahmed (88 años); el príncipe Demetrio Románov (90 años), banquero, filántropo y presunto heredero de la casa imperial rusa, y Eva Suranova (70 años), saltadora de longitud checa ganadora de la medalla de bronce en Múnich 72.

El 31 de diciembre de 2016, el City jugó y perdió en Liverpool, una derrota muy dolorosa para la hinchada. Los azules llevaban 20 años sin ganar en Anfield. Nada nuevo, pues, para los veteranos, pero un palo para Guardiola y los más jóvenes, que acudieron con ilusión a la refriega. El equipo formó con Bravo, Zabaleta, Stones, Otamendi, Kolarov, Touré, Fernandinho, Silva, De Bruyne, Agüero y Stearling. Jugaron muy mal. Tuvieron un 56 % de posesión, tiraron dos veces a puerta y provocaron dos saques de esquina. Agüero tocó la pelota 32 veces, ninguna dentro del área rival. Como de costumbre, el Liverpool empezó el partido a toda mecha. Marcó su gol a los ocho minutos: un centro de Lallana que remató de cabeza Wijnaldum. Fue el único remate de los rojos entre los tres palos, pero bastó para obtener la victoria.

«Ha sido decepcionante. Si vas perdiendo y el Liverpool juega mejor, Pep no va a estar contento», declaró Yaya Touré. «Este partido resume nuestra temporada. Hemos controlado el balón, hemos concedido pocas ocasiones, no hemos creado peligro, en la segunda mitad hicimos un poco más, pero al final no pasó nada», dijo Pep después del partido. Luego reconoció que, estando a 10 puntos del líder, no era muy realista pensar en el título de Liga: «Con esta diferencia de puntos solo te queda centrarte en el próximo partido. Ahora mismo no vamos a hablar de ganar la Liga. El top-4 es claramente una batalla muy difícil para todos los equipos». Cuando terminó sus compromisos con la prensa, mientras esperaba a que los jugadores se ducharan y el *staff* recogiera los bártulos, a Pep se lo vio charlando con Txiki en la zona de vestuarios de Anfield, una de las más espaciosas y cómodas de la Premier League, comparable solo con las de Wembley, el Olímpico de Londres y el Etihad. Nada extraño: la conversación de dos amigos preocupados porque al equipo le falta un punto de maduración para terminar de ser en verdad competitivo en una Liga extraordinariamente reñida. Coincidieron en el diagnóstico, en las soluciones y, sobre todo, en la necesidad de perseverar por el camino ya iniciado.

Una hora después, casi a las 10 de la noche, Pep llegó a su domicilio provisional, un piso alquilado en el 1 de la calle Deansgate. La vivienda no estaba nada mal, pero se quedaba pequeña para una familia de cinco personas considerando, claro, el poder adquisitivo de los Guardiola-Serra. Daba, eso sí, para una buena fiesta de Nochevieja con invitados.

Todo preparado para recibir 2017, para pasar página. Aparte de la familia, asistían los periodistas catalanes Sergi Cutillas y su esposa, Mònica Terribas, con Marc, el hijo de la pareja; el profesor Xavier Sala i Martín, su esposa, la dietista del City Sìlvia Tremoleda, y Max, el fruto de su amor, todo un caballero de dos años. El padre, que, como ya se ha dicho, es célebre por sus extravagantes chaquetas, había encargado una para Maxito idéntica a la suya en un maravilloso azul city. Guapísimos. Estaba también la hermana de Cristina, su marido y sus hijos.

Disponían de un delicioso bufé (sushi, tartar de salmón, langostas, cigalas, ensaladas...) preparado por Mirco Sardo, cocinero de la CFA contratado para la ocasión. Todo perfecto salvo por el disgusto de Maria y Màrius, muy afectados por la derrota. Sobró comida para tres días.

Sergi Cutillas trabaja en Catalunya Ràdio y en su juventud se hizo seguidor del Liverpool. Todos los catalanes somos de un equipo inglés, ignoramos por qué. Él estuvo hace muchos años en Anfield y no había vuelto desde la remodelación. Pero regresó con la camiseta cambiada: «Al final uno es del equipo de sus amigos y ahora soy del City. La primera vez que fui a Anfield estuve en la zona habilitada para la gente que se mueve en silla de ruedas, como yo. Esta vez he ido a la zona VIP y, claro, he visto que el campo es distinto. No puedo comparar. El partido me ha parecido muy malo, nadie mereció ganar, pero nos tocó perder». Sergi se ríe al recordar la Nochevieja: «No fue un fiestón, hemos tenido fiestas mejores, incluso con helicópteros».

«Fue una de las nocheviejas más penosas que he vivido —reconoce Sala-i-Martín—. La cena estuvo bien, todo muy bueno. Lo duro fue la llegada de Pep. ¡Cuando abrió la puerta se encontró un panorama...! Tuvo que animar a los niños, que estaban llorando. Él transmite optimismo y se vio obligado a levantar los ánimos de la familia. Fue muy duro porque los críos no estaban acostumbrados. A Cris le daba mucha pena verlos tan tristes, todos nos contagiamos un poco de su pena. Pep sabe que la derrota forma parte del juego, sabe que a veces ganas y a veces pierdes. Su gran reto es jugar como él quiere y sabe que eso conlleva un riesgo: perder —sostiene el siempre racional economista—. Pep estuvo genial, fue él quien animaba a los *hooligans* desolados. En especial a Màrius y a mí, claro.»

Pero hay hechos que están por encima de la victoria o la derrota. Habían jugado fatal y, además, en Liverpool contra el equipo de Kloop, un amigo. Si no ganas jugando mal, te resignas. Bueno, con el tiempo hemos sabido que tampoco ganas jugando bien si se te cruza el árbitro Mateu Lahoz en el camino.

Sala-i-Martín suele enseñar en sus clases que una de las claves del desarrollo económico es la innovación y pone a Pep como ejemplo por tres razones principales: «*1)* Es un gran observador. Ve lo que otros no ven. Y te preguntas: ¿cómo es posible que en un partido advierta lo que yo ni siquiera intuyo? Él ve dónde está la debilidad del rival cuando otros no se enteran. *2)* Tiene una enorme capacidad de trabajo. Está forrado de dinero, pero trabaja horas y horas sin descanso. En este aspecto no ha cambiado desde que lo conozco. Eso es un rasgo de humildad. Conoce bien el valor del esfuerzo. *3)* Sabe adaptarse al medio. Estudia a los jugadores que tiene, observa al rival y diseña la solución. Esto lo distingue de otros. Los jugadores no son los mismos, el entorno es distinto y adapta su idea a los jugadores o al entorno. Esa filosofía le funciona y ha transformado el fútbol inglés».

Pero eso no lo pensó mucha gente el 1 de enero, o al menos nadie lo reflejó en los periódicos el día 2, cuando apareció la prensa tras el descanso de Año Nuevo. En el *Observer* se pudo leer: «El City de Pep Guardiola empieza a percibirse como una decepción. Los propietarios del equipo no le trajeron para estar a 10 puntos del líder». Esa misma tarde, el Chelsea encadenó su decimotercera victoria consecutiva ganando al Stoke City por cuatro a dos con goles de Cahill, Willian (2) y Costa.

Con el City quinto, David Maddock sentenció en el *Daily Mirror*: «Pep está perdido en la ciudad» (o sea, *in the city*). James Ducker escribió esto en el *Telegraph*: «Guardiola hizo cuanto pudo para elogiar la floja actuación del City contra el Liverpool, pero parecía teatro. Más reveladora fue su actuación el sábado fuera del vestuario cuando se lo vio gesticular exageradamente durante una conversación con Txiki Begiristain: los gestos traslucían su frustración».

Cuando Pep Guardiola despertó el 1 de enero, su casa seguía llena de langostas y cigalas. Lucía el sol camino del entrenamiento y pensaba que el año nuevo, 2017, sería mucho mejor que el viejo. A fin de cuentas, en 2016 había muerto Johan Cruyff.

CAPÍTULO 16

LEROY SANÉ: EL JOVEN QUE CORRE LA BANDA POR LOS HINCHAS

I've got to find the time, I'd like to make you mine
You know who you are, you're my rising star

NORTHSIDE, «MY RISING STAR»

Es muy posible que a Leroy Sané le cambiara la vida el 1 de enero de 2017, aunque entonces no podía sospecharlo. A las tres de la tarde supo que la había cagado. Cuando salió del despacho de Guardiola era un chico de 20 años que le había costado al Manchester City unos 40 millones de libras y aún despertaba dudas y recelos entre la afición. Acumulaba 12 partidos en media temporada, la mayoría como suplente, y apenas se había lucido en las grandes ocasiones: no jugó contra el Barça en la Champions, salió media hora contra el United y solo le concedieron tres minutos contra el Tottenham. Nadie entonces pensaba que, año y medio después, el alemán se convertiría en el mejor futbolista joven de la Premier League. Ni siquiera él. Hoy es difícil encontrar a alguien más feliz en Mánchester, pero aquella tarde estaba bien jodido. De los errores, al fin y al cabo, se aprende más que de los aciertos.

Pongámonos en contexto. El último día de 2016, el Manchester City jugó en Anfield un partido clave para las aspiraciones al título de Liga. Era la primera campaña de Pep. Leroy fue baja por lesión. Molestias musculares en un mal momento, ya que dos semanas antes había marcado su primer gol con el City contra el Arsenal y parecía que empezaba a mostrar sobre el campo lo que ya era evidente en los entrenamientos. Pero la lesión impidió que lo convocaran a Liverpool. Los celestes perdieron por 1-0 y quedaron en una situación difícil. Un fin de año amargo. Guardiola citó a sus jugadores para un entrenamiento a la mañana siguiente ya que, como es sabido, en Inglaterra no se descansa por Navidad. El City tenía partido en dos días, en casa contra el Burnley, así que no había mucho margen para festejar la Nochevieja. Dadas las circunstancias, era la ocasión perfecta para no cagarla. Y Leroy metió la pata: pecados de juventud.

Con 20 años hay licencia para equivocarse, y eso es justo lo que pasó. El alemán se fue de jarana con unos amigos después del partido en Anfield y llegó con retraso al entrenamiento del día siguiente. «Pep le metió un rapapolvo de tres pares de narices —cuentan en los corredores de la ciudad deportiva—. Un broncazo tremendo.»

Lo que le dijo Guardiola a Sané solo lo saben ellos. Lo que saben el equipo y todo Dios en la CFA es que hubo un antes y un después tras aquella mañana y también que el guapo de la plantilla es hoy el mejor futbolista de la Premier menor de 23 años según la Asociación de Futbolistas Profesionales. Él sabe ahora que aquel será uno de los fallos más útiles de su carrera, una torpeza juvenil que lo ayudó a madurar. Entonces levantó el vuelo y nadie ha podido frenarlo. «A partir de enero y, sobre todo, en febrero vimos al mejor Sané, vimos al jugador que habíamos traído», comenta un técnico.

Durante la segunda mitad de la temporada intervino en 24 partidos, el doble que en la primera. Hasta el 1 de enero acumulaba un gol y dos asistencias (magro historial), pero acabó su primera campaña con nueve goles y ocho pases decisivos. Tras esa repentina mutación, Pep llegó a declarar que Sané era un jugador distinto, un fichaje de invierno. Pero Guardiola llevaba mucho tiempo deslumbrado por el potencial del joven alemán. De hecho, se puso en contacto con él cuando aún era entrenador del Bayern y él defendía la camiseta del Schalke.

«Yo jugaba en el Schalke. Mi padre vino y me dijo que Guardiola estaba interesado en mí. Días después me llamó personalmente y hablamos sobre el futuro, sobre su proyecto. Me dijo que iba a fichar por el City y qué pretendían: hacer historia. Cuando te dicen eso decides escuchar, por supuesto. Yo admiraba su trabajo en el Bayern y en el Barcelona», explica Leroy. No dudó mucho: pensaba que había llegado la hora de empezar una nueva etapa: «Me gustan los retos, ver cosas nuevas, estar en nuevos clubs. Fue muy estimulante para mí. Me sentí honrado de que el mejor técnico del mundo me llamara y me dijera: "Te quiero en mi equipo". Recuerdo que me preguntaba: "¿Es esto real?". Pep me quería en su equipo, estaba dispuesto a invertir su tiempo en mí».

A menudo, sin embargo, es imposible saber lo que te aguarda por mucho que intuyas que un cambio de club y de país no va a resultar fácil siendo tan joven: Leroy tuvo que pagar peaje. «Cada país tiene su estilo de vida, su forma de ser. Al principio fue algo difícil adaptarme a Inglaterra, sentirme totalmente cómodo, manejar con soltura el idioma...», explica casi dos años después de instalarse en Mánchester, ya con un inglés perfecto. Estaba entusiasmado por el desafío, pero el inicio fue duro: «Es verdad que estaba un poco nervioso, pero no soy la clase de tío que se asusta por cualquier cosa. Sentía respeto, pero no miedo. Por supuesto, cuando vienes aquí tienes que demostrar a esos grandes jugadores, al entrenador y a todo el mundo que eres bueno, que mereces jugar aquí, en esta liga y en este club».

Llegó de Alemania lesionado, no hizo pretemporada y tuvo que esperar hasta la cuarta jornada para ser convocado. Se estrenó en Old Trafford con el marcador a favor y con suficiente espacio a la espalda de la defensa roja para disfrutar de varias contras que hubiesen rematado el partido, pero nada le salió bien. Parecía un juvenil. «Es un escenario enorme, nunca había jugado a ese nivel. Estaba un poco abrumado», recuerda. Cierto es que había deslumbrado al mundo con una espectacular actuación en el Bernabéu con el Schalke, pero no era lo mismo: «Entonces vivía en casa, estaba en mi zona de confort, era mi club de siempre, eran mis colegas, todo me resultaba familiar. Pero llegué a Old Trafford y... era la primera que jugaba con el equipo y solo había entrenado un par de semanas. Era distinto... ¡Y era Old Trafford!».

En Mánchester, como es normal, necesitó tiempo para encontrar su espacio. De entrada, nunca había vivido lejos de su casa. Se instaló en un hotel, el céntrico Radissson Blu, donde pasó varios meses hasta que terminaron las obras del apartamento que compró en el edificio donde viven Gündogan, Silva y Guardiola. Leroy dejó de ser el mejor del Shalke para ser uno más en el nuevo grupo: «Mis compañeros, claro, no me conocían. Tal vez hubiesen oído rumores sobre mi llegada y, cuando por fin aparecí, quizá pensaron: "¡Vaya, hemos pagado un pastón por este!". La gente esperaba algo de mí y me sentía muy presionado. Sé que Pep, el equipo y todo el club intentaron aliviar esa presión dándome confianza, diciéndome: "Tranquilo, juega como a ti te gusta"».

Lo lograron: Leroy voló. Y su entorno familiar fue una gran ayuda. Nació el 11 de julio de 1996 en Essen, una ciudad de 590.000 habitantes situada en plena Cuenca del Ruhr, la gran región industrial de Alemania. El deporte de élite lo ha envuelto desde la infancia. Su padre, Suleimán Sané, fue futbolista profesional. De origen senegalés, emigró a Alemania para ganarse la vida con la pelota. Jugó en la Bundesliga con el Wattenscheid y disputó tres copas de África con la selección de su país. También le dio al balón su hermano mayor, Kim, y Sidi, el pequeño, juega en la cantera del Schalke. Leroy comenzó en el club donde su padre brilló y en 2005 lo fichó el Schalke. Pasó por el Bayern Leverkusen entre 2008 y 2011, pero volvió al club de Gelsenkirchen, donde se iniciaría su imparable ascenso.

Suleimán conoció a la madre de Leroy en Alemania. Regina Weber es una de las mejores gimnastas alemanas de la historia y fue una celebridad deportiva en los años ochenta. Posee 32 medallas, entre ellas una de bronce en los Juegos Olímpicos de Los Ángeles (1984). También tiene un carácter de armas tomar. Sané bromea: «¿Que quién es más duro, Pep o mi madre? Si me preguntas sobre la vida en general, mi madre es terrible. En el fútbol te diría que Pep». Luego añade: «Nunca me han agobiado con el fútbol. Mi familia y mis padres se lo toman con mucha calma. En ningún momento me han apretado, nunca, siempre han querido que yo disfrutara, que hiciera lo que me gusta, y mi pasión ha sido siempre el fútbol».

Fue internacional en las categorías inferiores alemanas antes de alcanzar la absoluta. Otros entrenadores de la Premier lo tentaron, concretamente un paisano suyo. «También hablé con el Liverpool. Klopp me llamó, conversamos varias veces. Él había hecho un gran trabajo en el Dortmund. Es un buen tipo, un hombre honesto», declaró al *Guardian* en enero de 2018. Pero se fue con Pep y no se arrepiente.

«Al principio de su carrera ningún jugador sabe hasta dónde puede llegar. Guardiola me ha mejorado desde el primer día: cómo debo jugar, cómo debo moverme con la pelota o sin ella, como debo aprovechar los espacios... Su ayuda es impresionante. [...] Me dijo que jugara con entera libertad, como Messi. Bueno, no como él porque eso es imposible (se ríe). Me dijo que me divirtiera, que hiciese lo que hace un delantero», explicó Leroy en el *Guardian*. Siguiendo esos consejos se ha hecho con un sitio en el campo y también en el vestuario.

«Tiene una risa contagiosa. Le ves y piensas: "A mí me gustaría reírme así"», cuenta Manel Estiarte. Leroy tiene una relación muy especial con tres colegas ingleses: John Stones, Raheem Sterling y Kyle Walker. Con los dos últimos se pica para ver quién es más rápido, pero de momento le gana a toda Inglaterra: esta temporada registró una punta de velocidad de 35,48 kilómetros por hora, la más alta registrada en la historia de la Premier. Los tres comparten la afición por el R&B y el hip hop. Entre los artistas favoritos de Sané están Drake, Kendrick Lamar y Future.

Otro de sus compañeros más cercanos es su compatriota Ilkay Gündogan. Hace no mucho eran rivales, se enfrentaban en el gran derbi del Ruhr entre el Schalke y el Borussia Dortmund. Aún escapan cuando pueden para ver a sus equipos (allí siguen siendo adversarios). «Es un tipo cordial y relajado. Cuando lo conoces, le gusta bromear. No necesita mucho: le basta una cama y algo de comida. Es un dormilón», revela Gündogan, que no puede evitar la risa cuando piensa en la narcolepsia de su amigo: «Podría dormir de pie».

Con respecto a la comida tiene algunas preferencias. Le encanta comer pan de banana antes de los partidos y, según cuentan quienes lo tratan de cerca, siente debilidad por la pizza margarita, a la que a veces agrega jalapeños o salchichón si está con amigos.

«Leroy Sané posee el mejor cuerpo del equipo», afirman los médicos que lo han tratado. Tiene el menor porcentaje de grasa corporal en la plantilla, un 6,5 % aproximadamente. «Algo increíble, pura fibra. Está incluso por debajo de Michael Jordan. Es un atleta. Por su complexión física podría ser un gran corredor de 800 metros. No un velocista, lo suyo sería la media distancia», añaden los galenos.

Ni es supersticioso ni tiene rituales antes de entrar en juego. Sí tiene, en cambio, ocho tatuajes. «Todos relacionados con mi familia, mis amigos o mi infancia», explica. Uno de ellos le cubre toda la espalda y es ya una imagen casi icónica cuando celebra los goles. En un rincón de su torso aparece el monumento Himmelsleitter de Essen, su ciudad natal.

A Leroy se lo vio de lo más feliz durante las celebraciones por el título. Las cámaras del City lo cazaron bailando en el vestuario justo después del partido contra el Huddersfield el 6 de mayo de 2018. Kompany, Manel Estiarte y Marc Boixasa se partían de la risa mientras intentaban devolverlo al campo para empezar con el acto: no paraba de bailar. La plantilla se fue luego de fiesta. El equipo volvió a jugar al cabo de tres días, un duelo aplazado contra el Brighton, y Sané dio dos asistencias de gol. Pep destacó su alto nivel tanto en el fútbol como en la danza. «Estuvo excelente, la verdad, porque en la fiesta de hace unos días no paró de bailar. Estaba un poco preocupado por su rendimiento. Bailó de maravilla y ha jugado muy bien», sentenció el catalán durante la rueda de prensa entre las risas de la concurrencia. Sus habilidades sobre la pista de baile las ha aprendido solo. Sobre el césped, pocos lo han ayudado como Mikel Arteta.

«Mucha gente me pregunta por Pep, pero os puedo decir, tíos, que Mikel... A principio de temporada jugaba más como carrilero, teníamos cinco atrás. Mikel vino un día y me dijo: "Leroy, sé que odias esa posición, pero sé inteligente. Eres joven, puedes aprender". Me llevo genial con él, siempre tiene razón. Es un gran tipo, la verdad, y un gran entrenador. Me ha dado muchísimos consejos, habla conmigo, me ayuda, está cerca. Observa mi juego en los entrenamientos y después me da su opinión: deberías probar esto o aquello.» A Sané no se le acaban las palabras cuando describe la importancia del donostiarra en el grupo. Ahora, tras dos años, él mismo acude al técnico para pedirle su opinión: «No me aconseja una vez y se olvida. Me lo repite y sigue cerca para que lo recuerde. Así tengo las instrucciones siempre en la cabeza. Hablamos mucho sobre movimientos, cómo ir al espacio, lo que hago con el balón, los momentos en que debo usar mi velocidad... muchos conceptos del juego. Incluso me sugiere tener paciencia y quedarme quieto para abrir el campo aunque participe poco».

Arteta intenta que Sané gestione bien su potencia física. Leroy corre como un Ferrari, pero ha aprendido que no puede ir siempre a la máxima velocidad. «Nuestros delanteros tienen que emplear bien sus marchas, incluso deben aprender a estar quietos y esperar antes de activarse. Llegan con la sexta porque son la hostia de rápidos, pero tienen que alterar el ritmo del defensa. Sané lo ha mejorado mucho. Ahora cuando arranca... Le hemos dicho que cuando arranque por dentro debe bajar el ritmo, así desacelera al otro y, cuando vuelve a acelerar, lo rompe. Messi puede hacer todo eso a cien por hora porque técnicamente es increíble. Ellos aún no están a ese nivel, de modo que si lo hacen más lento, si marcan más los cambios de ritmo, les sale mejor», explica Arteta sobre el trabajo específico con el alemán.

«Cuando llegó estaba algo desorientado y necesitó un período de adaptación. Es normal. Un jugador así tiene que consolidarse, ganar confianza, lograr que sus compañeros crean en él. También tiene que jugársela. Al principio llegaba y la pasaba, luego dio un salto importante. Cambió hasta el sistema de entrenamiento. Todo en espacios más cortos, todo el mundo jugando rápido, sin espacio para correr... le costó mucho», recuerda el técnico vasco. Sané coincide: «Aquí el entrenamiento era más rápido y más duro físicamente, como es la Premier. Pero lo más difícil para mí era la velocidad del juego, sobre todo en los entrenamientos. Era un toque, un toque, un toque. Debía saber qué iba a hacer antes incluso de recibir el balón».

Y nadie como Mikel para ayudarlo, para mostrarle cómo juega el City: «Intenté darle mucha confianza. Él quizá estaba un poco desconcertado, y eso produce mucha inseguridad, y a esa edad aún más. Sin balón desconectaba mucho. Con los vídeos le indicamos dónde estaban los espacios, con qué opciones contaba, le explicamos los errores que comete y le metimos mucha intensidad».

Lo que apuntaba en la segunda mitad de su primer año se confirmó durante la temporada de los cien puntos. Pep no estaba del todo contento con la forma en que llegó a la pretemporada, pero se puso a tono rápidamente. Dejó su primer gran destello en la cuarta jornada con un doblete que liquidó al Liverpool de Klopp en la segunda mitad. A partir de ahí se ganó un puesto en el 11 de gala y ya no lo perdió. Descosió a rivales defensivos como el Crystal Palace, el Stoke City o el Burnley, pero también a varios de los grandes. Deslumbró una noche gélida contra el Arsenal en Londres (0-3) el 1 de marzo de 2018. «Leroy Sané gozó como nunca en el Emirates con una temperatura glacial y un viento cortante (tal vez legado de su infancia alemana) para destrozar al Arsenal como una tormenta siberiana», escribió Stuart Brennan en la crónica del *Manchester Evening News*. Lo calificó con un 10, algo insólito. Marcó un gol, dio los otros dos y quebró a todos los defensas que salieron a su paso. El City resolvió el asunto en 33 minutos durante una de las mejores primeras partes que se le recuerdan.

Sané jugó 49 partidos, y el número habría aumentado de no ser por una de las entradas más criminales del año. Durante un duelo de la FA Cup, Joe Bennett, defensa del Cardiff, le partió el tobillo sin contemplaciones. Fue sustituido en el acto y le pronosticaron entre siete y ocho semanas de baja. Las manos de Edu Álvarez desmintieron el pronóstico. La lesión llegó justo antes de un parón de selecciones y Leroy se quedó aquel fin de semana trabajando con los fisios. «El tobillo estaba roto, pero si tú observas 100 tobillos, 10 van en una dirección, 10 en otra y así sucesivamente. Hay mucho de genética y de estabilidad», afirma alguien que sabe. Los expertos estaban convencidos de que acortarían el plazo, y así fue. En dos semanas le dijeron a Pep que Leroy estaba listo para jugar. Guardiola no se lo creyó, llamó a Edu a su despacho y le preguntó: «¿Tú eres Dios o qué?». El chico jugó a las tres semanas y llegó a ser titular en la final de la Carabao Cup.

«Sané, oh Leroy Sané!, he runs down the wing for me» [Sané, ¡oh Leroy Sané!, corre la banda por mí] le cantan los hinchas celestes en las gradas y en los bares versionando el tema «Heartbeat» de Buddy Holly. Finalizó la temporada con 14 goles y 19 asistencias en todas las competiciones. En la Premier fue el segundo máximo asistente, solo un pase por detrás de su colega De Bruyne. En esa misma competición intervino (anotando o repartiendo pases) en 25 goles. La diferencia con la temporada anterior es descomunal: entonces solo participó en ocho tantos. Su mejor registro en Alemania, el que valió para que el City echara el resto por él, fue de nueve goles y siete asistencias. La temporada 2017-2018 ha sido, sin duda, la mejor de su carrera.

El último día de esa temporada, durante la comitiva que organizó el club por las calles de Mánchester en un bus descapotable, Leroy fue una de las estrellas. Se cambió el peinado, dejó el pelo afro y se puso unas trencitas y una gorra. Tiene enamoradas a muchas empleadas del club por guapo y por simpático. «A este tío le queda todo bien. Estaba guapo incluso en el autobús, cerveza en mano, cuando ya todo era un desastre», bromeaba una ejecutiva del club. Su atractivo no admite discusión. De hecho, cuando supo que iba a ser su vecino, Pep Guardiola pidió que aumentara la seguridad en su planta. «Tengo una hija de 17 años, no puedo ser más explícito», les dijo a los encargados de la recepción. Bromas aparte, Pep, su *staff* y sus compañeros saben que Leroy es una persona extraordinaria. Puede que fallara un día de Nochevieja, pero a los diamantes hay que pulirlos. Y eso han hecho en el City con el joven que ha aprendido a quedarse quieto y a correr la banda por todos los hinchas.

CAPÍTULO 17

FERRAN Y TXIKI: LA EXTRAÑA PAREJA DE LOS DESPACHOS

I'm not saying
Right is wrong
It's up to us to make
The best of all the things
That come our way

And all the things
That come have past
The answers in the looking glass
There's four and twenty million doors
Down life's endless corridor
Say it loud and sing it proud

OASIS, «THE MASTERPLAN»

Es 8 de julio, domingo por la tarde: Txiki Begiristain entra en las oficinas de la CFA; acaba de enviar un mensaje a un amigo: «Solo a Ferran se le ocurre convocar una junta directiva un domingo de San Fermín. No para».

«Se entienden porque son muy distintos y se complementan», dice un colaborador de ambos. No es raro encontrar a Txiki en Pamplona echando unos potes y unas risas vestido de blanco, pero ¿quién se imaginaría a Ferran Soriano entregado a la juerga? Parece imposible que se entiendan dos seres tan distintos, pero lo han hecho y han construido el mejor tándem en la historia de la Premier. Han pasado tantas horas juntos en despachos y aviones, han cerrado tantos tratos, que a estas alturas les basta con mirarse para saber qué piensa el otro. El agua y el aceite se han mezclado con excelentes resultados para el City. Y nunca mejor dicho: además son propietarios (con Pep y los dueños del Fazenda) del restaurante Tast, en King Street.

Cuando les preguntas, se deshacen en elogios mutuos. Da la impresión de que, entre ellos, hay respeto profesional y también cariño, una combinación poco frecuente. «Es una máquina: inteligente, trabajador y más divertido de lo que parece», dice Txiki del director ejecutivo. «Tiene talento, es fiel, listo, honrado y tenaz», dice Soriano del director deportivo.

Mientras uno se dejaba las cejas en los libros, el otro se dejaba la piel en las bandas. Los unió el Barça el día en que Laporta ganó las elecciones. Y los une la pasión por el fútbol, la devoción por Guardiola y... la economía. Soriano tiene másteres en Administración de Empresas y lleva las cuentas del City, club saneado como pocos. Txiki llegó a matricularse en la Facultad de Económicas cuando jugaba en el Barça, pero no pudo compaginar los estudios con las bandas. También los une, claro, el Manchester City y, ahora, la Premier de los 100 puntos.

¡Pero son tan distintos! Valga esta anécdota: Txiki Begiristain estaba sentado en el lado izquierdo de la última fila del minibús que transporta a los directivos del City (como hace desde que, siendo un crío, jugaba en las categorías inferiores de la Real Sociedad). No recuerda bien el partido, pero lo ubica al principio de la última temporada, en octubre o noviembre, y supone que era en Londres porque en el vehículo también estaba Mara, su compañera y la madre de sus dos hijos. También estaba Mike Summerbee y, probablemente, Omar Barreda. Lo que es seguro es que habían ganado el partido. Esperaban a Ferran Soriano, que llegó feliz como una perdiz y les dijo: «Tenemos que empezar a pensar cómo vamos a celebrar el título» Txiki se puso como una moto: «¡Joder, Ferran! ¡Hablar de estas cosas trae mala suerte! ¡No podemos hablar del título cuando queda tanto! ¡Luego pasa lo que pasa!». Txiki llevaba su camisa de la suerte, el reloj que le regaló su amigo Albert Perrín cuando el Barça ganó seis títulos (lo ha acompañado en todos los partidos de la temporada) y, en la cartera, una tarjeta con un trébol de cuatro hojas y este lema: «Cree en tus compañeros, cree en ti mismo. Podemos, somos los *reds*». La tiene desde que jugó en el Urawa de Japón. También llevaba, por supuesto, su billete de la suerte, uno de una peseta que nadie sabe de dónde ha salido y lo acompaña desde hace muchos años. Txiki está convencido de que todo eso, empezando por sentarse en la última fila del autocar, le trae suerte.

Ferran y Txiki congenian, no cabe duda, pero son como la noche y el día. Uno nació en Barcelona y el otro en el Goyerri, una comarca interior de Gupúzcoa. Txiki, como muchos deportistas, tiene todas las manías del mundo, entre ellas el odio a las serpientes. Ferran, en cambio, detesta las supersticiones y las creencias irracionales en general: escribió un libro sobre gestión deportiva titulado *La pelota no entra por azar*. Esa obra empieza recordando la final de la Champions de 2008, Manchester United contra Chelsea, y el penalti que, por un resbalón, falló John Terry en la tanda decisiva. Soriano señala entonces que la suerte influye de forma esporádica, pero que a la larga siempre ganan quienes tienen recursos para atraer (o sea, para pagar) a los mejores jugadores y luego saben gestionar esos recursos de manera inteligente como ocurre en cualquier empresa de éxito. Así intenta dirigir el Manchester City Group a la sombra de Khaldoon.

Soriano suele recordar lo que le dijo un alto ejecutivo del Barcelona cuando Laporta ganó las elecciones y se procedió al traspaso de poderes (él llegaba como responsable del área económica): «Chico, te daré un consejo: no vengáis aquí a emplear grandes técnicas de gestión, no apliquéis la lógica empresarial o incluso el sentido común; esto es fútbol y es distinto, esto va de si el balón entra o no entra. Cuando lo hace, todo va bien. Cuando no, todo es un desastre y nada de lo que has preparado sirve. Es pura cuestión de azar». Soriano discrepa: «A la larga, eso no es cierto. El sentido común es tan útil en el fútbol como en cualquier otro sitio». «Dirá lo que quiera, pero yo el reloj de Albert no me lo quito; tengo dos camisas, una para corbata y otra más informal y siempre llevo conmigo el trébol y la peseta. Por si acaso», explica Txiki.

«Txiki es amigo mío y no olvido que confió en mí; si estoy aquí es por él. Y en los peores momentos, Ferran y Khaldoon me ha mostrado su apoyo. Les estoy superagradecido. El deporte individual está muy bien, pero el de grupo es más chulo porque cuando ganas lo puedes festejar con tus compañeros. Cuando ganamos el título nos llamamos, nos felicitamos. Al día siguiente nos vimos y nos dimos abrazos muy fuertes y muy largos. No recuerdo bien qué nos dijimos, lo celebré con mucha gente, Khaldoon, Txiki, Ferran, Cris, Dome... fueron los primeros con quienes hablé por teléfono», cuenta Guardiola.

Pep conoce a Soriano desde 2003, cuando Laporta ganó las elecciones del Barça. Lo llama míster Números y, como todos en el City, le reconoce una formidable capacidad de trabajo (eso para Pep es mucho). «Es un tipo muy brillante», dice Omar Barreda, director general del City, que también trabajó para el Barcelona y llegó a Mánchester un año antes que Soriano. «Reconozco que encontrarlo aquí fue un golpe de suerte. Si no estuviera, tendríamos que inventarlo», dice Soriano de su mano derecha. Barreda es de origen marroquí, estudió en París y trabajó en Nueva York antes de recalar en el Barça y, luego, en el City.

Ferran tiene también fama de ser extremadamente organizado, como si toda su vida cupiera en un documento de Excel, así que rara vez suspende una reunión. «"¿Cuándo quedamos? Déjame ver: el miércoles a las cinco". Y el miércoles a las cinco tienes tus 20 minutos. Casi nunca falla, es prácticamente imposible. Es muy exigente porque su compromiso es máximo», cuenta un colaborador. Por supuesto, esté donde esté jamás falta a la reunión de jefes de área que se celebra los jueves. Ahí Soriano puede convertirse en la peor pesadilla de quien no haya hecho los deberes. «Es fácil tener talento, no depende de ti, pero el compromiso sí», sostiene. Tal vez por eso no perdona la deslealtad. No para: un día está en Abu Dabi, al siguiente en Nueva York y una semana más tarde se va a China... Es imparable. «El fútbol, como todo en la vida, no depende del azar: depende de trabajar mucho y bien», insiste el director ejecutivo del Manchester City.

En eso se parece a Txiki: los dos trabajan mucho y bien. También se parecen en su pasión por el fútbol y en que son artífices esenciales del mejor equipo en la historia de la Premier. Por algo estaban entre las primeras personas a quienes abrazó Pep en Wembley tras ganar la Carabao. Los éxitos del City llevan sus sellos. El actual City no existiría si Khaldoon no hubiera fichado a Soriano, si Soriano no hubiera fichado a Txiki y si Txiki no hubiera fichado a Guardiola. «Estoy en Mánchester porque en Mánchester está Txiki, porque aquí están mis amigos», repite y se repite Pep con ahínco. Suele hacerlo cuando, bajo un inesperado aguacero o con un frío que hiela los picos de las ocas en New Islington, se pregunta qué pinta él allí pudiendo entrenar a la selección de Jamaica.

Ferran Soriano tardó casi un año en aceptar la oferta de Khaldoon y seis meses en llamar a Txiki. La primera vez que habló con el dueño del City se moría por dejar la empresa donde trabajaba, Spanair, una compañía aérea que se estrellaba. Estaba loco por hacer las maletas y pirarse a Mánchester. Se habían reunido con Khaldoon en Abu Dabi y había descubierto que el proyecto iniciado en Mánchester no era el capricho de un jeque, no era una colección de cromos, sino algo muy serio, pero Spanair afrontaba una difícil situación: o la vendía a Qatar o quebraba. La compañía aérea se fue al carajo, Soriano llamó a la puerta y el jeque, a quien los *head hunters* seguían diciéndole que aquel era el hombre adecuado, se la abrió. Ferran lo piensa a veces y no acaba de entender cómo los de Abu Dabi lo esperaron casi un año. Y no solo lo esperaron: también compraron la idea de que el City se convirtiera en la primera multinacional del fútbol: Mánchester, Nueva York, Yokohama, Melbourne, Gerona y Montevideo.

Soriano nació en 1967 en el barrio del Poble Nou, una zona de Barcelona que creció al ritmo de la Revolución Industrial durante el siglo XIX. Se crio haciendo los deberes en la pollería de su padre o la peluquería de su madre. Hizo muchos y los hizo muy bien hasta completar su formación con la carrera de Empresariales, un máster en Dirección y Administración de empresas en la escuela ESADE de Barcelona, otro en el Instituto Politécnico Rensselaer de Nueva York y un tercero en la Universidad Católica de Lovaina. Su primer empleo importante lo llevó a Sudamérica, donde trabajó para el Mac Group, que suena a banda siniestra, pero se limita a ser una firma de consultoría estratégica especializada en servicios financieros y finanzas corporativas. Tenía 24 años y ya estaba arriba.

Vivía entre Buenos Aires y São Paulo y fue allí donde lo pilló la final de la Copa de Europa que el Barcelona jugó y ganó contra la Sampdoria en Wembley. Aquella noche, Txiki estaba haciendo historia en el banquillo del mítico estadio londinense. «Estaba solo en una oficina enorme, no había internet, no sabía qué hacer. Llamé a unos amigos que estaban viendo el partido y me pusieron el teléfono al lado de la tele: lo oí todo en modo manos libres, era un poco ridículo. Hasta que llegó la falta de Koeman: supe que fue gol por los gritos de mis amigos, claro.» También recuerda que después llamó a su padre, el pollero del que tanto se reía Sandro Rosell. El partido se retransmitió en diferido, así que buscó un hotel donde pudiera verlo y alquiló una habitación: «El recepcionista se sorprendió un poco cuando le dije que solo quería el cuarto para 120 minutos, pero le expliqué el motivo y lo entendió perfectamente». Aquella noche de 1992, Txiki se abrazó efusivamente a Pep como harían tantas veces en Mánchester. Al de Santpedor le pudo la presión y se fue a dormir pronto, demasiado pronto. Cosas de la edad.

Ferran tiene una hermana 10 años menor que él a la que tampoco se parece mucho: él es moreno, tranquilo, serio, poco simpático de entrada y siempre mira por encima del hombro porque mide 1,92; ella es un terremoto rubio, no debe pasar de 1,70 y a los cinco minutos crees conocerla desde el parvulario. Natalia, también titulada en ESADE, se encarga de administrar los negocios familiares, principalmente las tres peluquerías que ahora poseen.

Ferran (que había enviudado de su primera esposa, Itziar Crespán, fallecida de cáncer apenas tres años después de contraer matrimonio) conoció a Sandra Martorell en Tokio cuando ella trabajaba como jefa de sala en el estrellado restaurante Sant Pau, local dirigido por la prestigiosa cocinera catalana Carme Ruscalleda. Hija de payeses del Maresme, Sandra pasó mucho tiempo dedicada a la animación en hoteles canarios antes de emigrar a Asia. Ferran charló con ella, averiguó que jamás había pisado el Camp Nou y la invitó a ir cuando quisiera. A ella, como era previsible, le pareció un señor «muy alto y muy serio». Tardaron casi dos años en volver a verse. Sandra se fue de Japón, anduvo unos meses por Australia, volvió a Barcelona y empezó a trabajar como responsable de eventos en el hotel Mandarin. Fue entonces cuando activaron la incipiente relación: Soriano la llevó al Camp Nou, la invitó a cenar y le regaló un iPod con su música preferida. Nada le gusta más que los cachivaches electrónicos.

«Ferran tiene esos detalles. Parece frío y distante, pero es muy cercano. No lo dirías nunca, pero baila de maravilla y canta superbien», dice su esposa. El novio, por cierto, cantó *bossa nova* en la boda. Tres días después, la hermana de Ferran llevó a la feliz pareja al aeropuerto. «Íbamos a dar la vuelta al mundo», cuenta Soriano (debía de tener el viaje preparado hasta el más minúsculo de los detalles). La primera escala era Los Ángeles, y allí terminó la luna de miel. Natalia regresó del aeropuerto y a las cinco de la tarde recibió una llamada de su madre desde Playa de Aro: «Mi padre había tenido un paro cardíaco y se lo llevaban al hospital Doctor Trueta de Gerona. La chica cogió su Smart y en 45 minutos recorrió los 100 kilómetros que separan Barcelona de Girona. El coche reventó. Ferran, que había desconectado recibió la noticia al día siguiente y regresó a Barcelona de inmediato. En realidad, su padre no murió a causa de un trastorno cardíaco: se había atragantado con un hueso de melocotón, le faltó aire en el cerebro y entró en coma. Se asfixió. Fue un dolor tremendo.

Pocas personas conocen a Ferran como su hermana. Él la protegía de pequeña, le enseñaba las tablas de multiplicar y la introdujo a los libros, los deportes y la música. Cuando iban en coche a Playa de Aro, donde pasaban los fines de semana y las vacaciones, la obligaba a aprenderse canciones de Fleedwood Mac,

Dire Straits o Police. Era muy insistente: «Con él fui a mi primer concierto: Spandau Ballet en la plaza de toros de Barcelona. A mi hermano solo le puedo dar las gracias por todo lo que me ha dado. Solo puedo decir de él que es humilde y perseverante. Y que lo quiero mucho».

Ella vive en Barcelona y Ferran en Mánchester con Sandra y sus hijas. Sandra Martorell es graduada en Terapia Nutricional y habla más idiomas que un loro: catalán, castellano, inglés y francés más algo de italiano y japonés. Mujer temperamental y metódica, se encargará del restaurante Tast que acaban de abrir en Mánchester los hermanos Guardiola, Begiristain y su marido. Es una auténtica crack. Quienes los conocen bien creen que Ferran y Sandra se acoplan como guantes. No es raro verlos pasear por el centro de la ciudad con Ona y Mia. Ni ella ni sus hijas se pierden un partido del City: «Hemos querido que se impliquen, que sepan dónde trabaja su padre. El fútbol forma parte de nuestras vidas y nos permite ciertos privilegios, pero también nos exige obligaciones, de modo que siempre vienen al campo con nosotros. Además, a Ferran le gusta la liturgia del padre y las hijas camino del partido. Es un rato que comparte con ellas y le gusta estar con ellas. El City, además, es un club muy familiar». Cualquier socio del City suscribiría sus palabras. Ferran saca tiempo de donde no lo hay para estar con ellas, para llevarlas a la pista de patinaje que se instala en Navidad junto a la iglesia, al Christmas Marquet o a los canales cuando sale el sol (contra la creencia popular, en Mánchester sale el sol, aunque, por desgracia para Pep, suele ser cuando la temporada ha terminado). «Nadie lo diría, pero es tremendamente hogareño, se transforma al llegar a casa. Es como si hubiera dos ferranes: para conocerlo en todas sus dimensiones has de verlo con Mia y Ona», dice un amigo. «Si está en Mánchester, raro es el día en que no cenamos juntos. El tiempo que pasa con ellas es casi sagrado para él», explica Sandra. Ahora bien, si Sandra se descuida cuando las niñas están cenadas y listas para ir a la cama, Ferran se salta las normas y vuelven los juegos y las risas. Eso, para la estricta Sandra, es un pecado tan grave como el consumo de chocolate o gominolas. «Ella manda, pero cuando no está delante es otra cosa», bromea Soriano, consumidor compulsivo de ensaladas «llenas de cosas»: «Como mucho verde con aderezos».

En eso tampoco se parece a Aitor Begiristain, Txiki desde que así lo bautizó su tío Juan. «Este crío es listo y aprende rápido», dijo nada más verlo correr detrás de una pelota. No se equivocó. Era en Lauztigarakoa, el caserío familiar de los Mugika, donde nació Txiki en agosto de 1964. Es hijo de un pescador que, tras casarse, echó raíces y se dejó los pulmones en la fundición Aristrain, ahora Arcelor, una acería venenosa que poco a poco se llevó por delante a medio pueblo.

El director deportivo de los celestes come más y mucho más variado que el director deportivo: «Soy vasco y se ha de notar». Pero solo desayuna y cena porque sigue sin acostumbrarse al horario inglés, así que normalmente se salta el almuerzo: «Yo a la una no tengo hambre, lo siento». Txiki ha cambiado muchos hábitos desde que recibió la llamada de Soriano invitándolo a participar en el proyecto del City, pero con ese no puede. Ha perdido incluso la fobia a las serpientes y ahora no apaga la tele si allí aparecen. Algo es algo.

«Ríe menos, debe de ser la tensión, pero sigue llorando mucho», dice un amigo.

«¡Uf! Si llega a casa y no le hemos dejado... no sé, ¡un trozo de tortilla!, monta un drama tipo "claro, en esta casa nadie piensa en el aita, nadie me quiere" puede durar dos horas», cuentan sus hijos, que a menudo lo ven emocionado frente al televisor. A Txiki, que se engancha a cualquier deporte (desde las carreras de caballos hasta el korfbal) le encantan las series: solo en el último año ha visto *Juego de tronos* (última temporada), *Gunpowder, Band of Brothers, The Deuce, Mc Mafia, The Tunnel, Top of the Lake* y *Trapped.* Ahora está viendo *Legion.* Normalmente lo hace mientras le da a la bicicleta estática porque ya no sale a la carretera como cuando vivía en Premià de Dalt, en el Maresme. Tampoco juega al pádel o al golf. Lo tuvo que dejar el verano en que Pep llegó a Mánchester por una dolencia en la espalda que lo tuvo casi tres meses sufriendo de lo lindo. Puede que fuera la presión psicológica: «Txiki es muy responsable y el City maneja jugadores para muchos equipos. Sabe que se juega mucho dinero y que sus decisiones deben ser acertadas. En este mundo de piratas he visto poca gente tan honrada, tal vez, demasiado», dice Joan Patsy, su hombre en Sudamérica. «Construir proyectos deportivos me fascina», dice Txiki. Pero cuando llegó a Mánchester no lo tuvo nada fácil. El núcleo duro de la CFA, principalmente inglés, le puso mil zancadillas. Las superó todas y no se cobró venganza. Le basta con saber que ahora, después de lo ganado y con el equipo camino de cotas más altas, el tiempo le ha dado la razón.

Txiki, que armó el Barça de Rijkaard (dos ligas y una champions), apuntaló el de Pep (dos champions y tres ligas) y siente muy suyo el City de Pellegrini (el de Mancini lo heredó), sabe que este equipo es también suyo, pero lo negará siempre: «El mérito es de Pep, el genio es él. Tú les das la misma cocina y los mismos ingredientes a 10 personas y los platos saldrán distintos. Arzak es insuperable y punto. Lo de Pep es igual: un puto genio».

«Lo que pasa es que me quiere mucho, estoy aquí por él. Cuando nadie apostaba por mí, cuando apenas un 3 % me apoyaba en el Barça, él me metió allí. El resto es historia —dice Guardiola—. Nada hubiera sido posible sin él. Estoy muy contento por haber ganado la Premier, pero también lo estoy por ellos. Es decir, a Txiki y a Ferran los fichan para hacer la cosas que hacen, por tener un club saneado, por arriesgarse a jugar un gran fútbol, por todo lo ocurrido este año, y para mí ha sido un placer volver a lograrlo juntos, como años atrás. Más aún en un país donde culturalmente es más difícil. Txiki, además, es mi amigo, lo quiero mucho. Y con Ferran tengo una relación muy buena, me fío de él. El primer año no salió como esperábamos, pero estoy muy contento de que esta vez lo hayamos conseguido, de haber estado a la altura de su confianza, la de ellos y la de Khaldoon.»

Turno de Txiki: «Pep es una bestia. Lo que curra... su talento... ¿Distinto al del Barcelona? Sí, seguro. Creo que ya no busca tanto el afecto de los jugadores: si lo odian es casi mejor, ahora solo quiere su rendimiento. Ahora le preocupa que ellos se lleven bien, ya no se siente tan cercano como entonces, y eso es bueno porque sufre menos. Los estruja, les saca lo mejor y así debe ser... De hecho, en alguna charla no lo ha ocultado: "Odiadme. Si jugáis mejor no me importa"».

Como Pep, Txiki tiene muy presente el modelo de Johan Cruyff. Sigue siendo el maestro, nunca lo niega. Lo ha recordado mucho durante este último año: «Estaría muy orgulloso de lo que ha conseguido Pep en Inglaterra, es de una dificultad extrema».

Txiki también lo está. Sabe bien cuánto sufrió Guardiola la primera temporada por culpa de su autoexigencia y de los resultados. Y también sabe cuánto ha disfrutado de la segunda. Y quienes conocen a Txiki, quienes saben que tampoco ha tenido una vida fácil (por mucho que sus éxitos deportivos sugieran lo contrario), quienes saben que ha llorado por presos, por muertos (Txutxu y su hijo Fernando recientemente), por enfermedades de familiares, por las peleas de Mara con la vida, no ignoran que Txiki valora cada éxito en su justa medida. Y que siempre devuelve lo que ha recibido.

Solo de Iker (21 años) y Nerea (15) está más orgulloso que de su equipo. El chico ha terminado Ingeniería Aeronáutica y un máster en Economía. Ella está acabando el primer ciclo de secundaria en Inglaterra. Más allá de eso, Txiki presume de sus actitudes, de sus conductas. Y lo cuenta a los amigos siempre que tiene ocasión. Y ve a Mara contenta aunque lleve 100 años sin enviarle flores. Están juntos desde que se conocieron un domingo en un local para quinceañeros del Goyerri. Tenían 16 o 17 años: Aitor ya jugaba en el Sanse y Mara compaginaba los estudios con el trabajo. Aquel crío era muy listo, ya lo señaló su tío.

También lo es Soriano, por algo el jeque lo esperó casi un año. A lo mejor resulta que la extraña pareja de los despachos no está formada por tíos tan distintos. A fin de cuentas, los dos son muy inteligentes (cada uno a su manera), los dos tienen el mismo proyecto (que persiguen con el mismo entusiasmo), los dos son amigos de Pep... y los tres se han salido con la suya. Ya lo dice Guardiola: «El deporte individual está muy bien, pero el de grupo es más chulo porque cuando ganas lo puedes festejar con tus compañeros».

CAPÍTULO 18

PARK THE BUS: UNA NOCHE DE TEDIO
TERCER DERBI:
MANCHESTER CITY 0 - MANCHESTER UNITED 0

Listen to the silence,
Let it ring on

JOY DIVISION, «TRANSMISSION»

Tenía el City bastantes dificultades cuando apareció por allí el United a jugar un derbi aplazado. Los celestes peleaban por meterse entre los cuatro primeros y participar así en la Champions; el United, por su parte, había renunciado a entrar en la élite europea a través de la Liga y se centraba en la Europa League. Aquel duelo era una piedra en el zapato y un obstáculo en el camino para el City. Partido aplazado. Gran pereza. Pero ahí estaban un miércoles a las ocho de la tarde y a un punto de diferencia, cuarto contra quinto. El tercer derbi de la temporada para desempatar el pulso entre Mou y Pep (aunque en el cómputo global no daba margen a las tablas: el primero había ganado cuatro partidos y el segundo, ocho).

Mou afrontaba el encuentro distanciado de sus propios hinchas: con su habitual franqueza (algunos lo llaman arrogancia) pedía compromiso a la afición y esta, ya harta, reclamaba fútbol. En los 10 desplazamientos anteriores a campos del top-6 solo había logrado puntuar con empates a cero. Y se lo recordaban. Algunos jugadores empezaban a cuestionarlo. Mkhitaryan le discutió una mañana su planteamiento contra el Chelsea y que lo utilizara para algo que él no sabía hacer: correr detrás del rival. Según cuentan, dos días antes de enfrentarse a los azules en los cuartos de final de la FA Cup, Mou indicó a sus chicos que el objetivo era empatar el partido. El United salió con seis defensas por primera vez en su historia.

—Los primeros 20 minutos, falta tras falta. Que no puedan jugar —dijo el entrenador.

—¿Míster, y si nos expulsan a alguien? —preguntó una voz con galones.

—El árbitro no tendrá huevos, lo conozco. Ya me encargo yo —respondió el gran jefe.

A los 24 minutos, el fiel escudero Ander Herrera se fue a la calle. El United perdió 1-0 y fue eliminado. No hubo *replay*, se fundió el plan. Dejando aparte las hostilidades internas, el United no estaba tan mal. Bueno, estaba como estaba.

Vigésima jornada. Jugaron ante 54.176 espectadores con arbitraje de Martin Atkinson. El Manchester City era cuarto y el United, quinto. Manchester City (4-3-3): Bravo (Willy, minuto 79), Zabaleta, Otamendi, Kompany, Kolarov, Fernandinho, Yaya Touré, De Bruyne, Sterling (Gabriel Jesus, minuto 86), Agüero y Sané (Navas, minuto 80). Manchester United (4-3-3): De Gea, Valencia, Bailly, Blind, Darmian, Carrick, Ander, Fellaini, Mkhitaryan (Fosu-Mensah, minuto 86), Rashford (Young, minuto 90) y Martial (Lingard, minuto 80). Fue un entrenamiento de pelota vasca: el City tuvo el 69 % de posesión y chutó 19 veces a puerta (seis entre los tres palos). El United disparó tres veces (solo una con puntería). Los celestes dieron 643 pases y los rojos, 288. Mourinho había echado el cerrojo en busca del empate (o, como se dice en Gran Bretaña, había aparcado el autobús frente a la portería).

«Park the bus, park the bus Man United», les cantaron a los diablos rojos cuando acabó el partido usando la melodía que se emplea en Old Trafford para alardear de los 20 títulos de Liga conseguidos por el equipo: «Twenty times, twenty times, Man United». Aquella noche de tedio, los de Mou no ofrecieron nada. Michael Carrick se fue del campo pidiendo disculpas a sus rivales y a Guardiola.

—Lamento haber jugado así —le dijo.

—No pasa nada, es normal —contestó Pep.

Las redes sociales crujieron al United con burlas feroces. Fue un partido de mierda, pero sirvió para algo. «Park the bus, Man United», cantan desde entonces Mánchester e Inglaterra. Y Mourinho lo sabe.

CAPÍTULO 19

EL MURMULLO DE LA PORTERÍA

I don't have to sell my soul
He's already in me
I don't need to sell my soul
He's already in me

THE STONE ROSES, «I WANNA BE ADORED»

Pep Guardiola ha usado a cuatro porteros en el Manchester City (por orden de aparición: Willy Caballero, Joe Hart, Claudio Bravo y Ederson), pero en el despacho de Txiki Begiristain y Xabier Mancisidor, el responsable de porteros, han aparecido muchos más. Hubo un momento en que los dos se volvieron locos para dar con un relevo para Hart, titular durante el último año de Manuel Pellegrini. En una de las primeras reuniones, antes incluso de que Guardiola se instalara en Mánchester, Txiki trató de convencer al técnico de que se quedara con Hart consciente de lo que significaba para la afición. Pep no lo vio claro y el club se activó en el mercado. El tiempo le dio la razón.

El capitán de Inglaterra tardó en entenderlo lo que duró la primera reunión con Pep porque allí supo que no iba a ser titular, que no podría jugar como el entrenador quería. Y la pretemporada en China lo convenció de que debía buscar una salida, la que fuese. Su cabreo lo pagó el delegado, que acababa de aterrizar y, a ojos del capitán, parecía el gran culpable de aquel desastre con partidos y entrenamientos suspendidos por la lluvia. Boixasa no tenía responsabilidad alguna porque la gira no la había organizado él y, además, nadie había pronosticado los ciclones que aquel verano asolaron China.

Ese verano, Ter Stegen estuvo a punto de fichar por el City, pero el Barcelona no quería venderlo por nada del mundo y, por otro lado, su pareja no lograba matricularse en la Universidad de Mánchester (llegó a hacer la prueba de acceso), de modo que el proyecto se enfrió hasta congelarse. El club llegó a pensar en Victor Valdés como contrapunto, en plan dúo de joven y veterano, pero como lo del alemán no cuajaba, el catalán aceptó la oferta del Midlesborough y se fue con Aitor Karanka. Entonces surgió la opción de Bravo. El Barça accedía a vender, la oportunidad era única. Guardiola y Txiki miraron a Mancisidor, que levantó el pulgar. En lo que a porteros se refiere, manda el vasco al 99 %. «La opinion de Xabi fue determinante en el fichaje de Claudio, por supuesto», admiten en los despachos de Guardiola y Txiki. A ambos les encajaba y no tuvieron dudas.

Xabier Mancisidor es de Pasajes, un bonito pueblo de Guipúzcoa. Está casado con Ahinoa y es padre de dos hijos. Empezó en el Trintxerpe, un equipo de su pueblo natal. Después fue portero en el Deportivo Alavés, donde jugó cinco años y logró un ascenso a Segunda B. Terminó en el Mallorca, en Segunda A, donde coincidió con Tito Vilanova y Ernesto Valverde. Fue entonces cuando le ofreció trabajo Julen Masachs, que había sido profesor suyo en la Universidad del País Vasco y buscaba a alguien que compaginara la preparación física de la cantera y el trabajo con los porteros del primer equipo en la Real Sociedad.

Durante sus 11 años en la Real tuvo seis presidentes y, al menos, una docena de entrenadores: Bakero, Krauss, Clemente, Toshack, Lillo, Perico Alonso, Olabe, Lotina, Amorrortu, Coleman, Doineaux e Irureta (quizá alguno más). Con el tiempo dejó lo de la preparación física y se dedicó enteramente a los porteros: Olabe, Alberto, López, Iker Álvarez, Raúl Iglesias, Westerveld, Asper, Riesgo, Zubikarai... y Bravo.

La historia cuenta que José Mari Bakero le dijo un día: «Vete a Dublín a ver al chileno». Irlanda jugaba contra Chile. Ganó Chile 0-1. «El chileno era tan bueno que en el calentamiento ya sabía que lo debíamos fichar», recuerda el de Pasajes. «Anduvo bebiendo pintas y llegó un poco mareado», explica Bravo, que considera a Xabier algo más que su entrenador: «Son diez años, ya es un amigo».

Lillo se lo recomendó a Valdano para el Real Madrid cuando el equipo buscaba un entrenador de porteros que colaborase con Pellegrini. Con el chileno llegó al Bernabéu y con el chileno se fue a Málaga dos años y medio. Hace cinco llegó a Mánchester, a la vieja ciudad deportiva: tiene dos premiers, tres FA cups y dos carabaos. Ahora trabaja con los porteros del primer equipo y supervisa todas las actividades de la academia. Si de algo va sobrado el club es de porteros: hay dos más, Grimshaw y Muric, que han formado parte de la primera plantilla. Este último, Aro Muric, un joven suizo de apenas 19 años, es el más prometedor.

Cuando llegó al club, Pep le puso un despacho a Xabi en la nueva ciudad deportiva, la CFA. En la antigua, Carrington, había conocido a Joe Hart. Ahora tenía que decirle adiós. Hart solo jugó un partido con Guardiola, la vuelta de la previa de la Champions contra el Steaua de Bucarest. Fue un premio para que se despidiera de su afición desde 2006, cuando fichó por el City procedente del Shrewsbury Town. Bravo aterrizó en Mánchester una semana antes de que el City jugara en el campo del United. Arrastraba problemas musculares. «O sea, ¿lo hemos fichado para no ponerlo? —preguntó Edu Alvarez, el fisioterapeuta—. ¿Lo intentamos o qué?» Lo intentó y el chileno debutó en Old Trafford.

Claudio Bravo es portero gracias a la obstinación de su padre, que cada Navidad y cada cumpleaños insistía: una camiseta, unos guantes o un balón. Quien seguramente es el mejor portero chileno de la historia sigue pensando que su viejo tiene la bendita culpa. A los ocho o nueve años ya tenía el bicho metido en el cuerpo. Fue entonces cuando descubrió que lo de correr detrás de un balón no le gustaba nada y, sobre todo, que necesitaba ser distinto de los demás, hacer cosas diferentes: si los otros jugaban con los pies, él la quería parar. Si los otros llevaban la camiseta de un color, a él le gustaba otro. Sostiene Claudio que entendió muy pronto las responsabilidades de un portero y que eso le daba cierta sensación de liderazgo en el grupo.

Bravo fichó por el Barcelona en 2014. «Tienes que ser muy especial para jugar allí, tanto a nivel mental como por las

Claudio hizo autocrítica, vio sus errores, entendió también que no todo era culpa suya e intentó que su autoestima quedara intacta (sin contar con que la veteranía es un grado). No se engañó: sabe de qué va esto, sabe que en ocasiones fue utilizado para atacar al club por ser el fichaje que le costó el puesto a Joe Hart.

Afirma que no le negó el saludo a Guardiola el día en que eliminaron al Leicester en la Copa, cuando Pep acudió a abrazarlo y el gesto del arquero se interpretó como un desplante: «No lo fue, de ninguna forma. También con Cesc han salido cosas y luego los he visto saludarse. La gente dijo que no lo hicieron. Nuestro día a día es diferente, pero no para tener una mala relación con alguien».

Sostiene que, pese a todo, nunca se ha arrepentido de fichar por el City.

Sea como fuere, en su escala de valores pesan más otros elementos, sobre todo su esposa y sus cuatro hijos, con los que vive en Winslow: «Me chupo más de dos horas diarias para ir y venir del entrenamiento, pero es imposible vivir en el centro con ellos y con el perro». Dice tener la suerte de haber vivido en «lugares increíbles», de Chile a Mánchester pasando por San Sebastián y Barcelona. Y sigue pensando que la decisión de fichar por el City fue «acertadísima».

«Mis hijos están creciendo en un sitio fabuloso, dominan el idioma, esas son las cosas que a mí me gratifican y me hacen feliz. Y a mi mujer exactamente lo mismo. Lo otro es trabajo: el fútbol no me da la felicidad. Me da buenos momentos, grandes satisfacciones, pero la felicidad máxima está en mi casa. Ganar títulos, ganar partidos, es la recompensa por lo que uno hace cada día de trabajo, pero ver que tus hijos hablan y juegan con sus amigos en un perfecto inglés... eso es la felicidad para mí.»

Esta temporada, pese a ser suplente, no ha dudado en reconocer el gran nivel de Ederson: «He tratado de apoyarlo, de yudarlo. Ederson está jugando bien, el equipo está bien. Seía egoísta si no dijera lo que sé y lo que he aprendido con el

capacidades técnicas dentro de la portería. No quieren un portero que viva metido en el área pequeña y solo se dedique a parar. El Barça necesita un portero que juegue fuera de su área. Puede que la misión principal del portero sea parar balones, pero en el Barcelona la exigencia aumenta y debes conectar bien con los centrales, con los laterales... Al final debes ser un jugador más de campo», sostiene el chileno.

No olvida, imposible. Recuerda perfectamente los primeros partidos con el Barcelona. Controlaba el balón, golpeaba en largo y oía un extraño murmullo. ¿La afición reclamaba otra cosa? «Te pedían que la jugaras, que la dieras a la banda, que se la pasaras a Piqué, que no la rifaras, que no te la quitaras de encima. Lo noté en el segundo partido. Y eso te indica la dimensión real de un portero en el Barcelona. Luego te desenvuelves bien porque yo tenía condiciones para hacer lo que me tocaba hacer con los pies, pero, claro, te debes aclimatar porque sales al campo y hay cien mil personas examinándote.»

Un murmullo semejante al del Etihad, pero allí con el significado contrario. A Mánchester llegó sabiendo lo que Pep buscaba, sabiendo que la pelota no se rifa, sabiendo que el portero es, a todos los efectos, un jugador de campo incorporado a la primera transición ofensiva. Y, sin embargo, oyó un murmullo de censura: «No les gustó nada, no vieron bien que jugara con los pies y, claro, noté la desaprobación en los primeros partidos. La gente se ponía nerviosa. En Inglaterra están acostumbrados a que el portero controle y suelte un balonazo de 70 metros... y si no controla y son 75, casi mejor. Se trata de buscar al delantero grande y que la baje de cabeza. Ha costado mucho que la gente se acostumbre al cambio».

Bravo se comió los murmullos como quien se come una docena de ostras en El Gato Negro: «Sí, asumí la reconversión del estilo. A mí me tocó comerme lo del año pasado, cuando todo estaba cambiando. Creábamos un fútbol nuevo porque ningún equipo hace lo que hacemos nosotros hoy en día. Es muy difícil verlo, sobre todo aquí, en Inglaterra. En España y Alemania se puede ver. Y nosotros estamos haciendo aquí algo muy distinto.

Mostramos a la gente que desde atrás es posible marcar goles sin pegar balonazos. Entrenamos con la idea de jugar así porque esa es la fórmula de Pep. Pero, claro, la gente tiene que entender nuestro estilo, el tipo de juego que mostramos en el campo».

Otra diferencia considerable es el respeto que se le tiene al portero en los balones aéreos: ninguno. Lo que en Europa se pita como falta, en Inglaterra es una conducta normal del delantero. En España se respetan más las zonas del portero y, aunque lo intuyes al llegar, tienes que padecer esos asaltos para apreciar de verdad su magnitud. Admite Bravo que en Inglaterra se dan muchas acciones que parecen fallos del arquero: «Te han agarrado de un brazo y por eso no llegas al balón, porque vas con los dos brazos arriba y es casi imposible cogerlo con una sola mano».

Y llegó una fase aquella temporada en que Bravo no paraba ni un taxi. La afición observaba la portería. A finales de enero de 2017, Claudio había encajado 16 de los últimos 24 tiros a puerta recibidos. Los seis disparos anteriores habían acabado en la red. Era el portero de la Premier que más goles concedía por cada tiro a puerta. Y dejó de jugar por una decisión que a Guardiola le tocó tomar tras hablar con Mancisidor. A Claudio Bravo solo le quedó aceptarla... y seguir trabajando. El entrenador de porteros lo arropó, como también hicieron sus compañeros. «A Xabi lo conozco desde hace años, es un gran profesional, muy minucioso, todo lo analiza y lo revisa para seguir mejorando. Esto es fútbol.»

Pep le explicó sus razones y las entendió (o no), pero acabó jugando Willy Caballero. «No se lo tomó bien, por supuesto», recuerda un testigo de aquellos días.

«Pep me lo comentó, me dijo que veía entrenar a Willy, que lo veía bien y que el equipo estaba en un momento delicado, que necesitábamos un cambio. Cuando pasan esas cosas, normalmente el portero paga los platos rotos, no quitas a siete jugadores», señala Bravo. Seguramente el portero no era el único culpable, pero aquella situación era insostenible y Pep tomó la decisión. Dice Bravo que se lo tomó con calma. «Lo único que

podíamos hacer era seguir trabajando. Los dos sabíamos que él no tenía la culpa de todo. Claudio no paró de entrenar el año pasado y este ha entrenado muy bien. El que no juega suele trabajar más. Su profesionalidad ha sido ejemplar, te lo dirá todo el mundo», explica Xabier Mancisidor. No miente, lo dice todo el mundo.

Aquella primera temporada, Claudio jugó 30 partidos, más de 2.000 minutos, y encajó 34 goles. Willy Caballero, por su parte, tuvo menos participación y recibió menos goles, pero sus datos tampoco fueron estratosféricos. En 27 partidos, dejó la portería a cero 10 veces y le marcaron 26 tantos.

Claudio Bravo admite que así es el fútbol y que así es el puesto: «¿Te meten un gol? "Debería haberlo parado", piensas si eres portero». Pero tiene la conciencia tranquila tras sus dos temporadas en el City. Durante la segunda fue suplente y salvó al equipo en la Carabao Cup. Vio jugar a Ederson hasta casi el final, cuando disputó los últimos dos partidos de Liga. Le ha tocado jugar menos de lo que hubiera querido, y en partidos muy com plicados que se le atragantaron al equipo. Solucionó dos elim natorias de Copa, contra el Wolverhampton y el Leicester, y vantó la copa en Wembley, el primer título de la era Guardi El año anterior todo le había salido al revés. «He partici menos que el año pasado, pero me ha tocado jugar en mo tos más complicados. La cosa cambia cuando no te toca es diferente, es más complejo competir cuando tienes partidos», dice Bravo.

Asume lo que le ha ocurrido con la mirada del pr veterano que sabe que un gol no es a menudo culpa ro, pero que un gol es un gol: «He aceptado esa carga empecé a jugar y me quedo con la tranquilidad de h las cosas bien en las dos temporadas. El año pasa ba más que ahora, me esforzaba más, porque que situación. Ahora es diferente, entreno como u quedo con la tranquilidad de que sigo aportando las cosas lo mejor que sé».

tiempo, no sería correcto. Siempre he sido un profesional, no ando con malas caras ni dejo de hablar con los compañeros».

No hay muchos porteros que puedan adaptarse a las ideas de Guardiola. El brasileño es uno de ellos: «Con el pie se desenvuelve muy bien, es un portero muy completo, muy acorde con el fútbol moderno y con el estilo que nosotros queremos imponer. A veces lo comentamos: hay porteros de nivel mundial que no podrían jugar en este equipo y son muy buenos. Hay porteros que si los pones en el Camp Nou y les das la pelota, la gente los devora».

Cuando Bravo llegó, el murmullo era porque no se deshacía de la pelota. Ahora aplauden a Ederson si sale a jugar como lateral. Todo ha cambiado en el City.

«Hombre, yo le dije que eligiera, pero a veces elige cosas un poco exageradas», bromea Guardiola comentando la sangre fría de su portero titular.

La verdad es que el curso de Ederson ha sido excelente. Lo siguieron durante más de un año, como a Leno, del Bayern Leverkusen. «Los dos cuadraban: uno era más caro de ficha y el otro, de traspaso. Escogieron los técnicos», dice Txiki, que buscaba a un portero joven capaz de adaptarse al juego de Pep y tuviera, sobre todo, margen para mejorar. Un portero que aprendiese junto a Claudio. Procedente del Benfica llegó el segundo portero más caro de la historia: 40 millones, 12 por debajo de los que pagó la Juventus por Buffon. «Ha salido barato», afirma Soriano, que le aumentó la ficha al final de la temporada.

Ederson Santana de Moraes nació en Osasco, São Paulo y empezó jugando de lateral en el equipo Champions Ebenézer: quizá por eso sale con tanta calma fuera del área. El 18 de diciembre de 2017, tras golear al Tottenham en el Etihad, un periódico publicó estas líneas: «Los atacantes del City han obtenido casi todos los aplausos durante su racha ganadora, pero Ederson, el portero, ha sido uno de los mayores activos a la hora de aplicar el método preferido de Pep Guardiola para jugar el balón desde la parte posterior. El sábado ofreció una clase magistral en distribución, completando 30 de 38 pases. No todos fueron precisamente simples y combinó cortos y largos para desconcertar a los *spurs*». Ese día, festividad de santa Adelaida y san Macario, Ederson tuvo un 78,9 % de precisión en el pase: una auténtica *masterclass* en la salida de balón. Su porcentaje fue más elevado que, por ejemplo, los de Dele Alli (68 %) y Christian Eriksen (68,5 %). En este curso ha dado 928 pases, una media de 25,78 por partido.

En el plano comparativo, es evidente que su llegada ha significado un salto de calidad para el equipo. Ha sido el arquero del City con más precisión en el pase de los últimos años (84,8 %). Bravo promedió un 72,6 % en la 2016-2017, mientras que Joe Hart, en su última temporada como titular, la 2015-2016, acabó con un 52,6 %. Es el que menos balones juega en largo, un 31 %, por un 42 % del chileno y un 72 % del inglés. Es también el que más para. Durante su última temporada, el brasileño detuvo el 67,5 % de los tiros que recibió. Claudio Bravo solo alcanzó el 55,9 %, y Joe Hart, el 66,4 %.

Cuando terminaba la temporada y durante un entrenamiento, el arquero brasileño se aseguró una entrada en el Libro Guinness de los Récords con un saque de puerta que recorrió 75, 3 metros, la longitud de siete autobuses. Sean Dyche, entrenador del Burneley, dijo sobre él: «Es como tener a Ronald Koeman en la portería: le llega la pelota y la maneja alrededor del campo de acuerdo con el plan de juego. Porque él desactiva el juego contrario. Es un arma muy eficaz».

Hasta que fue cadete solía jugar de lateral, pero un día el entrenador le dio a elegir: «O juegas de porter o no juegas». Cuando jugaba en los equipos juveniles del Benfica era habitual que lo llamaran para ir al centro del campo en los entrenamientos si faltaba alguien. Asegura que «daba la talla». Ederson ha revelado que disfrutaría si le dieran la oportunidad de quitarse los guantes y jugar más arriba o incluso de chutar un penalti, pero sabe que en el City lo tendría complicado. «Tal vez sean demasiado buenos para mí», comenta riendo. «Siempre me he sentido cómodo con la pelota en los pies y eso me ayuda. Creo que es un talento natural», dice sobre su habilidad para sacar el balón controlado. Incluso lanzaba faltas cuando jugaba en la academia local de São Paulo. «Me lo pidió un técnico —recuerda—. Al principio no quise, pero luego probé solo, vi que se me daba bien y lo hice en algunos partidos.»

El brasileño no lo ha hecho nada mal: 36 partidos, 30 victorias, dos derrotas y cuatro empates. En 16 ocasiones ha mantenido la portería a cero. Ha hecho 58 paradas, ha detenido dos penaltis y ha encajado 26 goles.

Al llegar se adaptó rápido porque ya conocía a Fernandinho de la selección brasileña y a Gabriel Jesus de los anteriores Juegos Olímpicos. Además había coincidido con Bernardo Silva en el Benfica. Su eterna sonrisa y su buen humor lo convierten en uno de los personajes más apreciados del vestuario. También se celebran sus locuras. Hay una pintoresco episodio ocurrido durante la pretemporada en los Estados Unidos, cuando acababa de llegar. Así lo cuenta un testigo: «Fue en Nashville. Siempre que viajamos llevamos a tres tíos de seguridad. Uno de ellos es enorme, un animal. Se llama Okon. Recuerdo que al segundo o tercer día, en el comedor, Ederson se fue a por él y lo placó. Un placaje de rugbi. ¿El motivo? No lo sabemos, aún nos lo preguntamos. Lo hizo porque le apeteció».

Está aprendiendo inglés, aunque va poco a poco. Tiene un profesor particular que le da clases diarias, lo cual le permite llegar a la CFA y saludar al personal soltando un genuino *hi pal!* con acento de Mánchester, como el de su profesor. «Se ha aficionado a decir expresiones mancunianas y el jodido es muy gracioso», dice un compañero. Tiene la nacionalidad portuguesa pese a haber nacido en Brasil y jugar con la *canarinha*. En su casa hay cuatro perros. Esa es la razón principal por la que vive en la zona de Winslow con su esposa Lais y su hija Yasmin, una niña preciosa. Ahora están esperando un niño que se llamará Henrique.

Su ídolo en el mundo del fútbol es Rogerio Ceni, histórico portero del São Paulo. Tiene una irreprimible afición por los tatuajes: acumula unos 40 y no para de hacerse nuevos. Entre ellos destaca un enorme Zeus que se ha hecho en Mánchester, donde cuenta con un tatuador de confianza.

«Es un portento físico», dicen en el cuerpo técnico. «Entrena como un animal y, pese a ser muy tranquilo, es tremendamente divertido», dicen en el vestuario. Allí fue objeto de todas las bromas el 9 de septiembre de 2017, día en que Bravo lo sustituyó contra el Liverpool. Los *citizens* ganaban por 1-0 y Edi llevaba tres buenas paradas cuando Mane le puso un pie en la cara y lo dejó casi inconsciente. Salió del campo en camilla. Jonatthan Moss le sacó la roja al extremo *red.* «Está bien. A ver si con el golpe se vuelve más guapo», bromeó Pep. El 16 de septiembre volvió a jugar en el campo del Watdford: ganó el City por 6-0.

Dice que dejar la portería a cero es lo que más le gusta y que la parada del año, la que más recuerda, es el penalti que le detuvo a Aubameyang en el campo del Arsenal. Era el 1 de marzo de 2018 y el City goleó a los *gunners* (3-0) con otra memorable actuación del arquero conocido como el Salvador, a quien todo el mundo llama Edi en Mánchester. Es una sonrisa con patas, pero, si te descuidas, te mete un placaje que te deja tieso sin venir a cuento.

CAPÍTULO 20

FUERON A RECOGER CEREZAS

Now we know where we're going baby
We can lay back and enjoy the ride
Take in the sights and drown in our senses
Love is the law to take me deep inside

THE SEAHORSES, «LOVE IS THE LAW»

El 26 de agosto de 2017 se celebró en Barcelona una multitudinaria manifestación contra los atentados terroristas ocurridos 10 días antes. A Guardiola le tocaba jugar contra el Bournemouth, en la costa sur de Inglaterra. Era el tercer partido oficial de su segunda temporada. En la anterior habían jugado allí un lunes. A Pep no le gusta jugar los lunes. Fue un lunes de febrero por la noche: lo peor. A pesar de lo que sucedía en Barcelona, aquella mañana disfrutó con el sol veraniego. Bournemouth es una agradable ciudad costera.

El rey Felipe VI fue abucheado por muchos manifestantes. Unos cuantos kilómetros al norte, Pepe abroncó a los jugadores por su apatía tras la victoria. Una victoria que, por varios motivos, marcó un punto de inflexión en el equipo.

El City salió al Vitality Stadium con Ederson en la portería y una defensa de cuatro: Danilo, Otamendi, Kompany y Mendy. El lateral francés debutó un día en que Guardiola optó por las rotaciones. En el centro del campo jugaron Fernandinho (como ancla), David Silva y Kevin De Bruyne. Las bandas de arriba fueron para Sterling y Bernardo Silva con Gabriel Jesus en la punta de lanza. Los celestes venían de empatar en casa contra el Everton (1-1). En Bournemouth todo empezó mal contra los *cherries* («los cerezas», un apodo debido al rojo de su camiseta).

Charlie Daniels adelantó a los locales en el minuto 13 con un trallazo desde el vértice del área, donde lo más normal es centrar. Imparable. El mago David Silva tardó ocho minutos en responder: asistencia a Gabriel Jesus, también acertado en el desmarque. En la segunda parte, Otamendi y King la mandaron al poste. Empate hasta el séptimo minuto del tiempo que añadió el árbitro por las múltiples interrupciones.

El City acabó con un 70 % de posesión, 14 faltas cometidas, 13 recibidas y cinco córneres a favor. Los locales tiraron nueve veces, res entre los tres palos. Los hombres de Pep lo hicieron en 19 ocasiones, ocho a la portería de Begovic. Y el último tiro fue gol. David Silva inició la jugada dándole la pelota al Kun. Este pivotó y se la pasó a Sterling, ubicado como segundo delantero. El inglés la cedió de cara para De Bruyne y, tras una pared, ambos abrieron el carril derecho. Llegaba en carrera Danilo, sumado al ataque, para mandar un centro hacia atrás. Sterling tiró de instinto para descolgarse, controlar la pelota con sangre fría y, acto seguido, chutar a puerta. El disparo tocó en Surman y salió mordido: Begovic alargó la mano, pero no llegó. La pelota entró a cámara lenta, en parábola, como si quisiera retrasar el entusiasmo o prolongar la incredulidad. Gol en el minuto 97.

Raheem salió a celebrarlo como un rayo, derecho hacia su afición, adonde lo siguieron todos sus compañeros. Se lio gorda. Los hinchas saltaron a festejar el tanto y los agentes de seguridad cumplieron su misión. «Pienso que ganamos la Liga en Bournemouth. Por todo: por el gol, por cómo lo metimos, por cómo lo celebramos y por lo que pasó luego en el vestuario», afirma uno de los presentes. Lo que ocurrió en el vestuario, pese a haber ganado, fue una severa reprimenda de Guardiola. Después del gol y de los momentos vividos, los jugadores volvieron al vestuario y se pusieron a mirar el móvil, cada uno a lo suyo, como si nada hubiera pasado. «Quizá Bournemouth fue uno de los días en que he visto a Pep más enfadado. Habíamos ganado en el último instante y nos abroncó porque no lo celebrábamos lo suficiente!», confiesa Vincent Kompany, el capitán del equipo.

Guardiola aulló. Les dijo a sus futbolistas que, si con lo que acababan de hacer, lo que acababan de ganar, no eran capaces de expresar alegría, no eran un equipo como Dios manda. El equipo se quedó callado, sorprendido por las palabras de su entrenador, pero aquello marcó un antes y un después. Fue entonces cuando la plantilla empezó a comprender el valor de las victorias y las celebraciones en el vestuario. Se fueron de parón internacional y en el siguiente partido ganaron 5-0 al Liverpool. Puede que el grupo cambiase aquella tarde. Mucho la señalan como el momento en que los jugadores comenzaron a entender qué querían ser.

«Las sensaciones son importantes en el fútbol. Son estados de ánimo. Aquella tarde lo celebramos con la afición, pero luego hubo bronca. Fue positivo. La adrenalina debía continuar en el vestuario y no fue así. Por eso Pep se enfadó», explica un miembro del cuerpo técnico.

Incluso Guardiola lo recuerda como un cambio de rumbo, como una sacudida: aquel día recogieron cerezas en el sur de Inglaterra: «En mi opinión fue un momento clave, y encadenarlo con lo del Liverpool [en la jornada siguiente ganaron a los *reds* por 5-0] le dio más valor. El año anterior nos costó contra los grandes. Estos dos días fueron decisivos porque en esto pesa mucho la cuestión anímica».

Fue, también, la primera piedra de la racha triunfal del City: la de las 18 victorias consecutivas, una tras otra. Esa racha los situó a muchos kilómetros de sus rivales. Y sentenció el campeonato: «Esta Liga se resume en 18 victorias seguidas. Son muchas, muchísimas. Un equipo capaz de ganar 18 partidos consecutivos en la Premier League cierra la barraca».

Guardiola fue a recoger cerezas y allí empezó a cerrar la barraca.

CAPÍTULO 21

EL CULO DE STERLING

You're the one for me, fatty
You're the one I really, really love

MORRISSEY, «YOU'RE THE ONE FOR ME, FATTY»

El día en que el City despegó para no detenerse, Raheem Sterling hizo muchas cosas, tantas que incluso acabó expulsado. En el minuto 97 derribó el muro del Bournemouth y echó a correr hacia sus *fans* perseguido por todo la plantilla. Cuando consiguió liberarse del delirio abrazador se encontró con el colegiado Mike Dean, que le sacó la segunda tarjeta amarilla por el exceso festivo. Gol en el descuento, victoria y a la calle. Un día completo en la vida de Raz (Rash para Pep, que no acaba de pronunciar bien el apodo): así lo llaman en el vestuario.

Raz es uno de los tipos más graciosos del vestuario. Forma un dúo letal cuando se junta con Mendy. Por querencia se agrupa con los ingleses (Stones, Delph o Walker), pero tiene una gran relación con Sané. Por simpático y generoso, fue de gran ayuda para la adaptación del alemán (y luego de Gabriel Jesus) al equipo y a la ciudad. La camiseta azul, la edad y los gustos musicales los unen. No es raro verlo poner novedades de hip hop para que los chicos estén al día con las canciones más *trendy*.

«A Sterling tal vez te lo imaginas como un tipo que va al Panacea o al Club Liv cada noche, pero no. Antes de los entrenamientos lee la Biblia en un rincón del vestuario», cuentan en la CFA. Su carácter extrovertido no le impide ser un hombre de fe. Sterling agradece y no olvida: calles duras, unos orígenes que han marcado su forma de ser, unos orígenes a los que no quiere volver.

«No puedo estar en Londres, no puedo estar cerca de mis amigos», declaró al *Daily Mail* esta temporada cuando aún coleaba un posible trueque con Alexis, jugador del Arsenal. Tener cerca a tu gente no es siempre la mejor opción si te has criado en Brent, al noroeste de Londres, donde raro es el día en que uno se va a la cama sin haber presenciado, sufrido o protagonizado un delito: en julio de 2017 se registraron 644 denuncias por fechorías de toda índole, casi 21 al día. Raz se fue de allí a los 18 años cuando Rafa Benítez le llamó para firmar por el Liverpool. Aún tiene contacto con su cuadrilla, pero desde la distancia. La cuida, pero desde la distancia. Y la fórmula funciona.

Aun así, hay descerebrados de los que no puede escapar. El 16 de diciembre de 2017, una semana antes del partido contra el Tottenham, Sterling fue insultado y agredido cuando entraba en la ciudad deportiva. Un aficionado profirió insultos racistas y llegó a darle una patada. El City denunció al agresor, a quien se le ha prohibido acercarse a Raheem y el acceso a todos los campos de fútbol o a cualquier recinto relacionado con el Manchester City en cualquier parte del mundo. Su foto, por ejemplo, estaba colgada en las puertas de Anfield cuando el City jugó allí la ida de los cuartos de final de la Champions. La sentencia del juicio puede verse ahora en la South Gate de la CFA, la puerta por donde entran los coches de los futbolistas.

Brent ha hecho de Raheem un inglés con un inglés muy peculiar. «La gente del barrio habla en jerga y, si no eres de allí, no te enteras de nada —dice Amaia Díaz, la exsecretaria de Begiristain, navarra de origen, pero criada en Brent—. Tenemos nuestro argot, y si queremos que no nos entiendan, no nos entienden.» Un dialecto *cockney* mezclado con jerga jamaicana que supone un reto mayúsculo para los periodistas cuando intentan descifrar los mensajes de Sterling en la sala de prensa. Raheem tiene miedo a las alturas y le vuelve loco comer rabo de toro con arroz o guisantes al estilo jamaicano, algo que no encaja bien con la actual dieta del City. Pero pocas cosas encajan en él con la norma: es una caja de sorpresas.

«Lo fiché porque vi que podía ser un buen extremo, tenía chispa para el desborde, potencia y, sobre todo, velocidad para llegar hasta la línea de fondo, aunque se empeñaba en ir para dentro», explicó una tarde Txiki Begiristain. Fue él quien lo llevó a Mánchester en 2015. Llegó con el cartel de ser unos de los extremos más prometedores de Inglaterra y, de alguna forma, durante la segunda temporada con Guardiola se ha convertido en un segundo delantero. Y en un goleador. Tanto que en el cuerpo técnico andan con la mosca detrás de la oreja: «Como no mantenga este nivel el año que viene, a ver cómo sumamos tantos puntos...».

Su primera temporada fue mala. Llegó como fichaje estrella y, con Manuel Pellegrini en el banquillo, solo marcó seis goles en la Premier. Durante la segunda mitad del curso perdió su sitio en los 11 iniciales. Guardiola llegó el verano siguiente y se propuso recuperarlo. Era un jugador deprimido por las críticas y afectado por la presión, pero sin duda consevaba el talento. Recobró su mejor versión en la primera temporada con Pep y explotó definitivamente en la segunda: «Sterling tuvo una temporada espectacular en el Liverpool (2013-2014), con Luis Suárez entre otros, pero jugaba más por dentro. El año pasado, por la manera como queríamos jugar, estaba más abierto. Sin laterales agresivos como Walker, Danilo o Mendy, los extremos jugaban más abiertos y llegaban menos al área», explica un técnico. Con la evolución en los laterales, Pep le ordenó esta temporada que llegara más al segundo palo en el remate porque no tenía que jugar tan abierto. Los resultados están a la vista. Lo que ha empezado por fuera ha acabado marcando las diferencias por dentro, algo parecido a lo que hizo Guardiola con Pedro en el Barça. Extremos puros con olfato de gol. Txiki Begiristain era también consciente de su calidad en el tramo final del campo: «Cuando juegas arriba, lo más importante es la velocidad». Donde nadie lo para es en el arranque, en el reprís: «Sterling tiene arrancada, tiene el primer metro. Es parecido a Messi. Messi nunca sería velocista, pero tiene un metro que no posee nadie más», explica otro técnico.

Todo el fútbol inglés ha advertido su evolución. El 6 de diciembre de 2017, Matthew Syed escribió en el *Times* un artículo titulado «Guardiola ayuda a los jugadores a enterrar el guion» donde ponía a Sterling como ejemplo: «Este joven de 22 años no es aún un jugador completo, pero está actuando con mucha más libertad que bajo Pellegrini [...] Libre para pensar por sí mismo, logra hallar espacios más peligrosos y convertir más oportunidades en goles. Esas decisiones improvisadas, tomadas sobre la marcha, no pueden salir de un guion, sino del coraje para ir más allá de las instrucciones, para aprovechar las opciones cuando estas aparecen».

Mikel Arteta es uno de los hombres que más ha trabajado con Raz en la ciudad deportiva. Tras estudiar el asunto, Pep y su equipo entendieron que Sterling necesitaba variar su control de la pelota porque tenía algunos «vicios adquiridos». Había jugado por dentro y en la banda izquierda, pero cuando vas a la banda derecha la dirección y el perfil del movimiento son distintos. «Miraba mucho el balón al recibir», comenta Arteta.

Han conseguido que el delantero londinense se aleje del defensa cuando se coloca para recibir, esté más orientado hacia la portería cuando recibe y pueda entonces activar su tremenda punta de velocidad: «Si se coloca para recibir tres metros por detrás del defensa, si está más orientado hacia la portería y se lanza a marcar, hace mucho daño al rival. Esto también le permite ir a buscarla, atraer al otro y picar al espacio sin que te trinque». A los hechos se remite el técnico vasco porque así fue el gol que les dio la victoria en la Champions contra el Feyenoord (1-0). Se perfiló por la banda derecha, atrajo al defensa y combinó con Gündogan. Tras soltar el balón atacó el espacio generado por su propio movimiento. Lo vio Gundo, que se la devolvió al primer toque: solo ante el portero, vaselina y gol.

«Hablamos con él, lo pilló muy rápido y ha mejorado muchísimo», concluye Arteta. La pregunta es: ¿cómo un tipo tan rápido puede correr de forma tan extraña? «Creo que mi manera de correr no se puede enseñar», reconoció entre risas en una entrevista que le hizo *TalkSport*. Su culo, en cambio, parece muy enseñable: redondo y respingón, es un buen objeto de contemplación según algunas chicas de la CFA. Raz tiene el detalle de sacarlo a relucir cada vez que recibe el balón: trasero en pompa y manos hacia arriba. Es como un tiranosaurio bajito, pero con la velocidad de un rayo. Dicen los que saben que es una forma de correr muy habitual entre los velocistas caribeños. Lo mejor es que tiene una explicación: «Corro como mi madre, he sacado mi estilo de ella. Vi una foto donde se la veía corriendo en un festival deportivo y pensé: "OK, de ahí viene"». Su madre no es para tomársela en broma. Antes de parir a la hermana mayor del futbolista formaba parte del equipo de atletismo de Jamaica. La primera gacela de la familia. Nacido en Kingston, Sterling vivió en el país caribeño hasta los siete años. «Cuando vuelvo a Jamaica estoy en el paraíso», afirma Raz.

Pero no todos los recuerdos de Jamaica son buenos. Su padre fue asesinado a tiros cuando el futbolista tenía dos años. Precisamente por eso lleva un kalashnikov tatuado en la pierna derecha, la que mete goles, la que quiebra a los rivales. A propósito de este tatuaje se produjo recientemente una absurda polémica. El 29 de mayo de 2018, en vísperas del Mundial de Rusia, el *Sun* publicó una imagen del extremo inglés con el tatuaje al descubierto. El titular decía: «Raheem se dispara en el pie». Sterling se irritó. A los pocos minutos liquidó la portada del tabloide revelando su historia en las redes sociales: «Cuando tenía dos años, mi padre murió tiroteado. Tiempo después me hice una promesa: no iba a tocar un arma en mi vida. Yo disparo con la pierna derecha, así que el tatuaje tiene un significado todavía más profundo. ¡Ah, y aún está incompleto!».

El veloz extremo ha vivido muy rápido: es padre desde los 16 años, debutó con el primer equipo del Liverpool a los 18, ofreció destellos de su calidad en el Mundial de Brasil con 20 años y se convirtió en el fichaje inglés más caro de la historia una temporada más tarde. Aún era un niño. Multimillonario, pero un niño de carácter rebelde. Y a menudo también un inconsciente: «Me han pillado haciendo cosas estúpidas, y lo asumo. Era mi problema». En las redes sociales nunca se ha distinguido por su discreción. En 2015 lo grabaron aspirando globos de la risa y en otra ocasión lo fotografiaron comprando comida rápida tras dejar su Bentley de 500.000 € mal aparcado sobre la acera.

Compartió la imagen en Instagram con iconos sonrientes y la pregunta «¿Hasta dónde ha llegado mi vida?».

Ahora cuelga menos fotos y marca más goles, pero aún puede avanzar. «Cuando logre acrecentar lo que ya hace frente a la portería será uno de los mejores del mundo. Lo tiene todo: es un luchador, es muy dinámico, es buenísimo, pero debe mejorar todo eso», dijo Guardiola un día antes de que el equipo se proclamara campeón de la Premier. Ese margen para la mejora quedó en evidencia en Burnley. Walker aún se pregunta cómo mandó fuera su pase de la muerte estando a dos metros de la línea de gol y sin portero. «Un fallo de Sterling castiga al City», tituló el *Times* la crónica de uno de los pocos partidos donde el City se dejó puntos.

Pero su partido más deplorado será el derbi de Mánchester en el Etihad, el día en que no dio pie con bola y se pospuso el alirón. Winston, el incomparable segurata del pub The Castle, hincha del City hasta la médula, lo juzgó así: «Culpad a Sterling de no haber ganado este derbi». Le era imposible recordar los momentos de gloria que Raz había dado antes. Aquella mole inmensa y siempre alegre, buen tipo hasta decir basta, casi lloraba aquella noche.

Al final, Raz ha marcado más goles que nunca. Anotó 23 y sirvió 17 asistencias en todas las competiciones, su mejor temporada. Ha intervenido en 29 tantos durante la Premier, fuera con gol o asistencia. El año anterior lo hizo solo en 13. Ha metido más goles en esta Premier que en sus cuatro temporadas en el Liverpool juntas.

Además de los ya mencionados goles contra el Bournemouth y el Feyenoord, Raz desató la locura contra el Southampton un miércoles por la noche en el minuto 97. Fue la semana mágica del City: el domingo previo levantaron un partido de los duros en Huddersfield gracias a un tanto suyo en el 84. «Es joven y aún puede mejorar, pero ya es un futbolista ganador, ya gana partidos» declaró entonces Guardiola. Contra el Everton salvó un empate en el minuto 82. Antes de Navidad había obtenido nueve puntos para el City con goles decisivos a partir del minuto 80.

«A mucha gente no le gusta mi cara, pero no soy un mocoso» afirmó en el *Guardian.* Aún hay muchos estadios donde lo abuchean. Él no le da importancia, aunque hay un sitio donde los pitos le duelen más: «A veces te lo tomas a risa, no es nada serio, pero en Liverpool hiere. Respeto mucho a ese club por lo que hizo por mí cuando era un jugador muy joven». El recibimiento que le da Anfield es especialmente hostil: convierten sus regresos en un infierno, no olvidan su multimillonaria marcha al City, no le perdonan que dejara a un Liverpool subcampeón para «dar un paso más en su carrera». La realidad es que lo ha dado. La grada del Etihad Stadium lo confirma cantando «Raheem Sterling, he's top of the League» [Raheem Sterling está en la punta de la Liga].

Fue un protagonista singular de la *parade* con la que el City celebró la extraordinaria temporada, pero tal vez a muchos siga sin gustarles su cara. «Pues que se fijen en su lindo culo», nos dijo un día un amigo. Un culo de velocista jamaicano. Y todos podemos disfrutar de sus goles.

Parece pequeño, pero Sterling es muy grande.

CAPÍTULO 22

Y AGÜERO VOLVIÓ A SU BARRIO

I don't feel as if I know you
You take up all my time
The days are long and the nights will throw you away
Because the sun don't shine

Nobody ever mentions the weather
Can make or break your day
Nobody ever seems to remember
Life is a game we play

OASIS, «HELLO»

Llegó Pep a Mánchester y, ¡bum!, a Agüero le salió la sangre de barrio y no reparó en gastos. La gente que se ha criado en los márgenes tiene leyes que no olvida. Y el Kun es de esos.

Cuando camina por Mánchester, el Kun ve su cara en la piel de los *fans* celestes, su nombre escrito en el cuello de un tipo con la cabeza rapada. Cuando van al campo, cuando se sientan en el palco, sus familiares ven el nombre del hijo, el hermano o el padre escrito en el 60 % de las camisetas. «Nadie es más comercial que Sergio», afirma Omar Barreda, mano derecha de Ferran Soriano en la gestión del club. Desde que llevó el City a la gloria en un minuto 93, un mágico e inolvidable minuto 93 que le convirtió en leyenda, el Kun ha alimentado su mito con goles y de eso ha vivido. De eso y de su simpatía. Pero Guardiola necesitaba algo más y le pidió que regresara a los orígenes: a los potreros de su infancia. Y lo hizo.

Vayamos a un momento estelar en la temporada de los récords (también suyos): calor en Bournemouth y el equipo hecho una piña con Sterling en plena celebración. Agüero se percató de que un policía estaba reduciendo a un hincha sin muchos miramientos. Le pidió calma y el *bobby*, que tal vez no conocía a su interlocutor, respondió con un enérgico empujón, una respuesta no demasiado acertada o diplomática porque a Agüero se le cruzó un cable y se encaró con el agente. Terció Fernandinho, otro hijo del arroyo. Es un brasileño discreto, pero cuidado con él. Hubo trifulca y denuncia al Kun. El asunto quedó en nada. Piel de barrio.

Sergio Agüero nació en Buenos Aires el 2 de junio de 1988. Es el segundo hijo de Leonel y Adriana. Vivió su infancia en las zonas más pobres del sur de la capital, donde su padre se buscaba la vida como buenamente podía para dar vivienda y comida a los pibes, que no eran pocos. Cambiaron varias veces de barrio para huir de la miseria, los robos y la violencia. Vino al mundo en Villa los Eucaliptos y pasó por González Catán, Florencio Varela y Quilmes. De pésimo a bastante jodido. Su mote llegó pronto: se lo puso un amigo de la familia, Jorge Chetti, que quería mucho a Sergio. Al chiquillo le encantaba una serie de dibujos animados japonesa cuyo protagonista se llamaba Kum-Kum, palabras que él balbuceaba una y otra vez. De tanto oírlo, Chetti empezó a llamarlo Kun. El apodo cuajó.

«De crío nunca tuvimos mucho. Mi padre lo intentaba todo para encontrar trabajo y ayudarnos. Lo que más recuerdo de aquellos tiempos es que justo delante de mi casa había un potrero, un campo de fútbol, si podemos llamarlo así. Tierra y tres palos para armar una portería. Desde que tenía cinco años me pasaba allí todo el día», le contó el futbolista a Sam Lee en un reportaje publicado por *Goal.com*. Jugaba en la calle, en los potreros, cuando el club Loma Alegre, el equipo de Quilmes, se fijó en él.

Un periodista lo ayudó a dar un salto en su carrera. Eduardo González lo vio jugar en el barrio, advirtió su talento y lo puso en contacto con Néstor Rambert y Ricardo Bochini, que trabajaban en el Independiente de Avellaneda. Lo ficharon enseguida e incluso le dieron trabajo a su padre en el club. Fue una bendición para la familia. La llegada de Sergio a Independiente les permitió mudarse a una zona mejor, alejarse de los barrios marginales.

Con 15 años, un mes y dos días se convirtió en el debutante más joven en la historia de la Primera argentina. Superó a un tal Diego Armando Maradona (a quien, por cierto, le daría un nieto; cosas de la vida). Con su talento supo imponerse frente a defensores de físico claramente superior y en pocos años se marchó a Europa. Fichó por el Atlético de Madrid, donde jugó 230 partidos y marcó 100 goles. El Manchester City decidió llevárselo y en 2011 pagó cerca de 40 millones de euros para conseguirlo.

Su gran valedor en Mánchester ha sido Txiki Beguiristain, que salta como un resorte en cuanto alguien critica a su protegido. «¡Números, quiero números! Es un nueve. Que alguien me dé sus números. ¡Dejaos de detalles, dejaos de hostias! Goles, mete goles, go-les. ¡Quien dé más que lo diga!» exclama el vasco cabreado.

Lleva siete años en Mánchester y, como ya hemos dicho, es una leyenda. Buena parte de los aficionados opinan que está entre los cinco mejores futbolistas que ha tenido el club. Motivos no faltan: al final de su primera temporada les dio la Liga en aquel inolvidable minuto 93, tal vez la clausura más vibrante en la historia de la Premier. Ese día, con Mancini en el banquillo, culminó una épica remontada contra el Queens Park Rangers en el último minuto de la última jornada y le arrancó el título al Manchester United, que ya lo celebraba en Southampton. Fue el 13 de mayo de 2012. El City debía ganar en casa para ser campeón, pero no pasaba del empate cuando el partido terminaba. Viejos fantasmas celestes: el sueño se desvanecía hasta que apareció el Kun y el cielo se volvió azul.

Fue el momento más feliz de muchas vidas mancunianas. Son multitud los seguidores del City que llevan tatuado el nombre o la cara del héroe o el minuto mágico que cambió todo para siempre: dejaron de ser unos perdedores. Que se lo pregunten a Vicky Kloss, la directora de comunicación del club, o a nuestro colega John Smith. Agüero es el jugador que ha marcado más goles en la Premier con la camiseta del City: 143. En 2017-2018 ha fijado un hito al alcance de muy pocos: ser el máximo artillero en la historia del club. Para añadir simbolismo, culminó la hazaña en Nápoles, donde reinó en su día el abuelo de su hijo. Hasta el 1 de noviembre de 2017, el mayor goleador del City era Eric Brook, que jugó entre 1928 y 1939. Marcó 177 goles, cifra que el Kun superó anotando el último gol de la victoria por 2-4 en San Paolo. En 292 partidos como *citizen*, Agüero acumula 199 goles y 58 asistencias. Pura leyenda, en efecto.

Pero Sergio parecía vivir de las rentas, parecía cómodamente alojado en la memoria de aquel minuto glorioso. Pese a los goles, no pocos lo miraban con recelo, lo acusaban de indolencia, le reprochaban su poca voluntad de sacrificio: no corría, no presionaba lo suficiente, le costaba adaptarse al juego. La cantinela de que se había dormido en los laureles de su gol histórico se oía antes de que llegara Pep y durante la primera temporada del catalán. Pero a ver quién le tosía. Lo avalaban los goles (seguía marcando) y, por encima de todo, la idolatría de los *fans*, que lo admiraban como a nadie. Pero había detalles que exasperaban al equipo. Por ejemplo, el Kun acudía a la camilla de masaje cuando le daba la gana. Para él no había horarios. En cierta ocasión, uno de los masajistas decidió que había perdido el turno. El Kun llegó 20 minutos después del último aviso y le tocó esperar. Lo hizo sorprendido y resignado, pero esperó. Además comía carne sin descanso, un día tras otro, y nadie se atrevía a recriminarlo por ello. Un día le dijeron por fin que se había terminado la carne, comió otra cosa y entendió que volvía a ser uno más. Encima se sintió bien y rindió mejor.

Lo que le faltaba no eran goles, eso nunca le ha faltado. Los goles lo sacaron del barrio y lo llevaron a Europa. Goles había marcado desde la cuna, nació con ellos en los pies, pero necesitaba reincorporarse al grupo, recuperar su condición de compañero. Aún lo respetaban, pero el respeto no es eterno y en el barrio tienes que ganártelo a pulso. «Ahora ve que siguen respetándolo, pero de otra manera, de una manera más sana», asegura un veterano de la CFA. Al Kun se le tiene cariño en el club, mucho cariño, faltaría más. Se lo merece porque no ha sido muy conflictivo y ha hecho goles a granel.

Cuando llegó Guardiola ya acumulaba 133 dianas en Mánchester, y siguió acumulando durante la primera temporada del catalán, que finalizó con 33 tantos y seis asistencias en 45 partidos. Pero, como es bien sabido, el técnico es un perfeccionista que siempre quiere más, y no se calló en la sala de prensa poco tiempo después de su aterrizaje: «Agüero puede aumentar su aportación al juego, a todo el proceso. Será de gran ayuda si logra aguantar el balón. En el área yo no puedo ayudarlo, básicamente porque allí es magnífico. En ese terreno nos va a dar mucho, pero quiero ayudarlo a mejorar como jugador». Probablemente lo ha hecho, quizá se divierte más y seguramente está orgulloso de pertenecer al mejor equipo de Inglaterra. Una lástima no poder preguntárselo.

Lo cierto es que, antes de que llegara Pep, al Kun le faltaba algo para ser un jugador redondo. ¿Qué era? ¿Actitud?, ¿compromiso?, ¿liderazgo? «Llámalo como quieras. Guardiola siempre pide más: si eres el mejor debes demostrarlo y el Kun es el mejor, pero Pep mejora incluso a quienes parecen inmejorables», sentencia un técnico de la CFA.

Tal vez por ese motivo se produjo la reunión del Salvi's. El 19 de enero de 2017, Guardiola cenó con Agüero en un céntrico restaurante italiano. Qué se dijeron solo lo saben ellos y un amigo del Kun que estaba presente. De esa cena solo se sabe que existió. Si trascendió fue porque alguien les tomó una foto y la vendió a un periódico. Cuentan que Pep quería infundirle sus ideas, decirle que lo necesitaba como ejemplo para todo el equipo, que debía presionar a 10 metros, retener el balón y participar en el esfuerzo de sus compañeros. Se supone que lo invitó a escoger: compromiso o puerta. Otros se habían ido antes. Guardiola contaba con él, pero contaba con el Kun de verdad, con el Kun de Independiente, con el Kun del minuto 93, con el Kun de barrio.

«¿Adaptarse a Pep? Es que no te queda otra. Ese es uno de sus secretos. Al final genera tanta intensidad en la gente que te quedas fuera si no lo haces, te quedas en pelotas. Es imposible no hacerlo, lo hacen todos», señala Mikel Arteta.

A las exigencias se sumó el factor Gabriel Jesus. El brasileño acababa de llegar al City cuando Pep y el Kun se reunieron en el Salvi's y su impacto no pudo ser mayor. Las buenas sensaciones de Gabriel apartaron al Kun del 11. Jugó tres partidos de titular, marcó tres goles y dio dos asistencias. Al cuarto se lesionó de gravedad. Agüero volvió a ser titular porque no había otro remedio, pero por primera vez en mucho tiempo la competencia que tenía era real. Durante los años anteriores, el City fichó a delanteros que podrían haber rivalizado con el argentino, pero ninguno llegó a incomodarlo: Bony, Jovetic o Negredo eran los más recientes. Con Gabriel cambió la cosa. Agüero se vio obligado a hacer algo más que goles. Con eso ya no bastaba.

«Es evidente que ha dado un paso adelante. Ha llegado a decir que presionar le sale de dentro, que lo hace de verdad. No tiene cualidades para lograrlo con intensidad, pero ha mejorado muchísimo», reconoce Domènec Torrent. «Decir que Sergio no quería y tal y cual... El Kun cree que esta manera de jugar lo beneficia. Aparte de los goles, que ahí siguen y son increíbles, su evolución física ha sido espectacular» afirma Mikel Arteta. «Estoy feliz con su rendimiento. Hubiera metido más goles de no ser por el accidente de coche y la lesión de rodilla al final, pero además ha trabajado mucho por el equipo, y eso es un intangible que le agradezco. Ha trabajado en serio», señala el propio Guardiola.

Vayamos a ese accidente. El 29 de septiembre de 2017, el argentino aprovechó al máximo un día libre que les concedió Pep. Igual lo aprovechó demasiado porque a 48 horas de un partido contra el Chelsea en Stamford Bridge se fue a Ámsterdam para asistir a un concierto de su amigo Maluma (ya es mal gusto, por cierto). Se subió a un avión por la mañana para regresar esa misma noche. Pero la escapada no salió bien. Cuando volvía al aeropuerto de Schiphol, el conductor del coche que lo llevaba perdió el control y chocó con una farola. Agüero acabó en el hospital con una costilla rota según el primer diagnóstico, aunque luego resultó que la rotura no era tal. Podría haber sido peor. Se perdió el encuentro con el Chelsea, la convocatoria de la selección argentina la siguiente semana y otro partido de la Premier. Se reintegró en menos de un mes. Pep no lo culpó en la sala de prensa: «No soy un policía, tienen día libre y pueden hacer lo que quieran. Nos alegramos de que Sergio esté bien dadas las circunstancias». No resulta creíble que a 48 horas de jugar contra el Chelsea le pareciese bien que el Kun se largara a Ámsterdam, pero ahí quedó el tema. El jugador tomó nota y el míster también. Cada uno en su papel.

Agüero se puso las pilas. Los servicios médicos del club lo pueden acreditar porque el seguimiento exhaustivo que hacen de los entrenamientos no miente: en un *software* interno se registran los datos y variables de cada jugador; se computan las distancias recorridas (totales o parciales al *sprint* y al trote), la cantidad de *sprints* y el número de aceleraciones o desaceleraciones. Un código de colores indica la intensidad o la potencia en cada campo. También se registran los ritmos cardíacos en las distintos ejercicios. El Kun ha obtenido resultados inmejorables.

«En el segundo año lo ha superado todo, absolutamente todo. No hay un registro de los entrenamientos o las pruebas físicas en el que tenga un resultado inferior al de la temporada pasada. Ha hecho un trabajo espectacular», concluye Lorenzo Buenaventura. Domènec Torrent lo suscribe: «Sorprende porque lleva el sambenito de ser un indolente, de que todo le cuesta, pero Pep lo ha convencido. Se ha visto en los entrenamientos y en los partidos: ha currado mucho».

«El mejor Kun ha aparecido desde que Pep está aquí. El Kun que más defiende, más metros corre, más se esfuerza... y el que más goles mete; estamos encantados con el», dice un directivo del club.

En la temporada 2017-2018 ha sido, sin duda, el delantero más certero del equipo. Jugó 39 partidos en todas las competiciones, marcó 30 goles y sirvió siete asistencias. Sus 21 tantos en la Premier League equivalen a una media de un gol cada 93,7 minutos. Mejor promedio que, por ejemplo, Harry Kane (un gol cada 102,

8 minutos) y muy cerca de la gran temporada de Mohamed Salah (un gol cada 91,25 minutos). Ha metido 15 con la pierna derecha, uno con la zurda y cinco cinco de cabeza. Cuatro goles fueron de penalti. También ha sido el máximo artillero de la plantilla con 94 tiros (en esto empatado con De Bruyne), un 45 % de ellos entre los tres palos. Se topó con el poste en tres ocasiones y falló 13 oportunidades en 25 encuentros de Liga. El 20 de enero de 2018, jugando en casa contra el Newcastle (3-1), consiguió un *hat-trick* perfecto (es decir, un gol con el pie derecho, otro con el izquierdo y el tercero con la cabeza. Menos de un mes más tarde, el 10 de febrero, vivió otra tarde de gloria cuando metió cuatro goles al Leicester en la victoria por 5-1. «Un Agüero de cinco estrellas lidera a unos *blues* brutales», tituló su crónica el *Manchester Evening News*.

«Su forma de correr, su lenguaje corporal, transmite una cierta lentitud. Es de pata corta y trasero potente... Le dijimos: "Sergio, si tú haces esto y recuperamos el balón más arriba, te vas a inflar a goles. Nos tienes que ayudar. Son dos presiones, no 25, las dos a tope. Que nos superan, pues te vienes aquí y haces lo de siempre". Y lo ha hecho de una forma increíble. Esto es superimportante porque es la punta de lanza, el que marca el ritmo de los que van detrás. Y en el mundo hay muy pocos jugadores con su capacidad para definir. Es el mejor. No encontraríamos nada igual», sostiene Arteta cuando aplaude su evolución.

Su calidad fue patente el 1 de marzo de 2018, cuando el City se enfrentó al Arsenal en el Emirates justo cuatro días después de golearlos en la final de la Carabao Cup. Repitieron el resultado, 0-3 para los de Guardiola, que barrieron a sus rivale en media hora. Agüero fue de los mejores sin marcar ningún gol. Dio el segundo a David Silva con un pase filtrado: bajó a recibir muy atrás, como pocas veces se le había visto, y combinó de forma asombrosa con Walker, Kompany y Silva. Para urdir el tercero desató una avalancha con un gran control, se zafó de su marcador y cedió a De Bruyne y Walker, que hicieron de las suyas: centro cruzado y gol de Sané, que entraba como una bala. La intervención del argentino fue magistral.

Nunca, sin embargo, dejará de ser el Kun Agüero. «Sergio es Sergio. No es Gabriel Jesus, que se desvive en cada presión y lo aprieta todo. Son futbolistas distintos: Agüero tiene cosas que Gabriel no tiene. Es, por ejemplo, más fino de cara a puerta. Gabriel va a uno, a dos, a cuatro, mete el pie entre las piernas del otro y le quita el balón. Pero a Gabriel no le puedes pedir que sea el Kun, al menos no ahora, cuando no ha jugado 500 partidos y no ha pasado por ciertas situaciones.» Cuando le preguntan por la posibilidad de vender a Agüero, Pep es contundente. «Hasta donde yo sé, Khaldoon, Soriano y Txiki lo quieren con nosotros, y yo por supuesto. Igual vosotros sabéis más que yo» dijo un día, un poco harto.

Aunque varios lo acusaron una tarde (y con buenos motivos) de filtrar la alineación, sus compañeros respetan a Agüero. Es otro de los tipos divertidos de la caseta y no se lleva mal con nadie. Hasta le perdonan su clara indolencia en algunos entrenamientos. Y la segunda temporada ha fortalecido los vínculos entre los jugadores. «A Nico y al Kun les ha ido bastante bien quedarse "solos". El año pasado estaban siempre con Willy y Zabaleta, que son unos tíos geniales, pero es verdad que ese grupo no facilitaba la comunicación con los demás. Ahora hablan y gastan bromas con todo el mundo», explica una persona que los trata a diario. Este año, por ejemplo, ha sido habitual ver a Sergio sentado con Sterling en las comidas, algo que antes sucedía bastante menos. Es imposible no partirse de la risa oyendo sus conversaciones.

«El lenguaje corporal del jugador trasluce su forma de ser. Del Kun te sorprende su humildad, su cercanía. Es un tío muy simpático y tranquilo. Además es un lince para el fútbol, lo ve todo, lo conoce todo», comenta Domènec. Simpático y cordial hasta que marca Sterling y, en medio del abrazo, aparece un intruso como aquella tarde en Bournemouth. O la noche aciaga de Wigan. El 19 de febrero de 2018, el City jugó uno de los peores partidos de la campaña. Los *latics*, entonces en tercera división, lo eliminaron de la FA Cup. Un palo. Durante el descanso se caldeó el ambiente en los banquillos con acusaciones desde ambas trincheras y una gresca en el túnel de vestuarios. Guardiola acabó poniendo paz en una disputa entre el técnico rival, Paul Cook, y varios miembros del cuerpo técnico *citizen*. Tras el último pitido, la afición local invadió el campo al ritmo de Oasis, toda una provocación. Los jugadores escapaban por patas, pero varios hinchas locales se fueron a por el Kun para acosarlo. El argentino se defendió con un empujón mientras un miembro del *staff* del City intentaba sacarlo de allí y las aficiones empezaban una bonita pelea. El partido lo ganó el Wigan; la pelea... todos sabemos quiénes la ganaron. La Federacion Inglesa le abrió expediente a Agüero, pero luego lo cerró porque su reacción estaba plenamente justificada. Pep sabe que el Kun ha vuelto a la ley del barrio: por eso no quiere que se vaya.

CAPÍTULO 23

LA SOLUCIÓN LATERAL

Step out to symphonies
They play on for you and me
When we faced that July down
In uniforms
One and one, no wrong
We chased that summer down

Hello you mystery
Mission velocity
Here comes our poetry
New town velocity

JOHNNY MARR, «NEW TOWN VELOCITY»

La trayectoria de Kyle Walker con el Manchester City empezó donde acabó el cuerpo de Karl Marx: en la colina de Hampstead, al norte de Londres. Allí, junto al cementerio de Highgate, en la ladera donde Julia Roberts y Hugh Grant se miraban embelesados en la película *Notting Hill*, en el barrio donde residieron Charles Dickens o Sigmund Freud y donde ahora vive Ian Dench, guitarrista de EMF, se reunió Walker con Pere Guardiola, a quien Txiki Begiristain había encargado un discreto sondeo tras una primera charla con su representante indirectamente consentida por el Tottenham. La reunión se produjo en el interior de una furgoneta. El City tenía una duda: «¿Cómo diablos vamos a convencerlo de que deje Londres para venirse al norte?». La incertidumbre se despejó en pocos minutos. «Estoy loco por vivir en Mánchester, la verdad», dijo el jugador. Habían pasado por alto que es de Yorkshire: Kyle Walker nació y se crio en Sheffield, a unos 60 kilómetros de Mánchester. Después expresó su deseo de jugar con Pep, de cambiar el Tottenham, que lo había fichado en 2009, por un club que le diera más opciones de luchar por títulos. El acuerdo quedó prácticamente sellado en aquella reunión.

Pero antes del encuentro en Hampstead ocurrieron bastantes cosas. Era evidente que reforzar los laterales era la máxima prioridad en la cartera de fichajes del City el pasado verano, cuando dejaron el club cinco futbolistas que en la primera temporada de Pep ocuparon las bandas defensivas: Clichy, Kolarov, un central reconvertido, Sagna, Zabaleta y Jesús Navas, a quien Pep, desesperado, sacó de arriba para colocarlo en la banda derecha de la defensa. Debía llegar savia nueva y todas las miradas apuntaban a Tottenham: sobraban razones. Desde su aterrizaje en Inglaterra, Pep elogió al equipo de Pochettino y especialmente a sus carrileros. «Walker y Evans son imparables, están entre los mejores zagueros de la Liga. Inglaterra debe estar muy contenta de tenerlos», declaró tras el 2-2 contra los *spurs* de su primera temporada. Danny Rose era otro de los nombres barajados como posible fichaje al inicio de la temporada. «Manejamos la opción de Rose, y era buena, pero tuvimos que escoger», comenta un conocedor del asunto. Tobi Alabi y Leon Angel, agentes de los jugadores, avisaron: «El Tottenham os venderá a un lateral, pero no a los dos. Vosotros decidís quién os interesa».

El elegido fue Kyle. «Nos inclinamos por Walker porque el mercado ofrecía otras opciones para el carril izquierdo. Ya teníamos a Mendy en la agenda, pero en la derecha no había nadie mejor que él», razona Txiki Begiristain, que ese verano también tenía casi cerrada la llegada de Dani Alves desde la Juventus. De hecho, el departamento de comunicación del club ya tenía redactado un texto de presentación solo pendiente de que el alto mando diese el visto bueno. El City también había concertado con medios ingleses varias entrevistas a Alves que se realizarían durante la gira de pretemporada por los Estados Unidos. Así de avanzada estaba la cosa. El fichaje del brasileño, sin embargo, despertaba dudas en algunos sectores del City. Su papel inicial era ser el suplente de Walker, pero, en un giro de guion, Alves se apeó del proyecto.

El plantón de Alves fue histórico y no demasiado ejemplar. Pep habló con él el viernes 8 de julio para felicitarlo por su boda (el sábado se casaba en Ibiza con la modelo canaria Joana Sanz, a quien había conocido cuando jugaba en el Barcelona). Todo estaba hecho para que el lunes fichara por el City. Ese día, *L'Equipe* anunciaba un acuerdo entre Alves y Nasser Al-Khelaïfi. Los representantes del jugador se habían enterado el domingo y, al parecer, estaban estupefactos. (O mienten más y mejor que Alves, algo improbable.)

Sea como fuere, el objetivo principal del City era Walker, y nada detiene al City cuando quiere a un jugador. No suele preocuparse por el dinero (suponiendo que la relación edad/coste sea siempre clara). «Cuando queremos a un jugador vamos a por todas, vamos a por él, no dudamos», explican en los despachos. La decisión fue acertada. «Nos ha dado mucho, mucha intensidad. Ha jugado a tal nivel que no veo a nadie con más rendimiento en su posición. Pienso que este año ha sido el mejor del mundo. Es un animal, tiene unas facultades físicas apabullantes; es una fuerza de la naturaleza, brutal; es rápido y potente», afirma Domènc Torrent.

«Es de los mejores fichajes que han aparecido por aquí», dicen en el vestuario *citizen*. Allí conocen bien el impacto del defensa inglés. Más allá de sus virtudes futbolísticas, Walker ha aportado una nueva mentalidad: «En el vestuario es un puntal, algo que nos faltaba el año pasado. Teníamos un vestuario muy plano», cuentan. Le gustan más las bromas que comer con las manos, y eso que uno de sus restaurantes favoritos es el Nando's, local de comida rápida que invita a no usar los cubiertos. En una cena navideña se disfrazó de señora Doubtfire y en una rueda de prensa admitió que mea en la ducha del vestuario. «Pero no soy el único, que conste. Al final echas un poco de jabón y no pasa nada, ¿verdad?», contó en *Unscriptd*.

El lateral halló en Mánchester a dos amigos hechos en la selección: Sterling y, sobre todo, Stones. «Lo ha ayudado un montón. Stones era más tímido cuando llegó; muy buena persona, pero no hablaba mucho. Este año ha cambiado y se nota: incluso llegan juntos a entrenar», cuenta un testigo. Puedes verlos jugando al golf (aunque Kyle es muy malo), tomando unas pintas o disfrazados (uno de Chewbacca y el otro de stormtrooper) para que Amazon grabe unos planos.

A los dos les gusta la misma música y, en eso el capitán Jack (como Bernardo Silva llama a Kyle) es todo un especialista. La afición musical de Walker empezó de forma prometedora. Se dejó llevar por la popularidad de las Spice Girls en los años noventa y no duda en reconocer a Geri Halliwell, la *ginger spice*, como su «amor adolescente». Ahora sus gustos se decantan hacia el R&B y el hip hop. Chris Brown encabeza su lista de artistas favoritos, que también incluye a Travis Scott y Kendrick Lamar. En el masaje previo al partido le gusta escuchar temas de Ghetts o Kano y, advierte, tiene intención de escuchar muchas más canciones cuando se acaben los días de fútbol: «Me gustaría abrir un estudio porque me apasiona la música. Querría ver cómo se produce y espero hacerlo algún día», declaró a *Unscriptd*. De casta le viene al galgo: sus padres eran grandes bailarines de *northern soul*, una variedad de soul muy popular en el norte de Inglaterrra a finales de los sesenta. Soul.

Walker quería dejar el fútbol en plena adolescencia cuando vestía la camiseta del Sheffield United. «Tenía 15 años y le dije a mi madre: "¡No puedo más! Mis amigos andan divirtiéndose por ahí hasta las tantas de la noche y ahí me ves volviendo a las nueve porque tengo partido al día siguiente"», le confesó a la BBC. Entonces apareció Tracey, la mujer que lo trajo al mundo, para ponerle los pies en el suelo: «No puedes dejarlo ahora, has llegado demasiado lejos».

Paul Archer, un ojeador del Sheffield, lo vio pateando un balón en el parque un domingo por la mañana. Tenía seis años y aquel fue, sin duda, uno de los momentos más importantes de su carrera. El Sheffield lo repescó en 2009 tras una cesión al Northampton y, con apenas 18 años, lo puso de titular en FA Cup contra el Leyton Orient. «Aquel día hubo un gran accidente en la autopista de Londres. Mis padres se quedaron atascados a medio camino», cuenta. El partido fue suspendido, se jugó al día siguiente y los Walker pudieron ver el debut de su hijo con el club de su vida. Nueve años más tarde lo han visto levantar su primer trofeo en Wembley. Y Kyle no olvida: «Mi madre tomó una buena decisión y estaré siempre en deuda con ella».

El éxito de Walker también se debe a los *corn flakes*. La leche con cereales le permitió convertirse en futbolista profesional porque el lateral no era un portento físico: «En mis inicios, el Sheffield jugaba un fútbol muy directo. Yo era más bien bajito y entonces preferían a tipos corpulentos. Había jugadores que crecían más rápido». Su entrenador le descubrió la poción mágica: «Me dijo que me comiera un cuenco de cereales cada día antes de ir a dormir, que eso me ayudaría, y realmente lo hizo».

Los resultados están a la vista, aunque quizá esos *corn flakes* tuvieran demasiado efecto. Durante la primera pretemporada con el City sentía molestias en los gemelos. Se le cargaban enseguida y le costaba correr. Los doctores realizaron pruebas y no encontraron nada. La solución no llegó hasta que apareció Ally, el jefe de los utileros. Se percató de que Kyle tenía tal músculo en el gemelo que no había forma de que aquello cupiera en las medias. «Fue la intuición de Ally. Un día le cogió las medias, las cortó por la parte trasera y el problema se acabó», cuentan en la ciudad deportiva. Walker juega desde entonces con las medias rasgada y las pantorrillas liberadas. Gareth Bale hace algo similar en el Real Madrid.

El papel de los laterales es básico para el planteamiento de Pep: salir jugando desde atrás es un axioma: «Lo que yo quiero es no perder el balón, juego sencillo, simplificar las cosas. El resto viene porque somos buenos». El avance desde la portería suele producirse por la banda, y ahí Walker se ha equivocado poco. Al inglés se le puede achacar un error contra el Liverpool y poco más.

Lo que sí lamentará es no haber podido contar con el socio previsto en el flanco opuesto: Benjamin Mendy. El carrilero francés llegó por una cifra cercana a los 57 millones de euros y con el aval de haber probado sus destrezas en las propias carnes del City. «El City necesita un zaguero tan completo como Mendy. Sus brillantes incursiones sirvieron para subrayar lo que al equipo le falta en esa posición. Dado el peso que tienen esos jugadores en el plan de Guardiola, la incapacidad para reforzar esa zona el pasado verano fue una negligencia», escribió James Ducker en el *Telegraph* el 16 de marzo de 2017 tras la caída de los celestes en la Champions frente al Mónaco, donde jugaba el francés. El lateral llegó a Mánchester medio años después y no sin dificultades ya que fue el último fichaje del verano.

Su temporada, sin embargo, duró cinco partidos, los que disputó antes de destrozarse la rodilla contra el Crystal Palace en el Etihad. Fue en un duro choque con Townsend. Salió del campo por su propio pie, pero instantes después saltaron las alarmas. Se le hinchó notablemente la rodilla y, al día siguiente, llegó a la CFA apoyado en unas muletas. Las pruebas en Barcelona con el doctor Cugat lo confirmaron: rotura de ligamento cruzado. «Malas noticias, chicos. Me voy dos meses cedido al Lesión FC, pero volveré cargado de energía», comunicó el jugador en Twitter con envidiable sentido del humor. Mendy es un puto genio de la broma. «Tiene un don, esa chispa para sacar la risa a todo el mundo», dice Aymeric Laporte, que lo conoce desde hace años.

«Es el más loco de todos, no tengo ninguna duda», confirma Brandon, el utilero. «Es como un punto de unión en el vestuario. Siempre hay grupos, pero él no pertenece a ninguno, va a su bola, va por libre. Ves a los brasileños y Mendy puede estar allí. A los ingleses, y Mendy puede estar allí. Con los que hablan francés por supuesto también. Está en todas partes», señalan en la CFA.

Ni el propio Kyle Walker, gran maestro en el nobilísimo arte de la broma, ha logrado frenar las burlas del francés. Mendy lo mostró en Twitter padeciendo un caño bochornoso. El inglés se vengó (entre risas) al siguiente partido, pero Mendy volvió a la carga que Walker izó la bandera blanca: «Diría que empezó él, y es incansable: no para de insistir con nuevas cosas, no voy a tener más remedio que aflojar un poco».

«Es un puto loco, a veces se pasa, pero a este vestuario le hacía falta algo así. Él activó el grupo. A principios de temporada le dio una vida espectacular», cuenta uno de los activados. Ni siquiera se calma cuando está lesionado: «La monta con cualquier pretexto. Primero llega tarde cada día, es el peor en eso. Luego que si esconde cosas de los compañeros o cuelga las botas de Bernardo Silva del techo o se presenta con un tiburón hinchable o viene con una corona de rey y no se la quita en todo el día o esparece confeti por el vestuario...».

A principios de temporada acuñó el término *shark team* (equipo tiburón) para designar al City. Así lo explicó en el *Telegraph*: «Somos el gran tiburón y nos zampamos a cualquier equipo que nade a nuestro alrededor». Pep Guardiola celebró el hallazgo: «No tengo ni idea de por qué nos ha puesto ese nombre. Normalmente, el jugador que se queda fuera tanto tiempo está un poco más triste que el resto, pero él decidió seguir con nosotros a través de las redes sociales. Habla con los jugadores, conmigo mismo, nos llama y nos manda mensajes... Un gran tipo».

Mendy se lanzó también a escribir una columna mensual en el *Times* bajo el título de «On the Mend» (en recuperación). Contaba su convalecencia, revelaba las sensaciones del equipo y exhibía abiertamente su locura. Destaquemos esta anécdota: Adidas, la marca que lo patrocina, organizó un acto publicitario en una tienda de la compañía. Se quedó solo tras un cajero y tuvieron que echarlo de allí a los pocos minutos. No paraba de hacer descuentos y de regalar productos a quienes pasaban por allí.

El cuerpo técnico lamenta su prematura baja. «Se lesionó muy pronto. Empezó de forma fantástica y veremos ahora cómo juega en el futuro, pero es un crack», dice Domènec Torrent. El gerundense también valora lo que aportó al grupo: «Refrescar el plantel siempre va muy bien y el pasado verano nos vino genial. Te da mucha alegría... A veces hay que frenarlo, pero todo esto hace que la gente se lo crea más». En diciembre de 2017, tras el triunfo por 4-1 contra el Tottenham, necesitó una buena frenada. Un amigo suyo difundió un vídeo de Mendy en el vestuario cantando «park the bus, park the bus, Man United», con la victoria en el derbi de Old Trafford aún escociendo.

Aparte de los excesos, el club confía en sus cualidades dentro del campo. «Es un fenómeno comiéndose el carril. Tal vez no puedas ponerlo por dentro, pero el City tendrá muchos matices. Este año nos ha dado mucho tener extremos porque los laterales te controlaban por dentro. Con él y Walker comiéndose las bandas tendrás a Sterling más por dentro. Sané es mejor por fuera, cuando entra se hace daño, pero luego por ahí te podrá jugar Bernardo o Gabriel. Depende siempre de lo que quieras», dice Torrent. En los cinco partidos que disputó antes de lesionarse, Mendy realizó más centros al área (27) que Kolarov y Clichy combinados durante la temporada anterior.

Su trabajo de recuperación le permitió volver al equipo antes de que acabase la temporada. Reapareció el 13 de abril con los reservas, los sub-23 del City, en un derbi contra el Manchester United. Jugó 45 minutos con varios miembros de la primera plantilla, Walker entre ellos, observándolo desde la grada. Los futbolistas del filial quedaron encantados con Mendy, que les cogía los móviles para hacerse fotos antes del partido. Con el primer equipo jugó tres partidos antes de que terminara el curso.

Los carrileros fichados tienen un perfil de largo recorrido, más de desbordar por fuera que de incrustarse por dentro. «Los que han llegado son laterales muy largos. Primero, porque hay pocos de estos. Segundo, y esto es una opinión mía, no es lo mismo jugar en España o en la Bundesliga que en Inglaterra —dice Mikel Arteta—. Está muy bien tener mucho control, pero aquí los jugadores deben ofrecer unas prestaciones en cuanto a intensidad, agresividad y duelo que son claves. Si no, por mucho que jueguen por dentro te cogen los animales de la Premier y te pulen. Debemos contar con versatilidad para atacar. No podemos tener a cuatro laterales de control. Hay momentos en que nos imponemos tanto que nos sobra control. Igual nos hace falta atacar por fuera. Esto es lo que te da tener diferentes perfiles.»

Lateral de control, sin embargo, han tenido uno. Y no lo han fichado porque ya estaba en la plantilla. Su nombre: Fabian Delph. «Con la situación que teníamos en los laterales durante la primera temporada podía haber, pero mira, no lo hice. No lo vimos hasta la segunda temporada», confesó Pep Guardiola, que descubrió en el futbolista de Bradford un recambio excelente para Mendy. «Lo de Delph empezamos a intuirlo a finales del primer año —revela Dome Torrent—. Jugando por dentro, vemos que lo hace bien. De hecho, él es centrocampista. Lo comenté con Pep, me dijo que también lo veía y lo probamos en un entrenamiento. A partir de ahí, espectacular. Nos dio un gran rendimiento, especialmente 14 o 15 partidos seguidos que fueron magníficos.»

«Ha sido una sorpresa muy agradable y un fichaje maravilloso. Nos ha solucionado un problema de la hostia —concluye Txiki Begiristain—. El primer año no pudo entrenar mucho, pero el siguiente lo trabajaron a fondo. Es mérito del jugador. Es un buen pelotero, lo podríamos comparar con Eusebio, y se entregó a la causa.»

En él ha creído especialmente Mikel Arteta: «No quería que se fuera Fabi. Lo conocía mucho. Había jugado contra él, y luego lo ves. Es un jugador que con poco nos puede dar mucho. No tenemos a nadie como él, nos da mucho. De hacer salida de tres, meterlo con dos en el medio, jugar con cuatro tíos metidos dentro...». Ha conseguido adaptarse tanto a las necesidades del equipo como a las de su cuerpo siendo un jugador que sufre mucho con las lesiones. «Al principio era un poco como son los ingleses. Quería probar que era el más intenso, el más fuerte en los entrenamientos, que estaba siempre... Y a veces le tenías que decir que no podía jugar a 7000 revoluciones cada jugada. Porque se rompe. Hay momentos en que no puedes entrenar a ese nivel porque se puede caer. Lo ha entendido muy bien y creo que está disfrutando mucho», añade Mikel.

Durante el primer año de Pep se perdió por lesiones un total de 25 partidos. Su falta de continuidad fue otro de los motivos que explican la escasa participación: solo tuvo minutos en 13 partidos, pero anotó dos goles. El pasado verano le llegó una buena oferta del Stoke City, pero apostó por quedarse y ganarse el puesto. No le ha ido mal: en la campaña 2017-2018 jugó 29 partidos, anotó un gol y sirvió dos asistencias. Sumó 2324 minutos. Cuadriplicó el tiempo de juego acumulado en la temporada anterior (515 minutos). «Es muy orgulloso, pero tiene un corazón enorme, es un gran chico», cuentan en el vestuario. «Si haces algo que no le gusta del todo, puede ignorarte durante dos semanas, incluso si eres de los más cercanos», añaden. Le encanta ir por ahí con el utilero Brandon y sus amigos. «Mis colegas están aún peor de la cabeza que yo, así que Delph se lo pasa de cojones cuando viene con nosotros. Hemos estado mucho tiempo juntos y de verdad lo quiero», cuenta Brandon.

Pese a todo, las lesiones también lo han afectado esta temporada. Tuvo problemas físicos sobre todo entre enero y marzo. Su sitio lo han cubierto otros efectivos. El comodín ha sido Danilo. Llegado del Madrid también el pasado verano, su principal misión era cubrir a Walker, pero acabó haciendo de todo. «Cuidado con Danilo porque es un jugador que Pep ha utilizado de lateral zurdo. Imagina a Walker jugando por la izquierda —explica Domènec Torrent—. Recuerdo el día del Bournemouth: dio el pase de gol en el minuto 96 jugando por la derecha. Sus actuaciones son de siete a nueve sobre 10.»

Txiki también justifica su llegada: «Nos gastamos mucho en Mendy y Walker, pero no lo hicimos con Bertrand, que también lo miramos, porque al final, sin Alves, Danilo por 30 millones nos cubría amabas bandas». Su nombre no era nuevo en el Manchester City, ya lo seguían cuando estaba en el Oporto. Y el Bayern de Pep también consideró su fichaje. «Lo quería media Europa», comenta Dome.

Y por último está Zinchenko, la más radical de las reconversiones. Sonaba para ir cedido, pero se quedó voluntariamente. «Quería aprender, su actitud era bárbara», confirman en los despachos. El club le dio esa opción. Un chico que llegó al City el verano de 2016 siendo un mediapunta talentoso se ha reciclado a lateral zurdo. La realidad es que ha rendido mejor de lo que muchos podían esperar. Jugó de titular en partidos tan exigentes como el duelo en casa contra el Chelsea (que acabó con victoria por 1-0) y convenció enfrentándose a jugadores como Hazard o Willian.

«Es la mayor sorpresa de la temporada. Nos ha solucionado un problema de la hostia. Sale simplemente porque tenemos un entrenador que está majara y se lo inventa allí. Ponerlo contra el Chelsea y el Arsenal... hay que tener cojones. ¡Cuando lo fichamos era un interior!» Txiki alucina con el ucraniano.

«Es una auténtica esponja. Lo escucha todo, intenta aprenderlo todo», cuenta alguien que lo conoce bien. Está estudiando español y suele practicarlo con los latinos de la plantilla. En Basilea vio el partido de la Champions desde la grada y desde allí animaba en español: «¡Agüero, pasa! ¡Bien, bien!».

Gracias a todos ellos, el Manchester City halló la solución lateral en la última temporada: con una importante inversión de dinero convirtieron la necesidad en virtud. Así lo vio Jonathan Wilson en el *Guardian* el 2 de octubre de 2017, justo después de que los celestes asaltaran Stamford Bridge con Kyle y Fabian en los carriles: «La zaga era antes una posición para hombres enérgicos y combativos, pero ellos aprovechan los espacios que a menudo se les abren para dar forma al juego [...]. Por ese lado se acabó decidiendo el partido».

Kevin De Bruyne agarró el balón, combinó con Gabriel Jesus y soltó el trallazo que perforó la portería. El Manchester City empezó a ganar la Premier League a partir de los laterales.

CAPÍTULO 24

LA CUESTIÓN CENTRAL

When you find it you'll feel it
I'll give you all my love
Hold it, don't leave it, misuse it
As long as you believe enough

THE CHARLATANS, «FOREVER»

«Muchas veces me he sentido culpable», dice el hombre que ha batido todos los registros de la Premier League y ha ganado 23 títulos en ocho años. Pep Guardiola, exigente como pocos, se cuestiona diariamente a sí mismo, pero también dice «Si piensas en las consecuencias de todas tus decisiones, mejor dedícate a otra cosa». Al final solo queda asumir esas consecuencias, las buenas y, sobre todo, las malas o las catastróficas. Uno de los peores días lo vivió en Mónaco el 15 de marzo de 2017. Pocos en el City lo han olvidado: «En el descanso íbamos perdiendo 2-0 y Pep echó una buena bronca a los jugadores. No de las más violentas, pero fue dura porque el equipo estaba traicionándose a sí mismo», recuerda uno de los presentes. El City cayó en octavos de la Champions.

Las andanadas de Guardiola suelen llegar cuando el equipo va ganando un partido y él cree que no se está jugando del todo bien. Fue así, por ejemplo, contra el Burnley o el Bristol City en esta segunda temporada. En el primer partido, de la FA Cup, el 6 de enero de 2018, los *citizens* perdían 1-0 en el descanso, pero acabaron ganando 4-1. Contra el Bristol, en la EFL Cup, el 9 enero de 2018, el atrevido equipo de segunda división se adelantó al borde del descanso. Los celestes también consiguieron remontar durante la segunda mitad tras la regañina de su técnico. Al final del partido, Pep se tomó una copa de vino con el técnico rival, el joven Lee Johnson: quería reconocer su excelente trabajo.

Otra de las grandes broncas del catalán se produjo en el estadio del West Bromwich Albion el 28 de octubre de 2017. Aquel día, el City tuvo un 79 % de posesión, batió el récord de pases por partido con 884 (lo volvería a batir después), tiró 15 veces a puerta y dispuso de toda la segunda mitad para matar la contienda. No lo consiguió y el susto fue mayúsculo. Los *baggies* se pusieron a un gol en el descuento y tocó sufrir durante unos minutos. No ser expeditivos en esos encuentros fue uno de los problemas del primer año de Guardiola en Mánchester. Y él no lo olvida: «Llegué al vestuario y les dije que no eran unos auténticos *killers*, que no sentenciaban los partidos. Cuando ves sangre tienes que ir a meter otro porque si no la pagas».

Pero si algo no perdona el catalán es que los suyos no corran. Lo advirtió durante su primera rueda de prensa en Barcelona y lo mantiene ahora: «Si eso sucede, salto a la yugular». No hay marcador que libre a los jugadores: si no se curra, se llevan el latigazo. Así ocurrió el 31 de diciembre de 2017. El City puso fin a su racha de 18 victorias seguidas con un empate sin goles frente al Crystal Palace (y gracias a que Ederson para un penalti en los últimos minutos). Acabado el duelo, Pep les soltó un buen rapapolvo por la falta de intensidad.

El partido de Mónaco, sin embargo, fue muy distinto (e insólito en la carrera de Guardiola, que nunca había sido eliminado de la Champions de forma tan prematura). Lo que hizo después del choque habla mucho la manera como gestiona el trabajo desde el punto de vista humano. Pep les recriminó que jugaran contra natura y sin intensidad. «Lo que me impactó más fue su actitud después del partido. Estábamos cenando en el hotel, obviamente con los ánimos bajos, y apareció Pep: se disculpó uno por uno con todos los miembros del *staff*. Nos dijo que no había estado a la altura y que lo sentía, que era el principal culpable de la eliminación. Fue uno de esos días en que se flagela probablemente sin motivo», revela un miembro del cuerpo técnico.

Aún quedan muchas dudas sobre qué se podría haber hecho mejor aquel día. El City compareció en el estadio Louis II con Otamendi y Kompany en el banquillo. Jugaron Stones y Kolarov, con Sagna y Clichy en los laterales. «De Mónaco puedo pensar, viendo este año, que por qué cojones no puse a Otamendi. ¿Por qué no lo metí? Un central competitivo que baja el balón, en la Champions... o Kompany, que también estaba en el banquillo. Pero chico... esto es el fútbol», reflexiona el técnico.

Para la forma de jugar que promueve Pep, siempre obsesionado por la salida del balón desde atrás, los centrales desempeñan una función básica. «No hay nada más jodido que ser central en este equipo», admite Txiki Begiristain, el hombre que se ha dejado muchas horas buscando centrales para Pep. Lo hizo en Barcelona cuando incorporaron a tres en dos veranos (Gerard Piqué, Martín Cáceres y Dmitro Chigrysnkiy) y lo ha vuelto a hacer en Mánchester, donde ha fichado a dos futbolistas con gran proyección en un futuro próximo (John Stones y Aymeric Laporte). El eje de la zaga es un lugar muy complicado en la Premier. «Ser central aquí es difícil, para mí es la posición más difícil en Inglaterra», sostiene Mikel Arteta, que algo de experiencia tiene en el máximo nivel del fútbol inglés. Por el tipo de juego y por la permisividad arbitral, nadie es más vulnerable que un defensa central: «Te expones mucho. Puedes estar cómodo 80 minutos y luego en tres complicarte la vida. El central está muy poco protegido porque aquí hay cosas que en otras ligas no se permiten. Por ejemplo, un duelo perdido en el área es gol. Igual te han empujado, te han golpeado... lo que sea, pero es gol», añade el donostiarra.

La nómina de centrales del City ha cambiado mucho en dos temporadas. Guardiola empezó con Stones, Otamendi y un Kolarov reciclado que, por su capacidad de pase en salida, convenció al cuerpo técnico. Kompany no tuvo continuidad hasta el mes de abril por culpa de las lesiones. La salud del belga mejoró durante la segunda campaña: disputó varios partidos importantes y 600 minutos más de juego: terminó siendo un pilar indiscutible, el líder defensivo que necesitaba el equipo.

Kolarov se fue a la Roma y a principios de temporada llegaron a jugar Danilo o Walker en esa posición. También se usó a Mangala, pero muy poco. En enero aterrizó Laporte para completar la lista. En el cuerpo técnico se piensa que por fin «hay un gran nivel entre los centrales, además de cuatro perfiles muy compensados. Son diferentes pero complementarios, nos pueden dar mucho a corto y largo plazo. Hay potencial para crecer».

A las aptitudes que debe dominar cualquier central, se añaden aquí los requisitos para adaptarse a las ideas de Pep. «Con el riesgo que asumimos, todavía es más complicado porque el defensa debe jugar con el balón. Lo primero que tiene que hacer un central es defender bien, llevar bien la línea (porque siempre jugamos con la defensa alta), comunicar bien, anticipar las situaciones... Debes saber dónde están los espacios, quién te presiona y dónde hay huecos. Pero al final tienes que ganar duelos y no puedes cagarla. Si cometes un error, a la siguiente tienes que jugar», explica Mikel Arteta.

Pese a las advertencias del vasco, no todo el mundo lo ve tan duro. «Ha sido el período de mi vida en que me ha resultado más fácil jugar en mi posición», dice Vincent Kompany, el capitán del equipo, un jugador que lleva casi 10 años en la Premier League. Su caso, sin embargo, es uno de los más complejos entre los afrontados por Pep desde que aterrizó en Mánchester. «Mi único deseo cuando pienso en Vincent es que esté en buena forma», dijo el entrenador cuando, en 2016, habló por primera vez sobre el central belga. Durante la temporada anterior a la llegada del catalán, Kompany no había podido jugar más de cinco partidos consecutivos. Durante la temporada 2016-2017 no completó 90 minutos en la Premier League hasta el mes de abril. Fue importante en el gran tramo final de la campaña, pero una infinidad de lesiones lo ha mortificado durante los últimos años de su carrera. En la enfermería confirman la dificultad de lidiar con una situación como la suya: por los quebraderos de cabeza que da y por el bienestar del propio jugador: «Seguramente es el más profesional de todos, pero las lesiones no tienen nada que ver con eso». «Con el belga lo hemos intentado todo: hemos diseñado procedimientos especiales para el calentamiento, se ha entrenado menos, hemos cambiado la alimentación... Sin duda nos ha preocupado, sobre todo por él», explica un miembro del cuerpo técnico, donde, vistos los resultados, dan por buenos los esfuerzos del capitán y el trabajo llevado a cabo. «Ha podido jugar más partidos seguidos que los últimos años.»

Desde la llegada de Pep se realizan análisis de sangre regulares para conocer su estado. Incluso se enviaron unas pruebas a Granada para comprobar la calidad de su tejido muscular y ver si con un cambio en la alimentación esta podría mejorar. Un panorama difícil, aunque no desconocido. De hecho, el primer encuentro que tuvo con Pep se produjo cuando se recuperaba de una dolencia.

Vinnie, como lo conocen en el vestuario, se lesionó a los 10 minutos en la vuelta de las semifinales de la Champions de 2015 contra el Real Madrid. Se operó en Barcelona y volvió a Mánchester para la recuperación. Guardiola conversó con él aquel verano antes de que llegara el resto del equipo para preparar la pretemporada. Aún no había hablado con casi nadie y se llevó al capitán a su despacho: «Recuerdo que no hablamos mucho de fútbol, fue sobre todo una presentación. Me dijo qué esperaba de sus capitanes y me contó sus experiencias anteriores: Yo le expliqué lo que iba a encontrar aquí. Le dije que la gente aquí es amable y clara. En Mánchester, a la gente le gusta decir las cosas a la cara. Tendrás más éxito en la Premier si demuestras que estás preparado para trabajar duro, si no te quejas mucho y sigues adelante. En la Premier todo va de no dar al rival ninguna señal de debilidad. Aquí un partido puede ser fácil, pero si te cae una gota de sangre al suelo, el rival reacciona como un tiburón». El capitán ha vuelto al despacho de Guardiola: «He ido allí unas cuantas veces. Normalmente porque no estoy del todo seguro sobre algo y me gusta que Pep intente convencerme. Si no estoy seguro de algo, voy allí y se lo digo, así es como soy. Lo hablamos, lo discutimos».

La llegada del catalán ha potenciado sus inquietudes tácticas. No es raro verlo conversar sobre aspectos del juego con Pep y otros miembros del cuerpo técnico. Domènec Torrent lo confirma: «Habla varios idiomas y le interesa mucho todo lo que pasa en el fútbol. Conmigo habla mucho. Nos encontramos en la sauna y estamos tanto rato charlando que acabo ahogándome. No te hace la rosca porque sabe cuándo no ha de jugar. Incluso un día iba a jugar y no lo hizo, en Anfield, estuvo con el equipo a tope».

«Por mi experiencia, Pep nos lo ha hecho todo más fácil», apunta Kompany sobre el estilo de juego de su técnico. Vinnie asusta mucho y se asusta poco, y en ningún momento se ha mostrado sobrepasado por el reto de adaptarse a las exigencias del equipo: «Salir jugando desde atrás, los pases que debemos dar y defender con espacio a las espaldas es un estilo que cuadra conmigo. Muchos de los pases que damos deben ser muy cuidadosos, pero también son fáciles porque si sabes dónde está todo el mundo en el campo cuentas con una ventaja sobre el contrario».

Kompany tiene orígenes congoleños, pero nació en Uccle, Bélgica, un municipio de 82.000 habitantes cercano a Bruselas. Se formó en las categorías inferiores del Anderlecht, firmó en 2006 por el Hamburgo y llegó a Mánchester en 2008, en plena transformación del club. Es el capitán del equipo desde 2011. En las votaciones que se hicieron para elegir capitanes ganó con claridad. «Tiene madera de capitán y además se lo cree», señala Arteta. Es uno de los que alza la voz cuando el grupo lo necesita y es un tipo poco común en el mundo del fútbol. Aunque nada le falta en la vida, decidió estudiar un máster en Administración de Empresas en la Manchester Business School. Se graduó el 29 de diciembre de 2017, dedicó el logro a su madre y dejó un mensaje a los deportistas del futuro: «Al joven atleta: sigue educándote, sigue aprendiendo para ser el dueño de tu propia vida».

Debido a sus conocimientos, y también a sus obligaciones académicas, era habitual verlo en los desplazamientos del equipo leyendo libros de economía. Incluso se atrevía a aconsejar inversiones a sus compañeros. También da consejos en el césped. «Es el que más habla y da más órdenes durante los partidos», cuenta una persona que lo trata cada día. «Tiene algo especial que impresiona al resto», apunta Dome Torrent. «Incluso los árbitros lo respetan cada vez que va a un *challenge*», asegura Mikel Arteta.

Durante la última temporada disputó un total de 1.756 minutos y 21 partidos en todas las competiciones. En nueve encuentros dejó la portería a cero. Anotó dos goles, ambos en días de alta tensión. Uno en el derbi liguero contra el United, en el Etihad, que hubiera dado la Premier si los *red devils* no hubiesen remontado. El otro en la final de la Carabao Cup. Su cabezazo contra el Arsenal decantó el título a favor de los *citizens*. Fue designado «jugador más valioso» de la final. También fue uno de los dos escogidos por Guardiola para los partidos grandes de la temporada. En las ocasiones señaladas, su compañero en el eje de la zaga fue uno de los grandes asombros de la temporada: Nico Otamendi.

«Lo suyo ha sido espectacular. Hubo momentos que se lo creía tanto que era una pasada», afirma Domènec Torrent sobre la evolución del argentino. De suplente en Mónaco pasó a ser, durante gran parte de la pasada temporada, el mejor central de la Premier. Mikel Arteta lo corrobora: «Lo de Nico ha sido increíble. Su evolución en los últimos dos años: *chapeau*. La gente no esperaba que pudiese jugar a este nivel, y se lo merece. Ha jugado lesionado, con dolor, cada dos días, viniendo de Argentina durmiendo tres horas... en todas las circunstancias. Tú le preguntabas "¿cómo estás, Nico?" y él contestaba "quiero jugar"».

El Nico que se vio durante el mejor tramo de la temporada, de octubre a diciembre, era imposible de imaginar. Antes de llegar a Mánchester, en los estudios previos que realizaba el equipo técnico de Pep, se identificó a Otamendi con un perfil parecido al de Puyol en el Barça: un jugador de fuerza, juego por arriba, generoso... Nadie contaba, sin embargo, con su claridad en la salida de balón. «Lo cierto es que el cambio ha sido formidable», observa un miembro del *staff*. «¿Por qué ha habido ese cambio? Porque Pep les facilita mucho el trabajo. Te dice:

"Estos presionan así, te saltará este otro a apretar y tendrás dos opciones de pase: elige tú". Esto ayuda mucho al jugador», razona Dome Torrent.

Dentro del campo intimida y nunca se arruga. Según Arteta, «va a cada balón como si fuera el último que va a tocar en su vida». Esto quizá le viene de sus orígenes deportivos, que a punto estuvieron de alejarlo del fútbol. Hacia el año 2008 hubo un momento en que se planteó la posibilidad de dedicarse plenamente al boxeo. Llevaba practicando su derecha en el ring varios años y tuvo la opción de ser profesional. Además, su club de entonces, el Racing de Avellaneda, pensaba darle la carta de libertad debido a la gran competencia en su posición. Nadie le aseguraba un futuro, era el quinto central del equipo, pero todo cambió a principios de 2009. Una plaga de lesiones y sanciones le dio una oportunidad en el 11 titular. Nunca más soltó su plaza. El resto ya es historia: un año más tarde ya era internacional con la Argentina de Maradona, fue al Mundial de 2010, lo fichó el Oporto, luego el Valencia y finalmente el City. Dejar los puñetazos en el cuadrilátero no fue una mala decisión.

Lejos del césped es otra persona. «En el campo se transforma. Fuera es un tipo muy sencillo», dicen quienes lo tratan. Durante el último año ha tomado las riendas de la *playlist* musical que suele sonar antes de los partidos. Ha relevado a Gael Clichy, el pinchadisco de la temporada anterior, y ha impuesto el reguetón. «Lo de Clichy era un puto drama», recuerda una víctima del lateral francés, que ya no está en el equipo. En la caseta han sonado canciones como «Bella», de Wolfine, o «Dura», de Daddy Yankee. También se intercalan temas de otros estilos para atender a los descontentos. Y se ha mantenido la tradición de poner canciones de Oasis. Temas como «Don't Look Back in Anger», uno de los favoritas de Pep, han sonado en las victorias más importantes del año.

Otamendi ha cambiado en el campo y también en la enfermería. Cuando llegó al club era uno de los jugadores alérgicos a las camillas. Ni se acercaba, evitaba ser tratado por los fisioterapeutas. Ahora, dicen, no se separa de ellas. Ha entendido que es necesario para su rendimiento. La verdad es que no le ha salido mal. Sus estadísticas durante la última temporada son acojonantes. Fue el jugador del City que más pases realizó en la Premier League (3074) y el segundo de toda la competición. No fue el primero porque rotó en el tramo final. Ha sido el futbolista con más interceptaciones (48) y despejes (122) de toda la plantilla en la Liga. No se ha perdido ni un solo partido por lesión, solo uno por acumulación de tarjetas y otros por rotación, y eso que ha acumulado varios viajes trasatlánticos con su selección. Ha disputado 46 encuentros en todas las competiciones y ha sumado cinco goles, nunca antes con el City había anotado más de uno en la misma campaña. Suyo fue, sin ir más lejos, el tanto que dio la victoria en el derbi de Old Trafford. Aquel día en el Teatro de los Sueños lo acompañó en el eje de la zaga otro central con un papel destacado en la pasada campaña. «Durante los primeros meses, Nico y él fueron una de las mejores parejas de centrales del mundo», sostiene Domènec Torrent. Habla de John Stones.

«El Stones de los primeros cuatro meses de esta temporada es un central ideal para Pep», afirma Torrent sobre un jugador que, tras una adaptación un poco lenta, llegó a su mejor forma en la segunda temporada. La figura de Stones en el City ha estado siempre marcada por los 55 millones de libras que costó su fichaje. ¡Quién se lo iba a decir a aquel niño que pateaba balones en la calles de Barnsley!

«Cuando llegas a un club nuevo eres más reservado, y John es un tipo muy educado. Al principio era muy tranquilo», cuenta una persona que lo conoce bien. En su arranque como *citizen* se criticaron sus errores en el pase y se señaló su falta de contundencia. Al defensa inglés le pesaba ser el central inglés más caro de la historia. Y no solo se equivocó vestido de corto durante su primera temporada: también lo hizo fuera del campo.

Stones vivió un punto de inflexión el 29 de octubre de 2016. Aquel día se disputó la décima jornada de la Premier. Jugaban cerca de Birmingham contra el West Brom. Estaba en la ciudad deportiva cuando recibió una llamada de su representante y supo que los paparazis lo habían cazado con una chica en un hotel de Mánchester. Millie Savage, su novia desde los 12 años, no se lo iba a tomar muy bien. Cuando todo salió a la luz, se montó un buen follón. John estaba roto: había metido la pata. Su agente no se anduvo por las ramas y le soltó algo parecido a esto: «Tú verás, pero debes decidir si quieres ser el mejor central de Inglaterra o prefieres arrastrar tu carrera por el fútbol. Lo que tú quieras, pero decídete ya porque o cambias o vas a arruinar tu talento». Stones estaba arrepentido. Lo compartió con su círculo de confianza e incluso se reunió con Pep para hablar del tema. Para recuperar la confianza de su novia decidió tatuarse: ahora lleva el rostro de la chica dibujado en un brazo. Su actitud cambió y se reconcilió con Millie. Su rendimiento fue a más.

La llegada de uno de sus mejores amigos en el mundo del fútbol, Kyle Walker, ha sido providencial este último año. «Kyle ha ayudado muchísimo a John, se nota. Están todo el día juntos, es increíble. Vienen juntos a entrenar en el mismo coche», cuentan en el vestuario. «Me encanta cuando estos dos se juntan, son estupendos, quizá los más graciosos del vestuario. John es el típico tío que cuando te vas a casa aún te ríes de alguna broma suya, de cómo dice las cosas... lo que sea. Es un cachondo, muy divertido. Antes de que Kyle viniera, John estaba más calmado. Están hechos de la misma pasta. Ahora son como niños en una clase», dice Brandon Ashton, el utilero del equipo. «Son inseparables. A veces no se entiende a John sin Kyle ni a Kyle sin John», añade otra voz. Ambos son de Yorkshire, el condado de mayor extensión de Inglaterra, igual que Fabian Delph. De hecho, durante buena parte de la temporada tres de los cuatro miembros de la defensa del City eran paisanos. Tienen una conexión especial, hablan en su dialecto, pero la realidad es que han hecho mucho para adaptarse. John Stones lleva años estudiando español y es habitual que intente chapurrearlo cuando habla con Bravo u Otamendi.

«John es mejor de lo que él cree. En su rendimiento también hay un tema de confianza», afirma Domènec Torrent. Pero se rompió justamente cuando empezaba a confiar en sí mismo.

Fue el 18 de noviembre de 2017, y a Pep no le gustó un pelo. Un desgarro en el bíceps femoral lo dejó fuera contra el Leicester, en un partido que llegó tras no descansar ni un minuto en unos amistosos internacionales. La fatiga física le pasó factura. «Después de aquella lesión ya le costó mucho más. No volvió a su mejor forma durante el resto de la temporada», explica un miembro del equipo. Esta temporada ha disputado 29 partidos y 2.234 minutos. Realizó casi 50 pases por partido en la Liga y anotó tres goles, todos ellos en la Champions. Tiene 24 años.

«Si observas al Stones de los primeros meses y al Laporte actual, hallas a dos centrales con gran futuro en la Premier», dice un miembro del cuerpo técnico muy satisfecho con las prestaciones de John y de Aymeric Laporte, el defensa que ha completado la zaga. Llegó en enero: era una vieja petición de Pep Guardiola. Estuvo a punto de incorporarse en el verano de 2016, pero, cuando todo parecía acordado (cláusula incluida), el jugador se echó atrás y renovó con el Athletic de Bilbao. Cuando lo volvieron a llamar año y medio más tarde sabía que no podía rechazar la oferta.

«Lo primero que pensé cuando llegué es que me había encontrado con un profesional como la copa de un pino. Un tipo que sabe lo que hace», dice Laporte de su entrenador. Nada más aterrizar, Pep lo convocó un par de veces a su despacho: «Tuvimos dos charlas largas. Me explicó cómo veía mi puesto, cómo veía el fútbol, es muy claro». Lo sorprendió la coordinación del *staff*, lo bien que se conocen y la sencillez del vestuario: «Pensaba que sería distinto, cada futbolista yendo a lo suyo. La verdad es que hay espíritu de equipo y amistades de verdad entre los jugadores».

El primer futbolista con quien habló fue Benjamin Mendy, justo cuando empezaron los rumores de su fichaje. Se conocen desde hace más de ocho años, de la selección francesa sub-16. En el vestuario, además, hay jugadores como De Bruyne que hablan francés. Su inglés ha ido mejorando a lo largo de los meses y ha establecido un vínculo muy fuerte con el joven malagueño Brahim Díaz. Van juntos a los campos de fútbol o a restaurantes y juegan al Fortnite, a veces con Nico Otamendi, Sergio Agüero o Phil Foden. Este último, el chico de Stockport, es un genio pegando tiros en la consola. Sigue de cerca al City desde que estuvo a punto de fichar en 2016. «Me bajé todas las aplicaciones del móvil para seguir la actualidad del club», confiesa. No se cansa de pedir cosas: a mitad de temporada se ha ganado un sitio entre los candidatos «jugador más pesado de la plantilla». En el campo cumple con lo que sea y sin rechistar.

«De Ayme te digo una cosa: tiene un carácter de la hostia. Es un francés formado en Bilbao, tiene algo de vasco, va a por todas. En el campo es así. No se caga. Le dices que le toca jugarse el partido en Anfield mano a mano con Salah, pues mano a mano con Salah. Le da igual», explica el vasco Mikel Arteta. «Yo creo que es mentira, que no es francés, es de Bilbao. Al menos lo parece. Llegó, y a los dos días lo pusimos de titular, y sin protestas —añade Torrent—. Lo tiene todo para dar mucho fútbol en la Premier. Lo queríamos el primer año. Es impresionante porque sale bien con el balón, tiene personalidad y no le quema la pelota en los pies, va rápido al corte hacia atrás, va bien por alto... es muy completo.» Interviene Arteta: «Se ha adaptado muy rápido y posee unas cualidades que nos aportan mucho. No teníamos ningún zurdo y él imprime velocidad para salir con el balón».

Media temporada le ha dado para jugar 13 partidos, nueve de ellos en la Liga. Dice Laporte que ha hecho lo que le pidió Pep en la reunión previa a su debut: «Tú sigue mi estilo, haz lo que te pido y, si te equivocas, puedes estar tranquilo porque no pasará nada».

Siguiendo ese estilo las cosas no han ido nada mal, aunque, según las estadísticas, la última temporada fue un drama defensivo. El City fue el equipo menos goleado del campeonato (27 goles en contra), pero defendiendo de forma pésima. En los registros defensivos que muestra la Premier en su sitio web, el City es de los peores clasificados en casi todo. Fue el equipo que bloqueó menos tiros, 53, exactamente 138 menos que el conjunto más capaz en ese terreno (el Burnley). También fue el equipo que menos despejes ha realizado (588) a una diferencia abismal del resto. El siguiente en esa lista es el Liverpool con 736. El que más veces lo hizo, el Everton, registró 1.229. Por último, no olvidemos los *tackles* (uno de los términos que ha marcado la estancia de Pep en las Islas Británicas). El Manchester City fue el tercer equipo con menos *tackles* completados: 563. Ya se sabe: «Nosotros no entrenamos para hacer esas entradas».

Al final resulta que se puede hacer la mejor Premier de la historia sin preparar *tackles* y defendiendo «mal» de acuerdo con los parámetros locales. El misterio quizá radique en la cuestión central de Pep Guardiola.

CAPÍTULO 25

KEVIN DE BRUYNE: *CHELSEA NIGHTS*

You gotta roll with it
You gotta take your time
You gotta say what you say
Don't let anybody get in your way
Because it's all too much for me to take

Don't ever stand aside
Don't ever be denied
You wanna be who you'd be
If you're coming with me

OASIS, «ROLL WITH IT»

El 30 de septiembre de 1630 fue ahorcado John Billington en la colonia norteamericana de Plymouth. Era uno de los peregrinos del *Mayflower* y lo condenaron a muerte por asesinato. El 30 de septiembre de 1962 nació Frank Rijkaard, que, suponemos, no necesita presentación. El 30 de septiembre de 2017, el Manchester City jugó en Londres contra el Chelsea.

Ese día se supo que Gran Bretaña consume muchas más palomitas que cualquier otro país europeo porque los británicos las consideran más saludables que las patatas fritas, cuyas ventas han caído allí por tercer año consecutivo. Ese día, una piara de cerdos jóvenes (puercos, chanchos, cochinos, marranos: no es una metáfora) atacó a un paseante en New Forest (Hampshire) sin razón aparente. Todo indica que los animales imitan a los hombres. «Por absurdo que parezca, creo que salieron a buscar pelea como una banda de adolescentes», declaró la víctima, el profesor retirado Paul Lipscome, de 64 años. Ese día, el Manchester City dio un puñetazo en la mesa de la Premier y ganó al campeón (0-1) en su campo.

Ese día, Kevin De Bruyne tomó Chelsea y dijo: «¿Os acordáis de mí? Pues aquí estoy».

El Chelsea tenía a De Bruyne en 2013, pero lo acabaron vendiendo sin apenas darle oportunidades por la gran competencia que había en su posición. «La verdad es que me da igual, forma parte del fútbol. Subes y bajas. Llevo 10 años en esto y solo he vivido medio año de bajada [...]. Ahora tengo la sensación de que todo mejora gradualmente», declaró el jugador al *Guardian* en abril de 2018. Sin rencor.

La historia de De Bruyne es la de un chico decidido a ganarse la vida con el fútbol. Cuando tenía 11 años, cuenta el periodista belga Kristof Terreur en un excelente artículo publicado por el *Guardian* el 20 de octubre de 2017, le dijo a su madre, Anna, nacida en Burundi: «Quiero estudiar latín dos años, luego iré a Topsport School [un centro de alto rendimiento] y cuando tenga 18 años me dedicaré totalmente al fútbol». A decir verdad no se equivocó demasiado: a los 16 años ya era futbolista profesional.

El egipcio Mohammed Salah fue escogido mejor jugador de la temporada porque marcó muchos goles con el Liverpool (32 en la Liga). OK. Kevin De Bruyne marcó muchos goles con el City, dio más pases de gol que nadie y lideró el juego del equipo que más puntos ha sumado en la historia de la Premier. Tal vez no baste, de acuerdo, pero que levante la mano quien crea que no se ha merecido (al menos *ex aequo*) el premio al mejor jugador.

«Cuando analizas nueve o diez meses, no ha habido mejor jugador que él en términos de continuidad, de estar allí cada tres días. Igual otros jugadores lo han superado en números, pero lo siento: no ha habido mejor futbolista que él esta temporada», dijo Guardiola en la sala de prensa cuando Kevin se quedó sin el galardón.

De niño, según confesó en la primera entrevista que le hicieron en una televisión belga, su sueño era jugar en el Liverpool y su ídolo era Michael Owen. Incluso dormía con sábanas rojas. ¿Quién recuerda eso ahora? Nacido en la localidad de Drongen, un submunicipio de la ciudad belga de Gante, el 28 de junio de 1991, empezó a dar patadas al balón en el VV Drongen de su localidad natal, pasó por el Gent y acabó madurando en la cantera de los pitufos (así llaman al KRK Genk). Estaba lejos de su pueblo y vivía con una familia de acogida que un día llamó al club para devolverlo por ser «excesivamente introvertido». Tiene un carácter muy sobrio y como persona es más directo que sus cambios de juego sobre el campo. A los 14 años debía de ser tremendo: «La gente decía que no iba a llegar lejos por mi personalidad. Entonces me dije: "Vamos a ver quién tiene la última palabra"».

Resulta que se salió con los pitufos sub-21 y debutó con el primer equipo a los 17 años. Ganó la Liga belga en la temporada 2010-2011 y el Chelsea lo compró por nueve millones de euros en enero de 2012. Desde entonces ha dado más vueltas que una peonza: se quedó cedido en su club, marchó al Werder Bremen para foguearse (10 goles y 10 asistencias) y llegó a Stamford Bridge en 2013-2014. Con Mou jugó solo nueve partidos, poco más de 300 minutos. De Bruyne consideró que no estaba teniendo oportunidades y pidió reunirse con el entrenador. Otra cosa no, pero carácter tiene. Pidió una salida en enero. Mourinho replicó con las estadísticas de su rendimiento, a lo que Kevin le dijo: «Eso no es ni lógico ni justo: he jugado pocos partidos».

Solo habló dos veces con el portugués durante su estancia en Londres. La segunda fue para despedirse. No aceptó convertirse en un eterno cedido, así que forzó el traspaso. El error del Chelsea fue monumental. El Wolfsburgo apostó por él y pagó 22 millones de euros. Otro viaje. Allí se vino arriba. Devolvió la confianza con una turbina de juego: 20 goles y 37 asistencias en una temporada y media (desde enero de 2014 hasta el verano de 2015). Lo sufrió en sus propias carnes Pep Guardiola, que estaba en el Bayern. En un partido disputado en enero de 2015 destrozó a los bávaros y acabó con su condición de invictos en la Liga. Les metieron 4-1: Kevin marcó dos goles y sirvió otro. Pep y Txiki se llamaron aquella noche: «Es una máquina». «Desde ese mismo día quise ficharlo», dijo Begiristain al inicio de la primera temporada de Pep en Mánchester.

Txiki fue a por él de cabeza. En el Bayern, que también lo querían, no lo tenían tan claro: afectaba a jugadores estructurales del orgullo bávaro, así que las ganas celestes se impusieron: 76 millones de euros y para Mánchester. Fue el fichaje estrella en la última campaña de Pellegrini. Mikel Arteta lo conoce bien desde que el belga estaba en el Chelsea (había jugado contra él): «La llegada de Pep le ha dado un método. Acostumbraba a jugar con libertad y en espacios muy abiertos. Eso le permitió acciones que eran una pasada, pero no lograba controlar el tempo del partido. ¿Ves cómo dirige ahora la orquesta? Es brutal. Tiene el partido en la cabeza. Es capaz de acelerar o desacelerar, de ir atrás para asociarse y dar pases. Eso no lo había hecho nunca. Tiene método y gestión del partido, lo que Pep le ha metido en la cabeza. Años atrás no habría podido jugar de pivote, no era capaz de transmitir orden a los jugadores que estaban delante. Este año lo ha hecho porque ha entendido el juego, el campo, la asociación... Antes solo aceleraba el partido, ahora tiene seis marchas. Y sabe cuándo debe poner cada una, eso es vital».

Eso fue lo que hizo en el partido de Stamford Bridge. No se ha visto nada igual cerca del Putney Bridge desde los tiempos del punk. A Pep le gusta ir a Chelsea aunque solo sea por ver a Pedro (sus vidas se cruzan desde los tiempos del Barça B). Los dos son campeones de la Premier. Solo Domènec Torrent y Carles Planchart pueden decir lo mismo: del campo del Premià de Mar a reyes de Inglaterra.

El estrecho y corto túnel de los vestuarios ha dejado imágenes para el recuerdo en Stamford Bridge. El primer año, una pelea; el segundo, una fiesta. Bueno, una pelea menor y una fiesta mayúscula. El primer año, técnicos y jugadores de ambos equipos se enzarzaron en una agria disputa. Se dijeron de todo y más. Aquel día, el 5 de abril de 2017, el Manchester City perdió 2-1 en Londres y dejó de luchar por el título: cayó a la cuarta plaza y a 14 puntos de los *blues*, los líderes. Un *uppercut* en el mentón, otra lección. Pero siempre hay una segunda oportunidad, esa es la grandeza del deporte. Y todo llega. Coincidió con el primer gran partido del City en la temporada 2017-2018:

visita al campeón, el Chelsea. Bajaban después de ganarlo todo excepto el absurdo y traumático tropiezo ante el Everton. Pep sabía lo que se jugaba. Y los chicos también. Le tenían muchas ganas a los de Conte porque el año anterior les quedó la sensación de que en ninguno de los dos partidos habían sido inferiores... y en los dos perdieron.

«Aquel día la charla previa fue un máster. La forma de controlarlos, por su manera de jugar, cómo los contrarrestamos, si hacen esto les haremos esto otro... si nos cambian a dos mediapuntas, nosotros cambiaremos a esto otro. Acabó y pensabas que podíamos perder, pero que lo había clavado. Les había dejado las cosas superclaras a los jugadores. Fue genial», recuerda Domènec Torrent.

Ganaron porque los jugadores creyeron en ellos mismos. O eso piensa Pep.

Guardiola salió con Ederson en la portería y la defensa para Walker, Otamendi, Stones y Delph. Fernandinho, De Bruyne y Silva formaron el centro del campo, mientras que la tripleta atacante estuvo compuesta por Sterling, Gabriel Jesus y Sané. Los celestes tuvieron un 61,9 % de posesión y tiraron 17 veces a puerta, seis de ellas entre los tres palos. El Chelsea lo hizo cuatro veces, dos en la portería. Los de Guardiola completaron un total de 653 pases, el conjunto local se quedó en 395. Hicieron los mismos *tackles* (19) y los mismos despejes (20). Al Chelsea le señalaron ocho fueras de juego, al City ninguno. Tras un dominio aplastante, el gol decisivo llegó en el minuto 67.

«El hecho de que superaran a los vigentes campeones tanto en el juego como en la lucha y las ideas dejó las credenciales para el título a la vista de todos», escribió Stuart Brennan en el *Manchester Evening News*.

Kevin De Bruyne, designado «hombre del partido», también habló: «Son tres puntos, pero equivalen a seis. Al final de la temporada, si la diferencia es mínima, estos grandes partidos significan mucho».

«Stamford Brige es muy importante para entender lo que viene luego. Vas al campo del campeón y ellos tienen un juego muy concreto, con cinco atrás y tal, que lo complica todo. Fuimos superiores y allí se empieza a creer. Ganando de ese modo, el equipo se da cuenta de que es capaz de lo máximo», señala Domènec Torrent. «El año anterior, contra los grandes, pese a dominar y merecer la victoria, no conseguimos resultados. Aquel día fue exclamar: "¡Esto es otra película!". Dominamos y pasa esto. También la autoridad con que jugó el equipo, que fue muy clara», sostiene Arteta.

También opina Pep Guardiola: «El día del Chelsea fue vital. Ir al estadio del campeón y ganar... No solo eso: Jugar bien. Allí empezábamos a ver que éramos buenos. Ya hacía días que lo pensábamos y se lo creían los jugadores, pero en Stamford Bridge se corrobora. Y el primero que se lo cree es él, Kevin». «Pep y yo estamos del mismo lado. Pensamos de la misma forma, es muy fácil trabajar con él. Es muy inteligente, la táctica es su punto fuerte y su estilo de juego es el que me gusta. Comprendo rápidamente lo que me pide. Todos teníamos que aprender a trabajar a su manera y creo que al final ha sido el ajuste perfecto para el equipo», declaró el belga.

Con Pep, Kevin ha cambiado de papel. Era un mediapunta que podía jugar abierto o por dentro y se ha convertido en uno de los mejores dinamizadores del mundo: llena el centro del campo como una turbina. Ha dejado de jugar pegado a la banda, se ha centrado y ha retrasado ligeramente su posición, pero como interior ha rendido más que nadie. Sus estadísticas hablan por sí solas: un total de 52 partidos (4189 minutos), el que más ha jugado este año, 12 goles y 21 asistencias. En la Premier ha realizado 16 pases de gol: nadie lo iguala en esa competición. Ha sido también el futbolista del City que más ocasiones ha creado (104), más goles ha marcado desde fuera del área (5) y, con Fernandinho, más *tackles* ha ganado (62).

«Ha evolucionado de forma sensacional. Antes era incapaz de asumir responsabilidades dentro del equipo. Veo dos explicaciones: la primera, su paternidad. Se nota que está educando a su hijo, que el año pasado era un bebé, y Kevin ha madurado como persona. Y luego llega el verano y a Pep se le ocurre que esta temporada le tiene que dar galones», revela un técnico. Guardiola se empeñó en nombrarlo capitán para que entendiera su importancia en el grupo: «Le di la capitanía, sí. Le pregunté si le gustaría ser el quinto capitán del equipo porque entendía que un futbolista no solo debe salir y jugar bien, también debe asumir cierto grado de responsabilidad. Sospechaba que nos iría bien. Él me dijo que encantado, es valiente para los retos y lo ha demostrado».

Quienes lo han visto esforzarse a diario afirman que Pep ha hecho un trabajo notable vigilando de cerca sus entrenamientos y hablando con él personalmente. «Si él se lo cree y no baja el pistón, puede ser uno de los grandes jugadores de los próximos cinco años, sin duda», sentencia Domènec Torrent. «Lo conseguirá. Cuando hablamos de constancia, de solidez, él es el gran ejemplo», dice Pep.

Seguramente, todo estalló en Chelsea. «Dio un recital», recuerda David Silva, que agradece jugar a su lado porque se entienden. «Sabes que lo encuentras, sabes que te busca, sabes que va a hacer algo con sentido. Es fabuloso», dice el canario. «Estos jugadores son de los que cambian partidos. Solo con su impacto y su presencia lo cambian todo. Pueden marcar, pueden asistir, pueden controlar el juego... Tenerlos cerca es excepcional. Como jugador, lo disfrutas mucho. Ver cómo piensan las jugadas... es exactamente lo que quieres de un compañero. Es muy divertido jugar con ellos», afirma Gündogan.

De Kevin se dice que es «muy serio, muy formal, muy adulto», pero tiene cara de niño y temperamento agreste. Había que verlo la noche del Nápoles en el Etihad. «¡Dejadme hablar!», les gritaba de malas maneras a sus compañeros, que lo apartaban cuando iba a pedir explicaciones al colegiado camino del descanso. Hasta que apareció David Silva. «Con David se asustó a la segunda», cuentan entre risas en el vestuario. Él también bromea ahora sobre aquel episodio: «Nada, aquello duró un minuto. Fue como las discusiones que tengo con mi mujer. Una pequeña disputa de vez en cuando puede venir bien para poner a todo el mundo en su sitio».

No era la primera vez. Jugando para el Wolfsburgo se cabreó con un recogepelotas de su propio equipo. «Dame el balón, imbécil», le gritó al pobre chico en plena ebullición cuando querían remontar un partido. Se disculpó públicamente y le regaló al joven una camiseta firmada. Las formas no hacen a la persona, por mucho que digan, y el fondo de Kevin es excelente.

Pero sí, De Bruyne es un tío muy relajado. Sus amigos belgas de toda la vida lo llaman «la secadora» porque sus mensajes de móvil son tan escuetos y secos que parece una máquina de secar ropa. No hay sitio para el adorno. De Bruyne va al grano, no se anda con rodeos ni fuera ni dentro del césped. Le gusta mucho el baloncesto, la NBA, y a veces se descarga partidos para verlos en las concentraciones. Con el sol no se lleva muy bien si nos atenemos al color de su piel. «Hacemos mucha coña con eso. Va descalzo y le decimos que se ponga unos calcetines, que vaya con cuidado, que el sol lo puede quemar», cuenta un compañero. También tiene sus rituales. Antes de los partidos, antes incluso de empezar el calentamiento, suele dar pases sobre el césped con Brandon, el utilero. Pura superstición.

Con los tres utileros, de hecho, tiene una relación especial. Desde que fichó por el City se lo conoce como «el cuarto utilero». «Cuando llegó solía venir a sentarse con nosotros después de los entrenamientos. Y si venía otro jugador y nos pedía algo, se lo decíamos a él en broma, pero él lo iba a buscar. Sin protestas, como si fuera lo habitual. Ahora que está Pep nos burlamos diciéndole que, como es importante, ya no viene cada día con nosotros», cuenta Brandon Ashton partiéndose de la risa.

Otra de sus manías es no estar en las camillas con los fisios para recibir un masaje antes de salir a jugar. Los rehúye. Se queda con los utileros, con Ally, Brandon y Mike, se sientan y hablan de la vida. Sin más. «Viene con nosotros y nos sentamos allí los cuatro. Igual hablamos de las familias, de los hijos, justo como hablo con mis amigos, pues es lo mismo. Algo de lo más normal que ya ha quedado como una liturgia», relata Brandon.

Una de las cosas que maravilla de Kevin es su potente golpe de balón pese a no estar entre los más fuertes de la plantilla.

«Es muy poderoso de caja. Es fuerte, pero no el que más: su capacidad de tiro tiene mucho que ver con la mecánica. Posee una mecánica perfecta», cuentan en la enfermería, donde le evalúan a diario. Le viene de la infancia. A él y a sus amigos les prohibieron jugar con un balón de cuero porque destrozaban las flores del barrio. Solo les dejaban uno de plástico, de playa. A las pocas semanas les devolvieron la pelota de verdad con una condición: usar solo la pierna mala. Pensaban que así Kevin no se cargaría las flores y acabaron creando un fiera con dos martillos.

Prueba de ello es su gol de la victoria en Stamford Bridge. Arrancó en el centro del campo y combinó con Gabriel Jesus, que se la devolvió en el balcón del área. La recibió con su pierna «mala», la izquierda. Pocos esperaban que chutase desde allí, pero no dudó. Perforó la portería de Courtois con el martillo adiestrado para exterminar flores. Nada pudo hacer su compatriota frente al tiro cruzado. Golazo y, en cierto modo, redención para Kevin. Porque en otra jugada suya, también contra el Chelsea, se suele ubicar uno de los momentos más desafortunados de la primera temporada de Pep en Inglaterra. Fue la primera ocasión en que el catalán se enfrentaba a los *blues* en la Premier. Jornada decimocuarta en el Etihad Stadium: si ganaban, se colocaban a un punto de los de Conte, entonces líderes. Con empate a uno en el marcador y el City en trance, De Bruyne falló un gol cantado: dentro del área pequeña y con el portero vendido, mandó el balón al larguero. A la jugada siguiente, contraataque y gol del Chelsea. El partido acabó 1-3. Allí comenzó una mala racha para los de Guardiola.

El último duelo, en cambio, fue el polo opuesto. Marzo de 2018: el City tenía la liga encarrilada y, con los octavos de Champions por medio, el Chelsea fue a Mánchester a no ser vapuleado. Decidió el partido un solitario gol de Bernardo Silva en el minuto 46, pero la sensación fue de sometimiento total. Los mancunianos tuvieron el balón un 71,3 % del tiempo y realizaron 976 pases (récord absoluto en la Premier). Gündogan se convirtió en el futbolista que más pases ha dado en un partido de ese campeonato: 167. El City disparó en 13 ocasiones, tres de ellas a puerta. Los de Conte no hicieron ni un solo tiro a puerta. No presionaron más allá de su propio campo en todo el partido y dejaron imágenes tan esperpénticas como una cobertura andando de Cesc Fàbregas, que no quería salir a presionar. «Más pase y más clase», tituló el *Times* el lunes. Los tiempos habían cambiado. «Hubo un momento en que estuvimos a punto de decirle al árbitro que parara el partido, que lo suspendiera. Fue algo vergonzoso», dijo un futbolista aquella tarde. Pero aquel 30 de septiembre en Londres, pese a lo ajustado del marcador, cuando el árbitro pitó el final, la sensación era que los jugadores del City hubiesen seguido atacando y atacando al campeón. «Se sentían superiores y eso les daba alas», opina un técnico.

Vayamos al vestuario tras aquel partido memorable. Faltaban Delph, que estaba dando entrevistas, y el redimido Kevin, que recogía el premio al mejor jugador del encuentro. Lorenzo Buenaventura, perro viejo, advirtió que Enric, el tipo de la productora Mediapro (que se había pasado el año con ellos), estaba en el pasillo y no le dejaban moverse. Loren conoce al jefe de seguridad del Chelsea porque los dos son andaluces («ya ves qué casualidad, pero el tío es de Cádiz»), así que agarró a Enric de la mano y lo metió en el vestuario. Esas imágenes justifican un año de rodajes. Pocos minutos después llego Kevin y aquello reventó.

«Recuerdo que estaba celebrándolo con la camiseta quitada. Dicen que es una de las mejores partes del vídeo. Recuerdo que cantábamos la canción "Oh, Kevin De Bruyne!". Delph no estaba allí porque tenía que dar unas entrevistas. Cuando volvió nos dijo que la cantáramos de nuevo, que la había oído mientras lo entrevistaban y no aguantaba las ganas de cantarla. Así lo hicimos», cuenta el utilero Brandon.

«Fue una gran fiesta porque logramos la victoria con autoridad. Y los jugadores lo sabían —explica Torrent—. No habíamos obtenido buenos resultados el año anterior contra los grandes, por eso la noche del Chelsea fue vital. Ir al campo del campeón, ganar y jugar tan bien, con tanta personalidad... Allí empezábamos a comprender que éramos realmente buenos.

Hacía tiempo que lo pensábamos, pero en Stamford Bridge se corroboró. Los equipos se lo han de creer. La autoestima es fundamental.»

Aquel día, en el túnel de vestuarios, se oía «Seven Nation Army» de los White Stripes, el tema que versiona la afición del Manchester City para cantar las excelencias de su genio pelirrojo: «Oh, Kevin De Bruyne!». ¿Y qué dice Pep? «¿Kevin? Lo ha hecho todo. Puede hacerlo todo.»

CAPÍTULO 26

EL CUERPO TÉCNICO

Here we come this is our destiny calling
We're freaks
This is our destiny calling
Unique
This is our destiny calling now

JAMES, «DESTINY CALLING»

Uno cocina paellas, otro hace chuletones y el tercero prepara informes (este año, además, ha corrido su primera maratón). El cuarto trabajó en el Barcelona, pero lleva tanto tiempo en Inglaterra que ya parece inglés. Todos saben, sin embargo, que nadie sabe tanto como él de fútbol formativo. (Hay dos más, pero merecen capítulo aparte.) Son el *staff*, el cuerpo técnico. Son los que visten de granate, los que hablan con Guardiola antes de que el entrenador tome las decisiones, el núcleo duro del equipo en la CFA, los más próximos al jefe. No juegan, pero para Pep son imprescindibles. Con ellos vive, con ellos sale de copas.

«Lo mejor de quienes rodean a Pep es que no le dan la razón para halagarlo, que le dicen lo que piensan. Cuestionan, matizan, desarrollan las ideas. Eso es buenísimo. Luego Pep hace lo que quiere, pero ellos discuten con él cada día», sostiene Txiki Begiristain.

«No quiero *followers*; a mi alrededor quiero líderes, gente que asuma su papel al límite, que decida, que piense por sí sola. En Dome, Mikel, Carles, Loren o Rodo he encontrado eso», dice Pep al hablar de sus compañeros. La frase, oída en un reportaje sobre los *all blacks*, expresa una actitud y un principio con los que ha vivido siempre: lo importante es estar rodeado de líderes.

Domènec Torrent ha sido el segundo de Pep desde que este dejó el Barcelona. De joven era un extremo rápido, muy bueno en los desbordes. Adquirió cierta fama en Cataluña, el Barça se fijó en él y a los 16 años firmó un contrato con el club en un hostal de Santa Coloma de Farners, su pueblo natal. Luego advirtieron que por 14 días no podía jugar con el juvenil, de modo que rescindieron el contrato y lo devolvieron a casa. Pasaron de él, pero aquel pequeño fracaso cambió su vida: fichó por el Zaragoza y en el primer amistoso, en el campo del Calatayud, se partió la rodilla. Allí terminaron los sueños de jugar en Primera, pero no el sueño del fútbol. Trabajaba en Hacienda y entrenaba a infantiles o juveniles, al equipo de su pueblo, al Palamós, al Girona... Después acabó haciendo historia en el Barça: con Guardiola ganó seis títulos en un año. Luego vendrían Múnich y Mánchester.

En el verano de 2018 se ha hecho cargo del New York City. Dome prepara unas paellas sensacionales. Le gustan los gintónics y el jazz, toca el saxo y en Mánchester iba algunas noches al club Matts & Phreds, en el Northern Quarter. Además ha descubierto las catas de whisky en la serie Peaky Blinders.

«Es un tío de puta madre. ¡Me ha ayudado tanto! Le deseo que tenga un poco de suerte, se merece lo mejor. Lo voy a echar de menos», dice Pep a modo de despedida ahora que a Dome le toca volar solo y emprende una nueva aventura en la Major Soccer League.

Dome conoce a Carles Planchart desde que eran niños porque sus madres son amigas. Luego resultó que el suegro de Dome y el padre de Carles habían hecho la mili juntos, pero de eso, claro, se enteraron cuando Dome conoció a Gemma, su mujer. Llevan toda la vida hablando de fútbol. Carles es de Arbúcies, un pueblo del interior de Gerona en cuyo equipo jugó varios años. Debutó a los 16 años y fue capitán desde muy joven. Era un central fuerte y valeroso que llegó a ser célebre en la comarca, en los campos de tierra, en el fútbol humilde. «No es que fuese dura duro, era... digamos que agresivo», explica entre

una labor extraordinaria —afirma Dome antes de opinar (sabiamente) sobre el futuro de su amigo—. Por edad, yo soy más tranquilo. Está con el mejor y debe aprender de él. Llegará su momento, pero ha de tener calma. Mikel será un entrenador excepcional, pero creo sinceramente, y se lo he dicho muchas veces, que ahora le toca aprender del mejor, le toca aprovechar esta oportunidad.»

Mikel no duda a la hora de elogiar a Pep: «Me fascinó desde el principio por su capacidad de trabajo, por su forma de transmitir cada idea al jugador, de convencerlo. Es increíble ver cómo lo simplifica todo, cómo logra que lo más complejo parezca sencillo. Es muy difícil llegar así a un futbolista». Luego añade: «El primer día puso a los 22 en el campo y les dijo: "El Manchester City hará esto cuando tenga la pelota y esto cuando no la tenga". Y todos supieron cómo iba a ser el equipo, entendieron que la estrategia era innegociable. La charla duró 15 minutos y en esos 15 minutos nació el City. Todos supieron qué les iba a pedir a partir de entonces. Y aclaró: "Habrá variantes dependiendo de cómo ataque o se defienda el rival, pero nosotros somos básicamente lo que os acabo de explicar". Todos habían visto jugar al Barça y al Bayern. Luego insistió, puso vídeos, habló mucho... no había vuelta atrás: sabíamos cómo iba a ser el Manchester City de Pep Guardiola. Y apenas llevaba 15 minutos con ellos».

Durante estos dos años, tanto Mikel como Dome o Carles han visto sufrir a Pep cuando los resultados eran adversos. «Sí, y nos ha hecho sufrir», afirman los tres. Es la constante obsesión por la victoria, el hábito de no ceder nunca, de salir siempre a ganar. Pero también coinciden en que durante el primer año les faltaron herramientas: «Nos decía: "Excusas, no hemos venido a perder". Y le preguntábamos: "¿Podemos hacer más?". "Siempre se puede hacer más", nos contestaba. Nunca lo vimos vacilar. Sufrir sí, y nosotros sufríamos con él».

Rodolf Borrell sabía que no iba a ser fácil, pero también estaba seguro de que lo conseguirían. Es la cuarta pata del equipo técnico. Llegó a Liverpool con Benítez en 2009 tras 10 años en las categorías inferiores del Barcelona. Dirigió a los sub-18 de los rojos y terminó al frente de su academia, de donde salieron talentos como Raheem Sterling. Txiki lo fichó para desarrollar la metodología en el fútbol base del City y cuando llegó Pep pasó a echarle una mano como enlace con la cantera. «Nos ha dado su gran conocimiento del fútbol inglés y mucho sentido del humor. Es un crack», sostiene el entrenador.

Rodo los ayuda a seleccionar a los jugadores que pueden ascender al primer equipo sin considerar las posiciones que se deben cubrir: qué chicos merecen el premio, a quiénes conviene potenciar o atender de un modo específico. Conoce bien la cantera y es el responsable de cuidarla. También conoce al 99 % de los futbolistas ingleses menores de 23 años, una información de sumo valor para Pep. Juntos han formado el otro equipo de Pep, que está convencido de que sin ellos no hubiera salido adelante.

Caundo tenía 28 años y trabajaba en Hacienda, Domènec Torrent decidió sincerarse con su mujer. Lo cuenta así: «"Quiero ser entrenador, voy a dejar el trabajo", le dije. Ella, como ha hecho siempre, me contestó: "Si eso es lo que quieres, adelante, ya nos apañaremos". Estoy aquí gracias a ella. Es de mi pueblo, era una gran patinadora y ya teníamos una hija. Me podría haber salido mal. De hecho, tiré los años de oposiciones... Hubo épocas en que perdía dinero, ya ves. Piensa que incluso durante mi primer año en Can Barça ganaba menos que en mi trabajo anterior. Pero aquí estoy». Aquí es en Mánchester, sentado en el Lunya, un restaurante de comida catalana situado en el corazón de la ciudad. Acaba de ganar la Liga de los 100 puntos. Ha sido campeón de Liga con el Barça, el Bayern y el City. Al cierre de este libro hacía las maletas para iniciar la aventura del New York City. Después de 10 años con Pep ha llegado la hora de separarse.

«Dome lo merece, es un pedazo de entrenador, un crack. Voy a echarlo de menos. Nunca he querido a gente que me diera la razón y él nunca lo ha hecho. Llevamos 10 años juntos. Con él tengo la sensación de que me basta una mirada para saber qué piensa. Es muy atrevido en su idea del juego, no te creas que me frena; de hecho, a veces soy yo quien le dice: "¡Hombre, no te pases!". Solo quiero que tenga la suerte que yo he tenido. Será un gran entrenador porque sabe mucho, piensa mucho y entiende el juego. Lo quiero un montón. Nada habría sido igual en mi vida si él no hubiera estado a mi lado», dice Guardiola.

Carles Planchart aprendió a diseccionar partidos en Tercera División, en los campos de fango, cuando nadie lo hacía. «Al principio enviábamos a Gordillo, un exjugador nuestro, a grabar con una cámara de las que se usaban para bautizos y comuniones, muy cutre. El lunes nos daba la cinta y nosotros, con dos aparatos VHS conectados, hacíamos un montaje de seis minutos que alucinarías. Era una chapuza casera, pero funcionaba. El jueves le poníamos el vídeo a los jugadores.»

Tras unas cuantas peripecias por equipos de las categorías inferiores, Planchart y Torrent conocieron a Alexanko, y este los llamó para que se incorporaran como *scouts* al Barça B, que entonces dirigía Guardiola. Los fines de semana veían siete partidos cada uno mientras el novio de la sobrina de Carles grababa al rival que más les interesaba. Durante el resto de la semana preparaban los informes para Pep.

Al principio trabajaron con lo puesto, con medios bastante básicos. Disponían del Nacsport, un *software* de videoanálisis que Tito Vilanova, segundo de Pep, ya había usado. Lo combinaron con el programa Digital Video Sports, que empleaba la sección de balonmano del Barça.

Aquel año el equipo subió de categoría, Laporta nombró entrenador del primer equipo a Guardiola y este los llamó por teléfono: «"Venid a la cova", nos dijo». La cueva era el despacho del entrenador, un lugar oscuro oculto en las entrañas del Camp Nou. «No sabíamos ni dónde estaba el vestuario del primer equipo, así que tardamos un buen rato en llegar. No lo encontrábamos. A la reunión también asistieron Txiki y Laporta.

Pep tomó la palabra: "Sin estos dos no puedo entrenar al primer equipo". Laporta respondió: "Vale. ¿Cuánto queréis cobrar?". Fíjate si íbamos perdidos que le dijimos: "Lo que sea, Jan, lo que te parezca bien, no sabemos cómo funciona esto".»

Era el 14 de julio de 2008, día en que Dome cumplía años. Poco después viajaron a Saint Andrews con el primer equipo. Una empresa les diseñó un *software* especial, el *Eric*, con el que trabajaron durante los cuatro años siguientes, hasta que se fueron a Alemania. «Allí descubrimos el paraíso —explica Carles Planchart—, empezando por las instalaciones de los campos. Podíamos trabajar en tiempo real, bajar directamente a los vestuarios durante los descansos, la Bundesliga nos facilitaba todo... era genial.» Desde entonces trabajan con el programa Sportscode, el más famoso del mundo en este campo.

Carles y sus tres analistas también cuentan en Inglaterra con las mejores herramientas. Su gran enemigo es el tiempo: «No soy el mejor analista del mundo, pero tengo una gran ventaja: sé lo que Pep necesita y eso lo agiliza todo. Cuando me pregunta "¿recuerdas cómo montamos aquella defensa contra el Schalke?", yo lo recuerdo. Y eso ayuda mucho cuando has de preparar cinco partidos en 10 días. Nuestro enemigo es el tiempo».

Dome y Carles siempre han trabajado con Pep excepto los meses en que este vivió en Nueva York. A ambos les quedaba un año de contrato con el Barça y lo cumplieron. Dome se arrepiente de no haberlo roto. Carles también, pero la empresa familiar estaba entonces al borde de la quiebra y necesitaba el empleo. En cierto modo tienen remordimientos. De todas formas, fue un mal año para ellos. Pep no está de acuerdo, cree que hicieron bien quedándose. Lo cierto es que el Barça no los trató con demasiada elegancia. «Tenía la sensación de que lo estaba traicionando. Él siempre me decía: "No, escucha, piensa en tu familia". Yo contestaba: "Sí, ya, claro"», explica Dome, que, en cualquier caso, opina que a lo hecho, pecho.

Sobre lo que opinaba Guardiola al respecto hay una evidencia incuestionable: seis meses después los citó en su casa de Barcelona: «Nos dijo: "Tengo equipo para el año que viene, quiero que me acompañéis". Pensamos que íbamos a la Premier, la verdad. Charlamos unos 30 minutos y nos dijo que yo iría de segundo y Carles de tercero para ayudarlo con los informes. Sin saber nada más le dijimos: "Perfecto, no se hable más". Ni siquiera hablamos de dinero. Al cabo de un rato, conversando sobre nuestras futuras responsabilidades y tal, va y nos dice: "¡Eh, no me habéis preguntado adónde vamos! Vamos a Múnich". De verdad no lo esperábamos. Luego nos explicó por qué».

Cuando tres años después los convocó a su despacho de Múnich, ya no hubo ni sorpresas ni muchas aclaraciones. «Yo intuía que nuestro destino era Mánchester por la relación con Txiki y con Ferran y por lo que habíamos hablado mil veces: Txiki había apostado por Pep en el Barça y él le debía esa. Pep es un tío generoso y agradecido —cuenta Dome—. Sabíamos que quería ir a la Premier y el equipo que tenía más opciones era aquel donde estaba su gente. Hubo sus más y sus menos hasta el final porque el Bayern apretaba... Nosotros sospechábamos que si íbamos a la Premier sería al City, pero... En enero nos lo comunicó.»

Dome piensa que el mayor cambio de Pep a lo largo de estos años no está relacionado con el juego o su forma de trabajo, sino con la manera de tratar a los jugadores: «Pep es muy honesto y cada vez más. Al principio, en el Barça, intentaba ser discreto, tenía mucho tacto y paciencia para no hacer daño. Ahora no espera: va al grano y se lo dice al jugador. Es más directo. Creo que eso es bueno. Siempre ha ido de cara, pero ahora no pierde ni un minuto. Llama al jugador y le dice: "No me gusta ni esto ni esto ni esto". Afronta el problema más rápidamente, no espera a que pasen los días y se enquiste».

Lo que no ha variado es la manera de entrenar: se trabaja como se juega (así de fácil) salvo por algunos detalles para ganar intensidad si el partido lo requiere. De eso suele encargarse Loren. Pero siguen dividiendo el campo en cinco zonas horizontales para facilitar la basculación o el posicionamiento. Pep, como siempre, sigue ideando nuevas formas de motivación: igual los lleva al cine que les pone un vídeo sobre la historia de Mánchester. «Fue en casa, contra el Everton. Algo magnífico —recuerda

Dome—. Lo puso en el vestuario. Siempre consulta antes con el *staff*, quiere saber cómo lo vemos. Le dijimos que bien porque de verdad era muy bueno. El vídeo muestra un sentimiento de pertenencia. A nadie se le escapa que el City es aquí el equipo pequeño. Debemos sentirnos orgullosos y grandes: somos Mánchester, somos *blues* y podemos ser grandes. Es la idea de esta temporada: inculcar orgullo en un equipo muy joven. Necesitábamos que los jugadores creyeran en ellos mismos tanto como creíamos nosotros. Es fácil ser del United, el Barça o el Madrid, quizá no tanto del City. Mánchester es una ciudad dura: el tiempo, la historia... han pasado por malos momentos, han sufrido atentados, pero han salido adelante. Eso debemos reflejarlo, sentirlo como algo propio. Nuestra casa es el City. El 80 % de los catalanes somos del Barça y allí hay emociones que se sienten más que aquí, pero el vídeo fue emotivo para todos. Yo no soy de Mánchester y me conmovió. Todos lo vimos en silencio, sin pestañear.»

Domènec estuvo a punto de fichar por el Girona, pero al final, como ya hemos dicho, se va a Nueva York: «Los echaré de menos y añoraré las barbacoas con Mikel. Él trae chuletones de Tolosa y yo le hago de pinche en la brasa. Lo pasamos muy bien, vienen Ferran y Txiki, el cuerpo técnico, los empleados...

Mikel asegura que ha estudiado dos años en la mejor universidad. No había ninguna duda sobre la meta: quería estar sobre el césped y ha tenido la oportunidad de hacerlo junto al mejor entrenador del mundo participando en un proyecto revolucionario. Ha formado parte de ese proyecto: «La experiencia ha sido impresionante». Mikel trabaja muy cerca de los jugadores: «Le doy mucha importancia a eso. Nos tienen que sentir próximos y a Pep le falta tiempo para estar cada día con los 24. Ellos mismos deben decirnos "necesito mejorar esto" o "qué opinas de esto otro". No es algo negativo, todo lo contrario».

En el club se pone como ejemplo su trabajo con Sané, pero ha trabajado con muchos otros jugadores: «Era muy joven, llegó a un club nuevo, todo le resultaba nuevo. Yo viví en el PSG algo parecido, lo puedo entender. Has de jugártela, pero no es fácil, necesitas sentir la confianza del cuerpo técnico. Puede cambiar hasta la metodología del entrenamiento: todo en espacios más cortos, el juego es muy rápido, no hay espacio para correr... y le costaba. Sobre todo intenté darle mucha confianza, la mía y la de todos. Tal vez se viera un poco perdido y eso genera inseguridad, especialmente a esa edad. Procuramos ayudarlo brindándoles confianza. Mediante vídeos le indicamos dónde se hallan los espacios, qué opciones tiene, qué errores comete, cómo puede aumentar la intensidad. Mi función es esa en gran medida: percibir insuficiencias, lagunas. Si veo algo, no espero a que me lo diga el futbolista porque igual no me lo dice en tres meses. Abrirte en canal frente al entrenador, que vea tus carencias, cuesta mucho. Lo que nosotros hacemos es crear un espacio de confianza mutua para que ellos mismos nos den información. Y luego ofrecerles las herramientas para que mejoren. Debes preocuparte por el jugador».

Pep le ofreció esa misma confianza. Mikel llegaba a un equipo de trabajo ya formado y enseguida le dio bola. Lo llamó al despacho cuando, en la primera temporada, se preparaban para recibir al Arsenal: «El partido es tuyo, tú mandas. Sé que los conoces mejor que yo y creo que estás capacitado para dirigir el grupo: adelante, haz lo que te salga». «Los conocía mejor que yo, venía de jugar con ellos dos meses antes, conocía a Wenger, no tuve ninguna duda —explica Pep—. Fui y les dije a los jugadores: "Esta semana manda Mikel".» Quizá al principio se sorprendieron un poco, pero el argumento era bastante lógico considerando la experiencia de Mikel en el equipo rival.

«Me hizo mucha ilusión, mostró un alto grado de confianza en mí: era un partido grande donde nos jugábamos mucho. Como no soy un insensato, ya había preparado un poco el trabajo, ya contaba con que Pep pediría mi opinión. Le expuse la idea: "Esto es lo que ellos hacen y así plantearía el partido". Me dio el OK y nos pusimos manos a la obra. No sé cómo se lo tomaron los jugadores.» El City ganó 2-1 con un gol decisivo de Sterling. «La verdad es que aquella noche dormí tranquilo.»

Mikel interviene muy activamente en los entrenamientos: «Me viene bien participar porque así me mantengo en forma. He sido jugador y lo tengo todo muy reciente. Observar desde dentro lo que hemos preparado es una buena manera de ver las cosas. Así advierto si en una posición no me da tiempo a cerrar o si aquí llego tarde o si allí me quedo solo en la presión... Lo visualizas desde dentro y luego dices: "Esto no funciona porque nos superan en tal zona". Como jugador cumples órdenes, sigues las instrucciones. Como entrenador cambia la perspectiva: observas cómo funciona por dentro lo que antes has planeado desde fuera, y ves otras cosas».

Reconoce que, cuando juega partidillos, se lo piensa antes de meter la pierna. «¿Te imaginas que lesiono a alguien?», bromea. Pero no se corta un pelo a la hora de protestar a Dome: «Soy un pelmazo».

El grupo se ha roto con el adiós de Dome. «Se apañarán sin mí. Bueno, no sé cómo van a arreglar lo de las barbacoas, pero el resto...», asegura desde Nueva York. Se ha ido con dos espinas clavadas. Una futbolística: no poder seguir mejorando las jugadas estratégicas, de las que era responsable. «Si miras la estatura del equipo, mejor no podríamos haberlo hecho», señala Guardiola. No le falta razón: durante la Liga 2017-2018, el Manchester City marcó un total de 17 goles a balón parado (ocho de córner, uno de falta directa, tres de falta indirecta y cinco de penalti, según datos de la Premier), un 16 % del total. Por contra, en esa competición solo ha encajado tres tantos a balón parado, un 9 % del total. «Está muy bien —opina Carles Planchart—. La estrategia se ha de trabajar mucho y apenas hemos tenido tiempo, pero hemos sabido aprovechar el trabajo hecho. Para un equipo que, como el nuestro, defiende en zona, hemos sido muy eficientes.»

La otra espina es que su madre, Carme, murió antes de verlo ganar la Premier: «El día del Feyenoord, en septiembre de 2017, vimos el partido juntos en el hospital. Era muy futbolera y ya estaba muy mal». Fue el único partido que Dome no presenció desde el banquillo del City. Carme lo tuvo claro:

«Me dijo: "Este año vais a ganarlo todo, jugáis muy bien". Era una visionaria».

Pep también. Ha construido el mejor equipo en la historia de la Premier y, para lograrlo, el «con quién» no ha sido menos importante que el «cómo».

CAPÍTULO 27

43 SEGUNDOS, 16 PASES Y UN GOL

I feel so extraordinary
Something's got a hold on me
I get this feeling I'm in motion
A sudden sense of liberty

NEW ORDER, «TRUE FAITH»

El 14 de octubre de 2017, Ralph Lauren cumplió 78 años, Sara, la pelirroja duquesa de York, vivió la víspera de su 58 aniversario, el Crystal Palace, que iba último, le ganó al Chelsea de Conte y el Man City le metió siete goles al Stoke. Antes de empezar la décima jornada 10 de la Premier, City y United empataban a puntos en la cabeza de la tabla. Ese mismo día, los *red devils* visitaron al Liverpool y en Anfield bautizaron una grada con el nombre de Kenny Dalglish, «el rey», que horas antes del partido declaró: «Klopp está haciendo un trabajo fantástico, pero creo que este año al City no lo parará nadie en la Premier». Buen pronóstico.

«Están todos en Liverpool», bromeó Pep el viernes durante la rueda de prensa anterior al partido cuando, tras cuatro o cinco preguntas, nadie parecía animarse a levantar la mano. Al final le preguntaron por algo que había dicho Pochettino y Guardiola se mosqueó.

Días antes, Pochettino había acusado a Pep de faltarles al respeto: «Guardiola fue irrespetuoso con nosotros. Todos los miembros de este club merecen ser reconocidos. A muchos les pareció penoso lo que dijo. Cuando estaba en Barcelona nunca me referí al Barça como "el equipo de Leo Messi"». Al técnico del City no le hizo mucha gracia el malentendido: «Pochettino se equivoca. Nunca he faltado al respeto a un colega», declaró. La polémica se originó por unas palabras de Pep, que se refirió al Tottenham como «el equipo de Harry Kane». La expresión le parecía un elogio, pero no se interpretó así. Si a un equipo respeta Pep en la Premier es a los *spurs*.

El Kun Agüero reaparecía aquella tarde tras el accidente de Ámsterdam sobre el que ya hemos hablado. En la punta jugó Gabriel Jesus, que terminó marcando dos goles, con Sterling a la derecha y Sané a la izquierda, que salieron a un gol por cabeza. El partido contra el Stoke City fue casi tan espectacular como la Batalla de Hastings, que se libró ese mismo día, pero en 1066. Guillermo, duque de Normandía, reunió a unos 6000 hombres y cruzó el Canal de la Mancha para destronar al rey Harold de Inglaterra. La lio parda: se cargó a Harold, ganó la batalla y cambió el curso de la historia.

Alguien dijo que Guardiola necesitaría 20 meses para implantar su idea. Se equivocó. «Al segundo entrenamiento tuve claro que era cuestión de días. No he visto nunca a un entrenador con esa capacidad para transmitir ideas. Es contagioso», sostiene Mikel Arteta. «Nos dice las cosas que van a pasar... y pasan», señala David Silva.

El caso es que contra el Stoke, 15 meses después de su primer entrenamiento, el plan de Pep, ya patente en muchos partidos de la temporada anterior, quedó reflejado en la jugada del segundo gol. Como ya se ha dicho, la idea innegociable es tener la pelota, moverla como un arma definitiva y letal.

«Algún día entrenaré a un equipo pequeño con el que será imposible ganar nada porque no tendremos a Messi ni tendremos el peso de la historia, como en el Bayern, ni tendremos dinero para fichar a Sané o a un portero como Ederson, pero, amigo, ese día la pelota seguirá siendo nuestra, te lo juro», le dijo Pep a un colega tomándose un vino el día en que, tras batir todos los récords de la Premier, con el título en el bolsillo, se le inflaron las pelotas al saber que aún había quien censuraba su sistema y pensaba que lo suyo era muy fácil. «Pasará, no lo dudes», y se tomó un trago de vino.

Día 14 de octubre de 2017, en el Etihad: Gabriel Jesus acababa de marcar el 1-0 en el minuto 17 y el Stoke puso la pelota en juego. El City recuperó el esférico en lo que tardaron los de Mark Hughes en sacar y mandar un balonazo al carril derecho de su ataque: 10 segundos y la pelota volvía a ser para los celestes. La robó Otamendi, que se interpuso entre la bola y el oponente, la protegió y se la dio de tacón a Delph sobre la línea de banda. Delph serenó la jugada sirviendo al portero y, a partir de ahí, la pelota pasó por los pies de Fernandinho, Stones, De Bruyne y Walker. Volvió al belga pelirrojo, que encontró a Silva y este la dejó atrás para Otamendi. Reapareció Delph, volvió el esférico a Silva y este vio la carrera de Sané en profundidad, ya en el área del Stoke. El alemán buscó la línea de fondo y reculó hasta que, sobre el área grande, se la dio a De Bruyne. Este la volvió a filtrar para Sané y el pase atrás lo remató Sterling a bocajarro. Golazo. La tocaron todos menos Gabriel Jesus mientras el Stoke se dedicaba a cazar sombras. El balón corrió más rápido que nadie y en 43 segundos dieron 16 pases para marcar un gol que tuvo todo lo que Pep le pide al equipo.

«Tenemos que dar pases, y pases, y pases. Un pase nos ayuda a estar juntos y desordena al rival», les ha dicho mil veces a sus jugadores Pep Guardiola. «Corremos para recuperar el balón. No corremos por correr, no presionamos por presionar. Siempre creemos que si recuperamos el balón arriba estamos más cerca de marcar gol. Pero cuando lo recuperamos, sea donde sea, hemos de pensar en el gol. Y para eso hemos de buscar un pase —afirma el catalán—. Sin el balón, todo el mundo corre. Con balón, tratamos de jugar y dejamos que los rivales corran para, en el momento oportuno, atacarlos y marcar. Por eso hay que asociarse, pasarse la pelota, tener paciencia, esperar el momento oportuno. Elegir el momento siempre es lo más importante.» Palabra de Pep.

Henry Winter, jefe de la sección de fútbol del *Times*, se quedó maravillado con el gol y así lo escribió en su crónica del partido: «Fue uno de los destellos de fútbol más fascinantes que se han visto en suelo inglés durante los últimos 50 años».

«Lo más difícil es hacerlo fácil —dijo Pep (43 segundos y gol)—. Estoy feliz. Veníamos del parón de selecciones y nunca es sencillo. No perdimos balones, jugamos rápido y simple y por eso estoy muy contento. Ha sido nuestro mejor rendimiento desde que llegué.» El City tuvo la pelota el 80 % del partido, (el 83 % en el primer tiempo), chutó 20 veces a puerta (por cinco del Stoke), remató 11 entre los tres palos (cinco del Stoke) y solo cometió cinco faltas (ocho los de Hughes). Marcaron Sterling, Gabriel Jesus (2), David Silva, Fernandinho, Sané y Bernardo Silva.

Aquella tarde, De Bruyne firmó una de las asistencias de la temporada, un pase en diagonal que cruzó el campo de un lado al otro, raso, y conectó con la carrera de Sané. «Fue una locura. Yo solo le grité algo como «¡eh, que estoy aquí!» y de golpe tenía el balón», declaró con asombro el alemán sobre la asistencia que él convirtió en el sexto gol. El belga fue elegido «hombre del partido» y hasta Mark Hughes se rindió a su juego: «Es sensacional. Para ser honesto, ahora está muy por encima de cualquier otro jugador de la Premier. Mark Hughes jugó en el Barcelona dos temporadas (1986-1987 y 1987-1988) cuando Pep Guardiola era recogepelotas en el Camp Nou. El hombre no le ha ganado un solo partido a Pep en la Premier.

Después de golcar al Stoke, Pep dijo: «No puedo negar que esta ha sido la mejor actuación desde que llegué aquí. Estoy aquí para ganar, no para entretener. No soy un mago, pero la manera como queremos jugar es esta». Y de esa manera, defendiendo esa idea, ganó el City la Premier. Con goles como el que le metieron al Stoke el 14 de octubre.

Ese mismo día nacieron Roger Moore (1922) y Cliff Richard (1940); ese mismo día murieron Errol Flynn (1959) y Leonard Bernstein (1990). El 14 de octubre de 1947, el piloto estadounidense Charles Yaeger superó por primera vez en la historia la barrera del sonido (1234,8 kilómetros por hora) al mando de un avión Bell X-1. Pero volvamos a 2017. En Anfield, el partido acabó cero a cero entre el Liverpool y el United. El City era ya líder en solitario con una ventaja de dos puntos sobre sus paisanos y la diferencia no pararía de crecer a partir de entonces. Kenny Dalglish estaba en lo cierto.

CAPÍTULO 28

LOS PEAKY BLINDERS

He's a god, he's a man,
he's a ghost, he's a guru
They're whispering his name
through this disappearing land
But hidden in his coat
is a red right hand

NICK CAVE, «RED RIGHT HAND»

«Era el primer entrenamiento y recuerdo que pensamos: "¿Qué cojones hacen estos locos?".» Quien habla es Domènec Torrent y se refiere a tres miembros del equipo técnico a los que llama «los Peaky Blinders». Tres tipos que, de momento y que se sepa, aún no forman parte de una banda de delincuentes como los de la serie televisiva. Pero conociéndolos... Ally, Brandon y Mike son los utileros del equipo, una bendita locura que rodea a la plantilla del Manchester City y que resume «perfectamente» (por usar el adverbio de Guardiola) el espíritu del equipo.

Los veteranos del *staff* ya los conocían y no les sorprenden las extravagancias del trío. Una vez llevaron en su furgoneta (entre balones y bolsas de botas, como si fuera un bulto) a un amigo de Pep que no tenía ninguna posibilidad de asistir a un partido contra el Hull. «Era la única solución», comentan entre carcajadas.

Brandon es seguramente el más travieso. Con la cabeza rasurada, bajito, poblada barba pelirroja, su acento es tan cerrado que se le entiende entre poco y nada. Y lo más importante: tumba a cualquiera a pintas de cerveza. Tiene 25 años, pero ya lleva en el City casi una década.

«En 2004 fui al estadio por primera vez. Desde aquel momento pensé que quizá algún día me podría ganar la vida trabajando allí», confiesa entre pintas. Justo antes de acabar el instituto trabajó unas semanas en el club. Su padre era íntimo amigo de Les Chapman, conocido como Chappy, una institución en el equipo. Chappy fue futbolista profesional entre 1966 y 1987. Jugó en equipos de los alrededores de Mánchester como el Oldham, el Huddersfield o el Stockport, del que llegó a ser entrenador mientras aún corría por la cancha. Luego se dedicó a los banquillos hasta 1997, cuando lo dejó y fichó como utilero del City, donde se convirtió en un tipo muy querido. Y famoso por sus bromas. Estuvo 17 años en el cargo hasta que decidió cambiar de papel. Ahora trabaja para el departamento de contenidos y es una de las caras más populares entre los aficionados a los vídeos del club. De hecho, en el vídeo promocional hecho para la ocasión, era el conductor del taxi que «llevó» a Pep a la CFA el día de su presentación como *citizen*.

Así que Chappy, curtido en los vestidores, fue el maestro del pelirrojo cuando este tenía 15 años y aún le quedaba pelo en la cabeza. Le gustó tanto el trabajo que, durante el verano, Brandon le iba pidiendo a su tutor si volvía a necesitar manos. Chappy le dijo que se pasara por allí, que había que preparar la pretemporada. Días después le consiguió a Brandon un boleto para ir al *stage* en Alemania. Al regreso, lo contrataron por un año. El trato era que los ayudara durante aquella temporada y luego fuese a la universidad. La realidad es que aún no ha salido de allí y que su única universidad han sido las calles y los pubs de Rochdale o de su barrio, Smithy Bridge y, por supuesto, los vestuarios de la Premier. Lo disfruta como un niño. No es *citizen* de toda la vida, de crío era fan del Rochdale, equipo de su localidad natal, pero todo se pega y ahora que nadie le discuta cuál es el mejor club de Inglaterra.

Sus dos compañeros llegaron más tarde. Ally en 2012, después de que el City ganara la famosa liga del gol de Agüero. Se marchó un utilero y él llevaba trabajando de esto desde muy joven en el Bolton. Su historia es curiosa. Ally fue jugador semiprofesional, pasó por la cantera del Burnley y el Stoke City y jugó en el Accrington Stanley. Llegó un momento de su vida en que surgió la oportunidad de ser utilero en el Bolton Wanderers, club del que su padre es un alto ejecutivo. Allí tuvo que decidir: apostarlo todo a una carrera de futbolista con remotas opciones de ganarse bien la vida o trabajar en otra cosa. Compaginó ambas actividades hasta que no pudo más. Llegó al City para formar equipo con Chappy y Brandon.

El último en llegar fue Mike. Lo hizo en 2014, cuando Chappy dejó su sitio para colocarse tras las cámaras. Ally ascendió a *kit manager* y reclutó a Mike, a quien conocía bien ya que coincidieron como futbolistas en la cantera del Burnley. Con él llegó al club el apellido más afrodisíaco de la ciudad: se llama Michael Clithero, Clithy para los colegas.

Su día a día incluye un amplio abanico de tareas: poner lavadoras y recoger la colada, preparar la ropa para los entrenamientos, organizar el dispositivo de material para el fin de semana, dejar las botas de los jugadores en el sitio adecuado, tener los balones a punto y, por supuesto, ir a la sesión del día. «Creo que los utileros del Bayern no salen al campo. Nosotros estamos allí desde Mancini, para nosotros es algo normal. Recuerdo que en la segunda sesión de entrenamiento todo el mundo estaba un poco impresionado con la llegada de Pep y yo me puse a correr para ir a buscar todas las pelotas o cualquier cosa que necesitaran. El *boss* vino y me dio unas palmadas en la espalda: "Me gusta esa intensidad, ¡me encanta!". ¡Joder! Me puse a correr más rápido aún», cuenta Brandon riéndose. De hecho, es difícil hablar con ellos y no reír. Una de las cosas que más ha sorprendido a Pep y a sus ayudantes es verlos sobre el césped en los entrenamientos cumpliendo cualquier orden que reciben. «No había visto nunca a tres encargados del material que vayan a ese ritmo. En un entrenamiento se sale un balón y van como locos a por él», observa Dome. De hecho, no ha habido una sola persona del *staff* que no haya alucinado con la predisposición del trío. «Ahora nos hemos acostumbrado, pero lo hacen todo así. Y con alegría, riendo. A veces Pep les dice que hagan de cono y lo hacen encantados», explica Lorenzo Buenaventura.

Manel Estiarte ha jugado al waterpolo 30 años, lleva 10 enrolado en la aventura de Guardiola y entiende perfectamente a Pep cuando dice que este es un vestuario especial porque la gente que lo rodea es especial: «He visto pocos sitios donde se trabaje con tanta pasión. Tienes que verlos. No ha habido un solo día que no salieran a entrenar. Y no tenían por qué. Bastaría con que hubiera uno, uno de material y un fisio... pero están todos si pueden. Y no es fácil, ¡hemos entrenado nevando! Se pelean por ir a buscar la pelota si sale, si Pep les pide que hagan los movimientos del central rival, lo hacen, si se han de convertir en conos, son conos... Viven con entusiasmo y la contagian. Solo podemos darles las gracias».

Ally, como jefe de los utileros, gestiona un *software* interno que permite saber la ropa requerida por los jugadores, cuántas piezas tienen, las tallas que necesitan, las prendas que prefieren. No lo llevan al milímetro, si no se volverían locos, pero lo tienen más o menos todo controlado. Antes de los entrenamientos y los partidos también limpian algunas botas con un aparato de vapor. Y no son pocos los futbolistas que, cuando reciben botas nuevas, les piden que las lleven primero para que vayan dando de sí. «Agüero tiene un pie enorme y me lo pide a menudo. Recuerdo que David Silva también me lo ha dicho a veces, y lo hacemos encantados», cuenta Brandon.

Dentro del vestuario no se los puede querer más. «Ellos son el pegamento entre las piezas del equipo. Necesitamos este tipo de gente. Son esenciales, de verdad. Si en algún momento damos un 10 % menos, ellos nos empujan y nos aprietan para volver al máximo. También gracias a ellos hemos logrado ser el equipo récord de esta temporada», dice Vincent Kompany, el capitán, el que lleva más años en la caseta y conoce perfectamente a los utileros.

«Son ejemplares. Hay que escuchar a los que curran. Cuando la cosa está complicada, los tres sonríen. También te digo que cuando vamos bien hay que pararlos» advierte Lorenzo Buenaventura, el preparador físico.

«Son tres putos cracks. Hacen lo que quieras, son capaces de todo. Algunas de las noches en que nos hemos reído más ha sido por ellos.» Domènec recuerda una noche en Swansea, durante su primera temporada. El City jugó dos partidos en cuatro días contra los galeses, por lo que se quedaron a dormir allí y aprovecharon para montar una barbacoa. «Nos montaron un espectáculo con canciones de Michael Jackson y varios más que era para morirse de risa. No sabes cómo unen al equipo esas cosas», dice el entrenador de Gerona.

Para la leyenda también ha quedado la tarde de Brandon en Bournemouth, durante la primera campaña de Pep. Jugaban allí un partido de Liga en febrero con un frío despiadado. La sensación térmica era de tres grados bajo cero o algo así. Los jugadores fueron a dar un paseo por la playa antes del partido y decidieron picar a Brandon: «No tienes cojones de bañarte». Aguantó al principio, pero no se pudo contener cuando varios miembros del cuerpo técnico le insistieron con lo mismo. Brandon se quitó la ropa y, en calzoncillos, emprendió una memorable carrera hacia la orilla con accidente incluido: lo atacó un perro que estaba jugando en la arena. Tras librarse del animal como buenamente pudo, llegó al agua y se bañó. Está grabado por todos los móviles. «El animal se tiró al agua. Es un fenómeno. Lo que nos reímos con Brandon no tiene precio», cuenta un jugador.

Hace años, con Pellegrini, se depiló las cejas por una apuesta. A Fabian Delph le costó mil euros. Recientemente, en Abu Dabi, montó otro festival dando un discurso a pleno pulmón cuando la plantilla cenaba en su noche libre. Y la euforia se le fue de las manos el día en que ganó una apuesta esa misma temporada. En el sorteo de octavos de final de la Champions, el grupo hizo una porra sobre cuál sería el siguiente rival. Pusieron 20 libras por cabeza, tocó el Basilea y ganaron Company, Gündongan y Brandon. Este se puso a celebrarlo encaramado a una silla y se abalanzó sobre el bote del dinero. Pep le dijo riendo: «Ahora tienes que repartirlo entre todos». La respuesta le salió del alma: «¡Vete a la mierda! ¡Esto es para mí!». «Varios me preguntaron: "Brandon, tío, ¿qué le has dicho al jefe?". Me dio bastante vergüenza... y me disculpé. No fue nada, estábamos de coña», recuerda el protagonista.

La admiración que siente por el técnico catalán es impresionante: «Cuando lo conocí quedé conmocionado. Ver a un tipo de su categoría, que lo ha ganado todo, y ver cómo trata a todo el mundo de la misma forma. Es muy humilde, un tipo muy normal, os lo juro. Me encanta que cuando da una charla quiere a todo su *staff* en el vestuario. Con otros entrenadores, ganabas un partido, te ibas a casa y pensabas que los jugadores habían ganado el partido para ti. Con Pep, llegas a casa y sientes que tú también has ganado. Cuando me preguntan mis amigos, lo digo claro: es el mejor con diferencia».

Guardiola también ha establecido una conexión muy estrecha con Brandon, tanto que le dio el encargo de levantar los trofeos en nombre del *staff*. Sucedió por primera vez en Wembley, cuando golearon al Arsenal en la final de la EFL Cup: «Fuimos a la fiesta después del partido y Pep dijo: "Brandon, levanta el trofeo". Lo hice y lo celebramos de cojones, pero no acabó ahí porque en el vuelo de regreso vino el *boss* y me dijo: "Cuando ganemos la Premier, tu vuelves a levantar la copa"». Llegó el 6 de mayo, día del partido contra el Huddersfield en el que se entregó la copa. Después de que la levantaran los futbolistas ante su afición, todo el equipo técnico se agrupó en el centro del campo. Decenas de personas. En medio apareció la calva brillante y la sonrisa de Brandon. Alzó la Premier al cielo para alegría de sus colegas, que lo quieren hasta rabiar. «Será un recuerdo para toda la vida» y no deja de dar las gracias a Pep. Incluso cuando están de fiesta.

«Siempre que celebramos algo y me tomo unas copas, me acerco a Pep y le digo cuánto lo quiero. Le digo que por favor se quede, que lo necesitamos, que no se vaya —cuenta mientras ríe un poco avergonzado y muy orgulloso—. También te digo que en esos momentos puedo ver su cara pensando: “Ya está aquí otra vez. ¡Vete a la puta mierda, pesado!”.»

Nadie piensa eso porque nada sería igual en el City sin los Peaky Blinders.

CAPÍTULO 29

DAVID SILVA: EL GENIO INVISIBLE

Sailed out to sea, your mum you and me
You swam the ocean like a child
Life around us was so wild
Thank you for your smile
You make it all worthwhile to us

OASIS, «LITTLE JAMES»

El 13 de diciembre de 2017, la expedición del City se preparaba para jugar contra el Swansea en el hotel Marriott de la ciudad galesa (probablemente uno de los peores hoteles del país) cuando David Silva recibió una llamada de su novia. Las noticias eran alarmantes: embarazada de 24 semanas, estaba perdiendo líquido. Camino del campo se lo contó a Edu Álvarez, fisioterapeuta del equipo y amigo suyo desde hace muchos años. Aún en el hotel, antes de ir hacia el estadio, buscaron un avión para volar al día siguiente desde Mánchester a Valencia e ingresar a Jessica en la Casa de Salud.

Silva temblaba literalmente ante la posibilidad de perder al bebé. Edu estuvo a medio segundo de decirle a Guardiola que sacara a David de la alincación. «Es imposible que un tipo con ese problema pueda jugar bien un partido», explica. Silva no solo jugó: fue el mejor, metió dos goles y estuvo a punto de lograr un *hat-trick*. Al día siguiente, Jessica y él volaron en un avión privado a Valencia. Así ha pasado el año. De la CFA a la Casa de Salud valenciana. Allí celebró el título.

«A Pep le estaré agradecido de por vida, lo que ha hecho por nosotros es increíble», dice el 21. Cuando supo lo que ocurría, Pep lo llamó a su despacho. Allí estaba también Manel Estiarte. «Me dijo: "Vete cuando lo necesites y vuelve cuando puedas. Solo dime cuándo puedo contar contigo y no te preocupes de nada. Ven cuando creas que puedes jugar". Es imposible olvidarlo», cuenta David.

«Me parece que cualquiera en mi situación hubiera hecho lo mismo —se limita a decir Guardiola—. Jugó cuando estaba listo para jugar. Su vida personal es lo más importante.» «No lo tengo yo tan claro. No sé si otro entrenador hubiera hecho lo mismo», dice Edu Álvarez, que una mañana entró en el despacho de Pep para darle las gracias. Pocos en el equipo conocen como él las adversidades que ha afrontado Silva. «Pep me mandó al carajo, me dijo que allí no había nada que agradecer», cuenta el fisio asturiano.

Silva no jugó contra el Tottenham (fue el primer partido que se perdió), pero el 23 de diciembre dio un recital ante el Bournemouth. Cuatro días después, el City ganó en Newcastle y en Valencia nació Mateo, un bebé muy prematuro. Un niño, lo cual resulta aún más complicado en estos casos. En el equipo se tenía conciencia de la situación, pero Pep solo dijo que Silva tenía permiso por cuestiones personales. La estupidez humana hizo el resto: se dispararon los rumores y el jugador se vio obligado a emitir este comunicado:

> Quiero agradecer a todos las muestras de cariño recibidas estos días, en especial a mis compañeros, al míster y al club por comprender la situación. También quiero compartir con ustedes el nacimiento de mi hijo Mateo, que ha tenido lugar de forma prematura extrema y que está superando sus primeros días gracias a la atención del equipo médico.

Para David Silva, una persona enormemente discreta, la situación era muy incómoda más allá de lo doloroso que supone pasar por una situación tan complicada. Un buen amigo del canario sostiene la teoría de que si pudiera jugaría pixelado para que nadie supiese qué cara tiene y así poder salir a la calle tranquilo con su gente.

«En aquellos días él solo quería respeto, y en el fútbol eso cuesta —explica Domènec Torrent—. Yo no tuve un problema tan grave, pero mi hija estuvo un mes en la incubadora. Recuerdo que le dije: "Mira, Carla mide casi 1,80 y está guapísima. Sé fuerte, estos meses son básicos".»

A David solo lo vieron romperse el día en que nació su hijo. Fue el único momento en que lloró, cuando los médicos le explicaron lo que ocurría: «Luego vi cómo luchaba Mateo para sobrevivir y pensé: "Si él lucha así, yo no me voy a venir abajo"». Silva se perdió un partido contra el Liverpool que había planeado jugar porque tres días antes sufrió una intoxicación de marisco en Valencia. A partir de entonces alternó ausencias con actuaciones excelentes.

En el primer partido sin David, cuando ya sabían todos que Mateo tenía un problema pulmonar, Pep no dio charla. Solo les dijo a los futbolistas que jugaran por David, que ganaran el partido por su hijo. Fue el día del Tottenham y los celestes ganaron por 4-1. Kevin De Bruyne anotó uno de los goles, y se fue rápidamente a celebrarlo en el córner, ante las cámaras. Allí levantó dos dedos de su mano derecha y el índice de su mano izquierda formando el número 21, el número de David.

Hubo otro día en que el carácter del canario salió a relucir. Alguien había colgado en las redes una foto tomada en una zona de la CFA donde está terminantemente prohibido usar el teléfono. «El míster se cabreó de verdad y nos prohibió el teléfono durante tres días, pero David siguió usándolo —cuenta uno de los castigados—. Nos dijo que necesitaba estar localizable, que tenía a su hijo en un hospital y que no se dedicaba a hacer tonterías. Y todos callados, porque llevaba razón, claro. Así que el único teléfono que funcionó con permiso de Pep fue el suyo.»

«Es todo un temperamento, por eso pelea las bolas en el campo como lo hace. Y las gana. Seguramente por eso ha podido rendir como lo ha hecho en una situación tan difícil», dice un compañero.

Silva ha jugado 3198 minutos (es el octavo de la plantilla) distribuidos en 40 partidos. Ha marcado 10 goles y ha servido

14 asistencias. En la Premier, nueve goles y 11 asistencias. Es el tercer máximo asistente de la competición empatado con Sterling y solo superado por Sané y De Bruyne. Los cuatro mayores asistentes de la Premier han sido del City. Silva ha dado 2429 pases en ese campeonato (una media de 83,76 por partido), el cuarto de la plantilla superado por Otamendi, Fernandinho y De Bruyne. Ha recuperado 135 balones, ha ganado 120 duelos defensivos y ha perdido 107. Es uno de los más bajos en la plantillas, pero gana más balones de los que pierde. También es un jugador fiable en el juego aéreo: de 28 disputas en las alturas de la Premier Legue, ha ganado 17.

«Es el jugador del año, hace lo que quiere y cuando quiere. Desde que llegué ha estado increíble, me ha ayudado mucho, y espero que siga así lo que resta de temporada: cuando juega solemos ganar. Repito: ha sido el mejor», afirma Kevin De Bruyne. «La fuerza mental que ha demostrado este año es increíble», dice Mikel Arteta. El exjugador del Arsenal vive rendido al talento del canario: «Siempre he dicho que es el jugador de la Premier que más me costaba marcar. Es muy inteligente en la gestión de los espacios detrás de tu espalda. Yo jugaba de mediocentro y él se movía por todos sitios, me volvía loco. Cuando me han preguntado cuál es el jugador más especial del equipo lo he tenido claro: David. Para mí es el mejor y de los más grandes que han pasado por Inglaterra. Tiene una gran calidad que muchas veces pasa desapercibida y es que en su posición, donde es tan difícil generarse espacios, él los encuentra. Además es muy fiable, nunca juega mal, no baja de rendimiento. Esto es muy difícil. Es superconstante. Va a cada bola, pelea, la lucha y la gana. Te mete culo, cuerpo, gana el segundo balón...». David suele bromear con Mikel: «Para mí fue un regalo que Mikel dejara el fútbol. ¡No sabes las patadas que me daba!».

A Silva lo incomodan los elogios, pero este año se los ha llevado todos. Guardiola es uno de los admiradores: «Sabía que era bueno, pero estoy impresionado. Cuando Silva jugaba en el Valencia, Unai Emery me aconsejó que lo fichara, pero se nos escapó. Ahora pienso lo que pudo haber sido en aquel Barça.

Una de las razones que me llevaron al City fue la posibilidad de trabajar con él. Ahora que lo tengo en mi equipo puedo acreditar que aún estoy más impactado. Es un ganador, tiene una mentalidad positiva, es un luchador, corre mucho, es un jugador fantástico. David es extremadamente competitivo. Todo el mundo conoce su habilidad, de eso no hay duda, pero es que no podéis imaginar lo competitivo que es. Es un chico con clase y una fiera que siempre quiere ganar».

«Es cierto, a veces lo hablo con Pep: "¿Te imaginas haber fichado a David en la época del Barcelona? Hubiera sido de locos" —explica Dome Torrent—. Pelea sin descanso. Con la altura que tiene, le viene un tipo de 1,90 y baja el balón, lo controla. La calidad que tiene y el saber estar... Conocía esa calidad, pero aun así me ha impresionado mucho. No esperaba que fuera tan bueno. Está entre los 10 mejores del mundo.»

Pep fue muy claro en una rueda de prensa: «Mantenerse en esta Liga es muy complicado por el gran componente físico y las condiciones climáticas, pero él sobrevive a todo. Ha sido uno de los mejores jugadores que hay en Inglaterra durante mucho tiempo. No habla mucho, pero en los partidos, cuando rueda el balón, se expresa de maravilla. Nunca se esconde, incluso cuando el partido es duro, y esto es muy importante». Es posible que Inglaterra tenga un problema para valorar en su justa medida a los jugadores que trascienden las estadísticas. David es un caso evidente. Guardiola añadió: «Me extraña que en los nueve años transcurridos desde que llegó solo haya sido escogido una vez mejor jugador del mes». Será la manera británica de no ver lo obvio.

Pero Brian Kidd es muy británico y lo compara con un mito del fútbol inglés: «Bobby Charlton era exactamente igual. Podía no jugar el mejor partido, pero siempre quería el balón. Es espectacular, de lo mejor que ha pasado por este país. David es el tipo de jugador que siempre quiere el balón. No le quema. Esto es una gran señal».

Tras nueve años en Inglaterra, al fin Silva ha empezado a recoger los elogios que merece su juego. Ahí está, sin ir más lejos, Thierry Henry: «Es el mejor centrocampista creador que he visto en esta Liga». O Jamie Carragher: «David Silva es el mejor futbolista en la historia del Manchester City. Solo lamento su edad: ¿cuánto tiempo podrá seguir jugando?».

En el City no ha tardado tanto porque el respeto y la admiración los ha tenido desde el primer minuto. Cuentan en el vestuario que el recién llegado Danilo se dirigió al técnico tras los primero entrenamientos y le preguntó: «Oye, ¿David Silva es siempre tan bueno?». También se ha ganado la estimación de las leyendas del club. «David Silva es uno de los mejores jugadores que he visto en mi vida. Su forma de entender el fútbol es excelente. Lo hace todo bonito. Acabará en los libros de historia de este club siendo uno de los mejores que se han visto por aquí», dice Mike Summerbee, ahora embajador internacional del Manchester City. Mike, experto en fútbol, en bares, en trajes y en amores, se echa las manos a la cabeza cuando piensa en la vida sin él: «El gran problema que tendremos algún día es saber quién sustituirá a Silva. No sé dónde podremos encontrar a alguien así. Si yo fuese una mujer, estaría enamorada de David». Summerbee ha estado de vacaciones en la isla que vio nacer al futbolista: «Fui cinco días a Gran Canaria con mi pareja. Nos alojamos en un hotel que David conoce y nos dieron una *suite* espectacular. También visitamos Arguineguín. Allí hay un restaurante muy famoso, justo en el puerto. Cuando llegamos había una cola enorme esperando para entrar, así que le dije a mi novia que no había forma de comer allí, pero luego decidí probar suerte como un espabilado. Me planté en la cabeza de la cola y bastó mencionar el nombre de Silva para que nos llevaran a una mesa reservada». Ahora entendemos por qué está enamorado de David.

El pelirrojo y barbudo Brandon Ashton estuvo en Gran Canaria en junio de 2018 y también visitó el pueblo de Silva. Volvió de una pieza, que en su caso no es fácil. Tal vez el secreto de David esté en los utileros, Alli, Mike y Brandon, que descubrieron un día cómo calentarle las botas antes de cada partido. A Silva le gusta jugar con los pies calientitos y el club terminó instalando una máquina de vapor que calienta el calzado. También la usan Walker, Zinchenko o Delph. Pero lejos de casa, donde no disponen del aparato, se las apañan con un secador de pelo: las botas del canario siempre están a la temperatura adecuada.

El jugador se encoge de hombros y mira a Pep cuando se siente abrumado por las alabanzas: «Lo que ha hecho en este equipo tiene un mérito tremendo y no es fácil. Jugamos de una manera muy atractiva, muy agradable de ver, pero también de participar. Lo pasamos muy bien en el campo. Ha sido muy inteligente. A mí me ha cambiado la posición. Antes jugaba más en la banda, ahora juego más por el centro y con más libertad. Eso es bueno para mí, toco más la pelota». El de Arguineguín también ha cambiado de casa este año. En la primera temporada de Pep, la 2016-2017, fue escogido por el club como «mejor jugador del año». En la segunda, la 2017-2018, fue incluido en el «equipo de la temporada». Es el futbolista del City que ha ganado más partidos de la Premier (167) y el tercero en partidos jugados (249). Solo lo superan Richard Dunne (253) y Joe Hart (266).

«David es un héroe en este club. Por todo lo que ha hecho, por su capacidad para adaptar sus cualidades a un juego tan físico. Estoy contento porque hizo el comunicado y ahora todo el mundo conoce lo ocurrido. Su conducta ha sido impecable», dice Pep.

Alan Shearer dijo esto en la BBC: «Estamos viendo a un mago llamado David Silva. Sus actuaciones son cada vez mejores. Es rápido, no hay nada que no pueda hacer... Es magnífico». Y Gary Lineker escribió esto en Twitter: «David Silva es la leche. Solo por verlo valió la pena quedarse esta noche». Durante un partido en Huddersfield, alguien colocó en el vestuario una caricatura del número 21 acompañada de este nombre: David Potter.

Es un mago y, si pudiera, se haría invisible. A veces lo parece cuando tiene la pelota, y los rivales persiguen entonces a un fantasma. A un genio invisible .

CAPÍTULO 30

LOS PILARES OCULTOS

Let the feeling come
Get in the story, come on
Now turn the future on us

JOHNNY MARR, «CANDIDATE»

Cuando la era Guardiola asomaba por el horizonte, el primer movimiento del City en el mercado de fichajes fue meter a un tipo en las cocinas de un hotel de Ámsterdam. Hay quien asegura que lo sacaron en un maletero, como si fuera Mike Summerbee o George Best escapando de sus febriles admiradoras allá por los años setenta, pero no hemos podido confirmarlo. La incursión hotelera, en cualquier caso, acabó con Ilkay Gündogan fichado por el City. «No hacía falta hablar con Pep, me bastaba con saber que me quería en su equipo», recuerda el alemán.

Era abril de 2016, poco antes de que el técnico acabara su última temporada en el Bayern. Allí, en Ámsterdam, se cerró el acuerdo para la incorporación de Gündo, una reunión donde Begiristain y los emisarios del futbolista fueron cazados por los paparazis. Una anécdota intrascendente, pero que le pregunten a Rob, el chófer contratado por el City, que no paró de dar vueltas por la ciudad con Txiki.

«Me encantaba, me volvía loco cada vez que nos enfrentábamos a él en Alemania», confiesa Guardiola, que sufrió a Ilkay en su propia piel cuando este jugaba en el Borussia Dortmund de Jürgen Klopp. Allí se produjeron los primeros contactos: manos que se estrechan y algunas collejas al acabar los partidos. Su admiración por el alemán tuvo su colofón en Ámsterdam. Gündo estaba entonces lesionado, se había dislocado la rodilla y no pudo acudir a la Eurocopa. De hecho, llegaría lesionado a Mánchester.

El viejo conocido Jürgen Klopp, ya instalado en Liverpool, se interesó por su situación. «Hablé con Jürgen de varios temas. Siempre le gusté como jugador y mentiría si dijese que no lo intentó», declararía Gündogan al *Daily Mail* en enero de 2018. Pese a su amistad con Klopp, una de las personas más importantes en su carrera, el interés de Guardiola fue una oportunidad que no podía dejar escapar: «Saber que Pep sería mánager del City lo cambió todo. Pensé que era una gran oportunidad para jugar en la Premier League, una de las mejores ligas del mundo, y con uno de los mejores entrenadores del mundo. Eran motivos suficientes para decidirme. Fue bastante fácil».

Y no se arrepiente: por los buenos momentos vividos, pero también por los malos. Llegó a Mánchester en plena recuperación de su rodilla; de hecho, atendió a los medios por primera vez, el día de la presentación de Guardiola, con muletas y visiblemente cojo. No pudo debutar hasta el 14 de septiembre de 2016, en el primer partido de la Champions contra el Borussia Mönchengladbach. Aquel día jugó 83 minutos y dio una asistencia de gol. No dejó de jugar y de mejorar hasta encontrar su mejor versión.

Pero todo se truncó justo tres meses después: el 14 de diciembre, en un duelo liguero contra el Watford. Ha sido su peor momento desde que está en Mánchester. En el minuto 43 del partido le crujió la rodilla tras un mal gesto. Se rompió los ligamentos y se perdió 32 encuentros en su primera temporada como *citizen*. Más allá del mal trago, lo que recuerda Gündo es el trato de Pep. La relación entre un entrenador y sus jugadores va más allá de los minutos de juego. Esto Gündogan lo sabe mejor que nadie: «Justo después de aquel partido me vino a ver. Creo que el doctor ya había hablado con él para decirle que la lesión no pintaba bien. Mi sensación era la misma. Vino a la enfermería y nos abrazamos durante unos segundos. Me dijo simplemente que estaba muy jodido por mi lesión y que deseaba que volviera lo antes posible. Fue importante para mí, especialmente en esa situación ya que fue mi segunda lesión en un corto período. Me animó y me dio fuerzas. Esas charlas, esos detalles, todo eso es clave en la relación entre mánager y jugador porque al final el entrenador también es responsable de lo que te pasa. Sentir ese apoyo es extremadamente valioso».

Permanecieron en contacto durante los ocho meses que el alemán pasó en el dique seco mientras el doctor Cugat informaba directamente a Guardiola sobre los progresos del futbolista. Pero en estas situaciones conviene que el técnico no agobie al jugador: «Íbamos hablando... Mi rehabilitación fue bastante larga así que no esperaba que viniera cada día o cada semana. Tampoco lo hubiera querido, para ser sincero. Cuando estás lesionado solo quieres centrarte en volver cuanto antes. Hablábamos de vez en cuando o si nos encontrábamos por casualidad en la enfermería o la cocina. Pero fue suficiente: la relación nunca se alteró».

Las lesiones le han impedido mostrar todo su potencial, pero pocos futbolistas de la plantilla representan la idea de Guardiola como él. «Es una pasada. Es el jugador que lo tiene todo para llevar a cabo nuestro juego. Es rápido, inteligente, maneja ambas piernas, se perfila, elimina líneas y la llegada que tiene... Jugando en corto, a un toque, sabiendo dónde está cada uno, es el mejor», dice Mikel Arteta, que sobre centrocampistas con buen toque sabe algo. Sorprende mucho verlo entrenar («está a un ocho o un diez en cada sesión», cuenta un testigo), pero aún más la eficacia con que resuelve cada reto. «Lo ejecuta todo bien, cualquier orden, en esto es muy alemán, supereficaz», dice un técnico. Esto tal vez explica por qué ha sido uno de los mejores llegadores al área rival (abrió la goleada contra el Tottenham en casa) o un gran pivote defensivo en partidos de máxima exigencia.

La misma eficiencia aplica al consumo de café. A Gündogan le encanta tomárselo en el Grindsmith, un minúsculo y muy recomendable local de Greengate Square, justo debajo de su casa. Por allí viven muchos futbolistas y la zona (en la frontera entre Salford y el centro de Mánchester) suele estar infestada de paparazis con la cámara preparada para cazar a jugadores saliendo de su casa. O, en el caso de Gündogan, bajando a tomar café.

Pep Guardiola vive en el mismo edificio. Igual algo tiene que ver esto con lo de los paparazis. No hay vecino más cercano al jefe que Ilkay: están en la misma planta, puerta con puerta. No sabemos si se piden sal cuando la necesitan. «No nos vemos mucho en el edificio. En un año quizá cinco, seis o siete veces. Tampoco es tanto. A veces tropiezo con su mujer y sus hijos en el ascensor y hablamos un poco. Es un vecino tranquilo, yo también, así que todos contentos», dice el futbolista.

No le falta razón. Pocos tipos más tranquilos hay en el vestuario que Ilkay Gündogan. «En el campo cambia, incluso pierde los nervios con las faltas, pero es un tipo muy sereno», explica Mikel Arteta. Guardiola confirma su buen carácter. Es muy agradable y tiene los pies en el suelo, algo que probablemente le han inculcado en casa. Su abuelo, Ismail, fue un inmigrante turco que viajó desde Balikesir a Gelsenkirchen para buscarse la vida trabajando en una mina del Ruhr. Su padre, Ifran, se alejó del pico y trabajó de repartidor de la cerveza Strauder. Su madre, Ayten, fue cocinera. Sigue muy vinculado a la familia. Su tío Ilhan, por ejemplo, es su representante. Muestra de la unión familiar es el nombre de los varones Gündogan: todos empiezan con la letra *i*. A los ya mencionados se suma su hermano Ilker: «Sinceramente no sé a quién se le ocurrió la idea de ponernos nombres con una *I* inicial».

La gran prioridad en su casa fue que no dejara los estudios pese a su talento para el toque pedestre de balón: «La idea de mis padres era apartarnos a mí y a mi hermano de los problemas de la calle». Gündo se crio en una de las ciudades alemanas donde la delincuencia está bastante por encima de la media. Entre 2013 y 2015, Alemania registró un promedio de 225,7 delitos con violencia por cada 100.000 habitantes. En Gelsenkirchen, la media fue de 404,6. Nació en el país al que representa internacionalmente, pero no olvida sus orígenes. Se formó en la pluralidad de un país lleno de inmigrantes, algo que considera muy positivo: «Aún hoy mis mejores amigos son alemanes con orígenes marroquíes, tunecinos o polacos. Muy mezclado. Siempre me pareció sensacional ver y conocer culturas distintas». Aparte de alemán y turco, habla inglés con fluidez.

Por proximidad, su mejor compañero en el vestuario es Leroy Sané. En Alemania estaban en bandos opuestos: Ilkay jugaba en el Borussia Dortmund y el extremo en el eterno rival, el Schalke. De hecho, cuando el City se proclamó campeón de la Premier con la derrota del United, ambos estaban en Alemania presenciando el derbi del Ruhr entre sus equipos alemanes.

La habilidad de Gündogan sobre un campo de fútbol empezó a despuntar de verdad en el Bochum, club que lo fichó cuando tenía 15 años. De allí saltó al Núremberg en 2009, y allí se hizo un nombre. Suficiente para que Klopp se fijara en él y pagara 6,5 millones de euros para llevárselo al Borussia Dortmund. Una ganga. Como también lo parecen hoy los cerca de 27 millones de euros que pagó el City para hacerse con sus servicios en 2016. En su primera campaña, marcada por esa maldita lesión de rodilla, disputó solo 16 partidos, que le sirvieron para registrar unos notables cinco goles y dos asistencias en 1230 minutos de juego. Cuando disfrutó de verdad fue en la siguiente campaña, la 2017-2018. Ya superada la lesión, jugó más del doble de minutos (2.816) y un total de 49 partidos, que acompañó con seis tantos y siete asistencias. Nada mal para un interior que también ha ejercido de ancla defensiva en el centro del campo.

Su trascendencia en el equipo la ilustra un récord que lleva su nombre. Se produjo el 4 de marzo de 2018, cuando el Manchester City ganó en el Etihad al Chelsea de Conte (1-0). El dominio celeste fue tal que Ilkay acabó convertido en el futbolista que más pases ha dado la historia de la Premier. Sumó 167, superando los 157 de Yaya Touré contra el Stoke City en 2011 y los 151 de Santi Cazorla, con el Arsenal, en 2015. Pese a ello no formó parte de el once más habitual en la temporada de los récords. Complementó en la plantilla a los dos interiores titulares, los genios David Silva y Kevin De Bruyne, y también al principal pivote defensivo, Fernandinho, un futbolista del que, indudablemente, debemos hablar.

A Fernandinho se lo ve poco, pero se lo quiere mucho. Suele llegar a los entrenamientos con puntualidad británica, hacia las nueve de la mañana. Hablan de él como de un tipo discreto fuera del campo que de primeras no parece muy comunicativo. «Le coges confianza, está a muerte contigo. Pase lo que pase», dice un amigo. Es el segundo capitán de la plantilla por detrás de Vincent Kompany, un honor que le han dado sus más de cinco temporadas en el club (llegó en 2013). «Está entre los líderes del vestuario, un auténtico puntal. A la hora de hablar, es de los que alza la voz cuando hace falta y es muy respetado» afirma un compañero.

Es uno de los brasileños salidos de la factoría del Shakthar Donestk, club experto en importar talento sudamericano. Los ucranianos lo ficharon en 2005, cuando solo tenía 20 años y jugaba en Atlético Paranaense. Allí se curtió y puso su nombre en el gran escaparate europeo que es la Champions. Los contactos con el Manchester City se iniciaron en 2012, y no solo para él. Txiki se fue a pescar al Shakthar, quería al mediocentro y también a Willian, el extremo que ahora está en el Chelsea. El director deportivo del City llegó a estar en casa de Willian para discutir el fichaje, pero los pasos decisivos se llevaron a cabo en dos reuniones en Brasil. Con el extremo se volvió a ver en São Paulo, pero las negociaciones no fueron bien. Se puso por medio el Anzhí Majachkalá, un club ruso al que, en 2011, llegó el multimillonario Suleimán Kerímov. El tipo empezó a poner billetes sin fin: entre otros, fichó a Roberto Carlos y a Samuel Eto'o. Y aquel verano se emperró con Willian. Su astronómica oferta complicó mucho las cosas al City, no la igualaron y el brasileño se fue a Rusia. Duró medio año allí, ya que empezaron los problemas económicos del Anzhí, y el Chelsea aprovechó el momento. Se lo llevó por 35 millones de euros en el verano de 2013. En el caso de Fernandinho las cosas fueron más sencillas. Lo que empezó en

Donestk se remató en Curitiba, la ciudad donde se formó como futbolista, a 400 kilómetros de Londrina, su pueblo natal. A la reunión asistieron Txiki, el futbolista y su agente. Se pagaron 40 millones y el jugador llegó a Mánchester el 1 de julio de 2013.

En Mánchester se consolidó como centrocampista defensivo, incluso más destructor que creativo. Pellegrini le entregó el papel de apagafuegos detrás de los mediapuntas. Precisamente por esto, cuando llegó Guardiola algunos dudaban que su juego pudiese adaptarse a las necesidades técnicas del equipo. Hoy quedan pocas dudas. «En la última temporada con Pep, la 2017-2018, ha entendido muchas cosas, ha mejorado mucho. Ha comprendido su posición, el tres contra dos, el dos contra uno y ha mejorado en juego aéreo», explica Txiki Begiristain, que no puede estar más contento con el rendimiento del 25. Pep tampoco.

«Lo que hemos hecho hasta ahora no hubiera sido posible sin él. De ninguna manera. Tanto dentro como fuera del campo. Es un capitán de verdad, siempre da un paso adelante, nunca se esconde. Y casi siempre juega bien. Es un regalo para mí tenerlo en el equipo. Uno de los grandes recuerdos que voy a tener cuando ya no esté aquí será haber sido entrenador suyo. Estoy muy feliz de que esté con nosotros», dijo Guardiola en una rueda de prensa el viernes 30 de marzo de 2018.

El catalán había afirmado en enero que el brasileño era, por su momento de forma, uno de los tres mejores pivotes defensivos de Europa. «Estoy encantado de oír esos comentarios. Ha trabajado con grandes jugadores, jugadores de calidad, jugadores inteligentes, de modo que cuando oyes algo así sabes que estás haciendo bien las cosas» señaló Fernandinho sobre los halagos de su entrenador. Ha sido uno de los jugadores con los que Pep ha hablado más sobre aspectos tácticos del juego, y un comodín sobre el campo. En dos temporadas ha llegado a jugar de pivote, de interior, de lateral en ambos lados e incluso de central. «Creo que Dinho puede jugar en 10 posiciones. Menos de portero, en cualquier sitio», sentenció Pep al inicio de su primera temporada. Lo mismo opina Domènec Torrent: «Si le dices que le toca jugar de portero, lo acepta y ya está. Si lo pones de extremo derecho, te dice “tranquilo, míster, que seré el mejor”».

«A Fernandinho lo quieres hasta para tenerlo en tu casa. Es un cielo», comenta Txiki Begiristain, tal vez pensando en ofrecerle un empleo doméstico. Tiempo para hacerlo tendrá porque la pasada temporada el futbolista renovó su contrato. Se comprometió hasta 2020. Pareció una renovación relativamente sencilla anunciada inesperadamente el 19 de enero de 2018. Sin embargo, no lo fue. El club necesitaba asegurarse su continuidad porque no tenía otro jugador para su puesto. Con Yaya Touré ya nadie contaba y era obligatorio cuidar a Dinho. Le quedaba solo un año de contrato, pero las cosas se torcieron con su agente, Daisy Brandino, que gestiona los derechos de varios futbolistas brasileños. No accedían a negociar un nuevo contrato y el club sufrió. «Las pasamos putas», confirma una fuente conocedora de esas charlas, pero al final lo consiguieron. Dos años más para un futbolista clave.

Sus estadísticas han mejorado notablemente en la segunda temporada de Pep. En la primera jugó 44 partidos y se perdió siete, todos ellos por expulsiones. Vio dos rojas en la Premier y una en la Champions. Marcó tres goles y dio dos asistencias. En Liga dio 2180 pases en 32 partidos, una media de 68,13 por jornada. En la campaña 2017-2018 disputó 48 encuentros y nunca fue expulsado. Se perdió solo dos partidos por acumulación de amarillas. Disputó 3990 minutos, superando los 3686 del año anterior, y también mejoró como realizador. Ocupa el perfil defensivo del centro del campo, pero se las arregló para marcar cinco goles y dar cinco asistencias. Fue, con 2975, el tercer futbolista que más pases completó en toda la Premier League, solo superado por Granit Xhaka (Arsenal) y su compañero Nico Otamendi. Tuvo una media de 87,5 entregas por duelo. Fue el miembro de la plantilla que más duelos aéreos ganó en todo el año, 94, el que más *tackles* realizó (62) empatado con De Bruyne y el que más tarjetas amarillas vio (12). Por solo una le quitó el honor a Otamendi. Fue el segundo en la lista de interceptaciones defensivas (47) y el cuarto jugador con más minutos. Lo superaron De Bruyne, Otamendi y Ederson.

Dinho desempeña un papel importante en la adaptación de los más jóvenes y los recién llegados. Habla inglés y portugués y entiende perfectamente el español (a veces se atreve a hablarlo). Todo futbolista latino que llegue al grupo tiene en él un apoyo. Fue así con su compatriota Gabriel Jesus. La primera noche que pasó en Mánchester (enero de 2017), el delantero se fue con el segundo capitán, el también brasileño Fernando, y Pep Guardiola a cenar en el Fazenda, reputado restaurante brasileño. Es el líder de los brasileño-portugueses del vestuario *citizen*, un grupo al que también pertenecen Ederson, Danilo, Gabriel Jesus y Bernardo Silva.

Este último, el único portugués, se ha convertido en un integrante fundamental del vestuario, principalmente porque padece todas las bromas, absolutamente todas. Desde ver cómo le cuelgan los zapatos en el techo del vestuario hasta que le escondan la ropa o se rían de ella. A juicio de muchos, Bernardo es uno de los jugadores menos elegantes. «¿Por qué vienes a entrenar en pijama?», le han preguntado al ver sus polémicos atuendos. Pero Bernardo no lo puede encajar mejor. Sabe que es parte de la cohesión del grupo. Llegó procedente del Mónaco en el verano de 2017, y en la temporada anterior había brillado en el Etihad Stadium jugando contra el City en la Champions. Es uno de los jóvenes con más proyección del continente, tiene tan solo 24 años, pero es humilde como pocos: «Es un chico superbueno, representa el gran grupo humano que hemos juntado. Llega al vestuario y casi tienes ganas de tocarle las narices porque sabes que se lo pasa de puta madre», cuenta Manel Estiarte.

Y pocos habrá en el equipo tan políglotas. Bernardo habla inglés, francés, portugués y español. Se distrae comiendo con Mendy (fuente inagotable de coñas a quien conoció en Mónaco y que lo apoda el Chicle porque siempre lleva el balón pegado a los pies) o jugando al billar con Gabriel Jesus, otro de los que le tocan las narices. Ha jugado principalmente como extremo derecho, aunque quedó en un segundo plano por las grandes temporadas de Sterling y Sané.

Pep también lo ha usado de interior o de falso nueve. Otro comodín. Pese a no haber jugado todo lo que quería, nunca se lo ha visto triste. «Como persona, ¡qué puedo decir! Me gusta trabajar con buena gente y a él, incluso cuando ha jugado menos, no lo he visto enfadado ni un solo día. No sabéis lo importante que es tener jugadores así en el vestuario. Bernardo es ese tipo de persona, su humor siempre está en el tono adecuado. Tiene una relación fantástica con los compañeros, los técnicos, los médicos, con todo el mundo. Es difícil encontrar a alguien como él en este aspecto. Va a seguir en este club mucho tiempo. Mientras yo esté aquí, Bernardo no se va», declaró Pep Guardiola en sala de prensa. Tiene contrato hasta 2022 y forma parte del proyecto a largo plazo. «Cuando fichas a alguien nunca sabes si aciertas, pero con él creo que lo hemos hecho. Tiene una calidad espectacular. Cuadra a la perfección con nuestra forma de jugar», añadió el entrenador. Fue el tercer extremo en discordia, pero sus números son dignos de mención. Tan solo ha estado inactivo en cuatro partidos esta temporada. Ha jugado un total de 53, eso sí, con una media de 52 minutos por encuentro. Ayuda a entender la temporada de los récords el hecho de que el extremo suplente haya marcado nueve goles y haya asistido en 11 más. Ha anotado en Anfield, en el Emirates Stadium y en casa contra el Chelsea. Nada mal para un jugador que vio tambalear su carrera porque, aunque hoy parezca increíble, lo ponían de lateral zurdo.

Nació en Lisboa y desde los siete años perteneció a uno de los gigantes portugueses: el Benfica. Fue uno de los productos más destacados de la cantera e internacional en las categorías inferiores de Portugal jugando siempre de 10. Hasta que llegó el momento de alcanzar el máximo nivel: entonces no confiaron en él por cuestiones físicas. Ocurre a menudo. «Demasiado pequeño», decían. En la temporada 2013-2014 fue la estrella del Benfica B y debía dar el salto al primer equipo, pero, debido a la gran competencia en su posición, el técnico Jorge Jesus lo ponía de lateral en los entrenamientos. Bernardo vio la imposibilidad de progresar en el club de su vida y a los 19 años, con 31 minutos jugados en la primera plantilla, se fue al Mónaco.

Los franceses consiguieron su cesión en el verano de 2014, le dieron minutos y no dudaron: en enero de 2015 ejercieron la cláusula de compra y se hicieron con sus servicios por 15 millones. Acabó siendo clave en aquel gran Mónaco que llegó a las semifinales de la Champions en 2017. A Pep Guardiola lo convenció su calidad. Los celestes desembolsaron unos 50 millones por el pequeño mediapunta.

«La ciudad, los compañeros, el club... todo el mundo me ayudó a adaptarme. No es fácil cuando llegas a un nuevo país y a un nuevo equipo», explicó Bernardo Silva en una conversación con aficionados en las redes sociales. Y contó lo que más lo ha impactado de su técnico: «Sin duda su ambición. Siempre quiere más y más y más». Que los jugadores con menos minutos o con papeles cambiantes a lo largo del año vean así el empuje del entrenador ha sido otra clave en la temporada de los récords.

En una rueda de prensa le preguntaron a Pep Guardiola si, como futbolista, habría sido titular en este Manchester City. El de Santpedor sonrió y dijo: «Imposible, yo no jugaría en este equipo. Fernandinho es mejor que yo». Ganando balones por arriba, no cabe duda. Con respecto a todo lo demás solo hay una certeza: sin los pilares ocultos que sostienen el centro del campo, el City de Pep no hubiera vivido la temporada de los récords.

Posdata:

Pensábamos escribir también de Yaya Touré (esa leyenda), pero no lo haremos. Preferimos guardar silencio por el respeto que siempre nos ha merecido ese jugador.

CAPÍTULO 31

HELP US, PLEASE: EL DÍA DEL ASCENSOR

Oh, I can smile about it now but at the time it was terrible

The Smiths, «Shakespeare's Sister»

El 29 de noviembre de 2017, día de san Filomeno, san Demetrio y santa Iluminada, Día Internacional de Solidaridad con el Pueblo Palestino, 53.407 aficionados presenciaron el Manchester City-Southampthon en el Etihad Stadium. Era miércoles y el partido comenzó a las ocho de la tarde, como es habitual, mientras sonaba «Hey, Jude!», pero aquella noche los presentes también oyeron «Rebel, Rebel» (Bowie), «Bizarre Love Triangle» (New Order), «Rock 'n' Roll» (Led Zepelin) y a Fat Boy Slim cuando el equipo salió al campo. Para acompañar el inicio del segundo tiempo sonó «Don't Look Back in Anger» de Oasis. Guardiola alineó a Ederson, una defensa de cuatro con Walker, Otamendi, Kompany y Delph; a Fernandinho de pivote, acompañado por Gündogan y De Bruyne y, en ataque, a Sterling, Agüero y Gabriel Jesus.

El City jugó bien. Tiró a puerta 26 veces, 12 entre los tres palos, tuvo una posesión del 75 % y acumuló 778 pases; los Saints, 508 menos. Los de Mauricio Pellegrino, ordenados con cinco defensas (al mando del holandés Van Dijk, por quien se interesó el City apenas unos días después) y tres medios defensivos, rechazaron 33 veces el balón en su área y, aún, recibieron 26 tiros, 12 de ellos entre los tres palos. Le costó al City marcar el primer gol: lo firmó De Bruyne, de falta. Fue su cuarto gol de la temporada. Empató Oriol Romeu con un remate cruzado tras un pase de Boufal. Es el único gol que el catalán ha marcado este año.

A partir de ahí fue un asedio. El City nunca dejó de tocar y tocar. Como una semana antes en Huddersfield, el partido se agotaba. Como una semana antes, la angustia se apoderaba de los desesperados *citizens*, que veían pasar el tiempo mientras se estrellaban una y otra vez contra aquella pared humana. Hasta el minuto 96, cuando ya todo parecía empatado. Subió la pelota Otamendi hasta dársela a David Silva superando con su pase a Romeu y Boufal. El canario recibió sobre la frontal y al encarar a Yoshida se la cedió a Sterling, absolutamente abierto a banda. Dentro del área se acumulaban nueve defensas más el portero, David Silva, Fernandinho, Agüero y Bernardo Silva. Sterling condujo desde la raya de banda, buscó el área y, al llegar al pico, pareció que iba a tirar, pero no, se la dio a De Bruyne, centrado en la media luna; contra el belga cargó el mediocentro catalán de los Saints, que le regaló un pisotón para evitar su remate; Kevin, sin embargo, le devolvió la pelota al jamaicano porque el área estaba más llena que el Castle durante un concierto de Dorothy Ella. Y Raheem arreó un zapatazo que clavó la pelota en la escuadra izquierda de Forster tras una parábola increíble. Forster se estiró como una goma, voló como un pájaro, pero no llega ni a rozarla. Golazo.

Y estalló el Etihad desde la grada hasta al césped, donde Sterling echó a correr hacia la portería de Ederson. Tras él, como locos tratando de abrazarlo, Delph, Walker, Kompany, Otamendi y el destacamento del banquillo: Danilo, Gündogan (que había sido sustituido), Bravo... Pep abrazó a David Silva. Mendy estaba con muletas, pero corrió la banda como no lo hacía desde que se lesionó contra el Crystal Palace para sumarse a la montaña de abrazos. Al eufórico hijo de Guardiola se le cayeron las gafas a la grada inferior. No sería la última vez.

Según muchas voces consultadas, la de aquel día fue la celebración más entusiasta vivida en el vestuario del Manchester City en toda la temporada (con permiso de los hechos ocurridos en Old Trafford). «Lo de Southampton fue una puta locura», cuenta uno de los presentes. Hubo intercambios de opiniones en el túnel de vestuarios. Algunos *saints* acusaron a los locales de excederse en la celebración. Nada importante, los equipos a las casetas y todo normal.

Como es costumbre, la familia de Guardiola bajó al despacho de Pep media hora después del pitido final. La tradición manda que Manel Estiarte llame a Cristina y dé la señal que anuncia el fin de los rituales pospartido: charla en el vestuario, rueda de prensa, breves entrevistas en Sky o las radios y (por gentileza, no hay obligación) tres preguntas en Movistar+, canal que posee los derechos de la Premier para España. Después, si corresponde, un vino con el entrenador rival. Ese día lo hubo.

Esto dijo Pep en la rueda de prensa: «No hemos perdido balones fáciles, hemos jugado rápido y simple, este es el motivo por el cual estoy tan satisfecho y orgulloso. Es de los mejores partidos desde que estoy aquí». También le preguntaron por su charla con Nathan Redmond: cuando Paul Tierney señaló el final del encuentro, Pep fue a saludar a todos los futbolistas y se centró especialmente en el mediapunta del Southampton. En plena erupción adrenalínica, se produjo una aparente disputa con el jugador rival, mas no hubo tal. «Estuvo vehemente y un poco agresivo, pero en realidad me estaba halagando. Le parece que debo atacar como en la última temporada», explicó Redmond minutos más tarde. El catalán, vistas las imágenes, se arrepintió de sus efusiones: «Solo le estaba diciendo que es muy bueno. El año pasado nos destrozó». Inglaterra vio al Guardiola más pasional.

Cuando terminan las liturgias, Pep y Manel van a la sala donde esperan Khaldoon y Soriano (si han asistido al encuentro) y donde siempre está Txiki, a veces con invitados como Xavier Sala i Martín, que espera allí a su esposa, la dietista del equipo. Danny Cruyff, la viuda de Armand Carabén y Joan Laporta, por ejemplo, estaban el día en que perdieron contra el Basilea. La sala, blanca como la nieve, está presidida por una gran foto de Johan Cruyff. Hay vino, jamón, bocadillos y otros refrigerios.

Cristina baja a buscar a su marido con Valentina, Màrius, Maria (si no tiene exámenes o prisa por cualquier cosa) y, ocasionalmente, invitados muy cercanos. Esa tarde estaban en el campo sus padres y Núria Fresno con su marido, Josep Maria Orobitg, el agente financiero de Pep desde hace mil años. Los ocho iban en un ascensor que comunica la parte baja del estadio con la zona donde las familias de los jugadores y *sponsors* ven los partidos (el tercer anillo de tribunas al que Pep dirige la mirada cuando celebra un gol). La puerta no se abrió en la segunda planta, y allí estaban los ocho apretados en dos metros cuadrados. Al principio hubo risas. A los tres minutos... maldita la gracia. A los cinco... Activaron la alarma, naturalmente. «¡Help us, please!» gritó alguien: ¡ayúdennos, por favor! La respuesta fue desoladora: «No hay constancia de ningún ascensor en el Estadio Etihad». «¡Pues vamos bien!», exclamó Núria. La situación empezaba a ser alarmante. «¿Y ahora qué hacemos?», preguntó Maria. «Llamar a David», dijo Cristina (por aquel entonces, antes de su enfermedad, lo normal era llamar a David Quintana si tenías un problema en el City). Por suerte había cobertura telefónica.

David Quintana, como siempre, acudió al rescate de los Guardiola y sus amigos. En cinco minutos estaba frente a la puerta del ascensor. Cuando tenía 18 años trabajó en un hotel de las Canarias y solía hacerse el interesante bloqueando los ascensores para, acto seguido, liberar a las guiris y terminar con ellas en una discoteca. Así que sabía cómo resolver el problema. Y lo resolvió en 15 minutos el día de aquella victoria agónica.

Nadie dijo que ganar la Premier fuera fácil, pero tampoco que se sufriera de ese modo. Ya en la zona de vestuarios, Valentina se topó con Mendy y le pidió una foto. El francés pidió permiso a Cristina para colgarla en Twitter. «Si la ve tu padre a lo mejor no me regaña por la carrera que me he pegado», bromeó. El día en que el Tiburón volvió a correr para abrazar a Sterling, el día en que estalló el Etihad, el día en que la familia de Guardiola quedó atrapada en un ascensor, ese día, pero de 1899, se fundó el Fútbol Club Barcelona.

CAPÍTULO 32

PEP EN LA SALA DE PRENSA

Just because my newspaper pages
Haven't been The Times in ages
Does that mean that
I don't know as much as you?

THE COURTEENERS, «NO YOU DIDN'T, NO YOU DON'T»

¡Cómo ha cambiado Clayton Lane! La zona del East Manchester donde hoy se alza el Etihad Stadium fue una de las áreas industriales de la ciudad. A finales de siglo XIX y principios del XX se ubicaron allí decenas de fábricas y miles de trabajadores. La mayor factoría que tuvo Mánchester, la Clayton Aniline Company, ocupó esos terrenos. Fundada en 1876, llegó a dar trabajo a más de 2500 personas en las 23 hectáreas que ocupaban sus edificios. Se dedicaba a producir colorantes. Pura química. En 2007 la compañía fue demolida. El ayuntamiento de Mánchester ha trabajado desde 2011 en un plan de regeneración de la zona, con el suelo contaminado en muchos puntos por la actividad industrial. Gracias a ello y a las inversiones privadas, se han rehabilitado barrios como New Islington, que se está convirtiendo en una de las zonas más *cool* de la ciudad.

Sobre la memoria de la Clayton Aniline Company tienen sus despachos Ferran Soriano, Txiki Begiristain y Pep Guardiola. El Manchester City Council cedió los terrenos al jeque Mansour, que apostó por aquel trozo de terreno catalogado como *wasteland*, como erial. Sobre las 32,4 hectáreas se construyó la joya de su proyecto deportivo: la City Football Academy (CFA), la faraónica ciudad deportiva de los *citizens*: 16 campos de fútbol, oficinas para empleados, residencia para los jóvenes de la cantera y un edificio exclusivo para el primer equipo. Todo ello con las mejores infraestructuras. De toda la extensión, el City cedió 6,4 hectáreas a la comunidad y construyó el colegio Connell Sixth Form para los jóvenes de la zona. Y un hospital.

En dos años lo tuvieron hecho. Turnos de 24 horas. En 2012 empezaron a sanear el suelo y en diciembre de 2014 se cortaron las cintas de la inauguración. Las calles del barrio han sustituido los camiones llenos de residuos químicos por los coches de Pep Guardiola (de eso ya hablaremos) y los cochazos de Mendy o Agüero. También por los de los mejores periodistas del país. Y por el tranvía, que por 3,20 libras, vuelta incluida, une el centro de la ciudad con Velopark, la parada que te deja enfrente de la North Gate, donde está ubicada la zona de medios. Allí se celebran todas las ruedas de prensa previas a los partidos. Aún no se sabe si el cambio ha sido a mejor. ¿Empresas químicas o periodistas? En realidad, ¿qué hay más corrosivo que un grupo de periodistas sentados frente a un entrenador?

Guardiola pasó 100 veces por las salas de prensa en su segunda temporada. A una media de 20 minutos por aparición, salen más de 36 horas de Pep entre la chusma. Fue más o menos lo mismo el primer curso. Muchas horas para que los periodistas vieran expuestas las ideas y preocupaciones del catalán en respuestas a preguntas más o menos inteligentes o más o menos estúpidas. No hay escenario en Inglaterra donde se haya sentado Pep más veces que delante de los micrófonos de la CFA. Ni en la cocina de su casa, donde cena, ni en los restaurantes de la ciudad, que tanto frecuenta. Ni en el céntrico Palace Theatre, donde le gusta asistir a musicales con su familia. Y no hay nadie que lo haya vivido más de cerca que los corresponsales deportivos en Mánchester, que se ganan la vida dando cuenta de sus palabras.

La cita es a una y media cada viernes en el anfiteatro. La gente aparece antes porque el club tiene la costumbre de alimentar a los famélicos plumillas. Los corresponsales españoles y catalanes, escasos de recursos en su mayoría, no se pierden el plato de comida y organizan sus compras semanales en función de cuántas ruedas de prensa tienen por semana. Jóvenes como son, incluso calculan cuántas noches de fiesta los esperan para hacer la compra. Son listos para administrarse y viven en una permanente resaca.

La sala de trabajo es espaciosa y ofrece todos los periódicos del día. Te da la bienvenida Rob Beech, miembro del servicio de seguridad, y las recepcionistas, que controlan a los asistentes. Son extremadamente amables. Una de ellas, Diane, suele viajar de *away*' con su marido a los partidos del City y adelantar por la carretera al coche de los trabajadores del departamento de prensa del club. De niña, veraneaba en la Costa Brava. Buena gente.

Para acceder al anfiteatro, la sala de prensa, hay que subir una empinada escalera, 40 escalones. Pep aparece por una puerta que comunica con las oficinas del club seguido por Manel Estiarte y se sienta en un estrado frente a la gradería con butaca: 13 filas, 109 asientos azules y dos pasillos a los lados. En aquel teatro griego se instalan los periodistas, cámaras y fotógrafos.

En el departamento de comunicación del club destaca un nombre: Vicky Kloss. La gran jefa administra todos los asuntos comunicativos del City Football Group en general y del Man City en particular. Vicky tiene la sangre más azul que los ojos. Nació en Mánchester y es del City porque su abuelo ya veía partidos en Maine Road. Con él empezó a ir al viejo estadio de Moss Side, luego fue con su padre. Sus dos hijos también son celestes: «No iba a llevar a dos personas en mi barriga durante 18 meses para que fueran del United». Su marido, prestigioso abogado especialista en divorcios, está abonado en Old Trafford desde los 10 años. Se largó del país dos días después del gol del Kun contra el Queens Park Rangers en 2012: era incapaz de soportar lo que se vivió en la ciudad aquella semana.

Vicky Kloss, que estudió latín, francés y alemán en Cambridge (habla cinco idiomas) oyó por la radio el partido de Stoke que llevó al club a tercera división. Al año siguiente estaba en la grada del estadio del York el día que el City perdió (2-1) y llegó al punto más bajo de su historia: decimosegundos en la categoría de bronce: «Fue un drama... ¡Dios mío! Sin embargo, también vi meses más tarde el partido en que ascendimos, en el descuento contra el Gillingham, el del dramático gol de Paul Dickov. Fui con mi hermano. Bueno, él se marchó del estadio cuando los *gills* marcaron el 2-0. Luego empatamos y consiguió volver al estadio. "¡Eres patético!", le dije». Aún se lo reprocha. Aquello fue el 30 de mayo de 1999. Cuatro días antes, el miércoles 26, el Manchester United ganó la Champions en Barcelona contra el Bayern de Múnich. Unos subían a segunda, otros eran los reyes de Europa. Tiempos que toda una generación celeste recuerda con melancolía. No ganaban, pero eran tan jóvenes...

Vicky lleva 17 años trabajando para el Manchester City y es una de las personas más respetadas en la entidad. Antes trabajó 10 años en Londres, como detective de la policía. Sostiene que aquel trabajo y el actual no son tan distintos. Será porque sigue tratando con delincuentes: antes con ladrones o asesinos, ahora con periodistas, todo tipos execrables. Ha trabajado con siete entrenadores: Kevin Keegan, Stuart Pearce, Mark Hughes, Sven Goran Eriksson, Roberto Mancini, Manuel Pellegrini y Pep Guardiola. En ese tiempo, su carrera ha evolucionado y ahora es la jefa de un equipo que se relaciona constantemente con otros departamentos, muy especialmente con las áreas de mercadotecnia y contenidos e incluso con el departamento legal, que los asesora para que no se pillen los dedos en cada campaña. Cuando llegó, su despacho era una mesa de la nave prefabricada que hay en el aparcamiento de Maine Road. Ejercía de *press officer*, trataba diariamente con la prensa en una entidad que, dice, «no tiene nada que ver con la actual». Y lo ilustra con un dato: en la primera pretemporada que vivió con el equipo viajaron al este de Inglaterra 35 personas; el verano pasado se desplazaron más de 140 personas a los Estados Unidos.

La llegada de Mansour y Khaldoon marca un antes y un después en el club y en su vida porque se incrementaron las expectativas de la entidad y también sus responsabilidades.

Después, cuando en 2012 aterrizó Soriano, su papel en las oficinas volvió a cobrar importancia. Desde entonces tiene el cargo actual y su poder en el club es indudable: es jefa de comunicaciones de todo el City Football Group desde Nueva York hasta Gerona pasando por Melbourne, Japón y Uruguay.

Técnicamente trabaja en Mánchester, pero su territorio es global. Pasa más o menos el 60 % de su tiempo en las oficinas de la CFA. Vive en la ciudad donde nació porque así lo ha decidido. No sabría, no quiere, vivir en otro sitio: «Sé que llueve, que el tiempo es como es, vale, pero para mí, y sé que no soy objetiva, hay un espíritu especial en Mánchester. La gente es singular. Viví en Londres 10 años y tiene cosas fantásticas, de acuerdo, pero eché de menos el calor de la gente. Aquí la gente no es presuntuosa, es real. No hay prejuicios y esto me encanta. Somos de verdad. Estoy muy orgullosa de ser de Mánchester. Cuando viajo por el mundo, todo es genial, hay lugares fantásticos a los que me gusta volver, claro, pero la gente en Mánchester es fantástica. Soy de Mánchester y eso es un orgullo con el que viviré siempre».

Junto a Vicky trabaja Simon Heggie. Es quien suele acompañar a Pep en cada comparecencia. Heggie, ampliamente conocido como míster No por su facilidad para complicar las cosas a la gente, se sienta a la izquierda del catalán y concede los turnos de preguntas. Sonríe mucho y, dicen, trabaja poco, pero tiene toda la confianza de su jefa. Fue periodista *freelance* antes de entrar en la comunicación corporativa. En el mundo del fútbol trabajó para el Wimbledon y posteriormente para el Reading. De allí llegó al City en 2010. Es *fan* del Nottingham Forest. A su derecha se sienta Carlos Vicente, empleado del City desde 2016, cuando advirtieron que necesitaban a alguien que pudiera traducir al castellano y al catalán. Años atrás cubrió las ruedas de prensa de Guardiola trabajando como periodista para Ràdio Ona. Ahora lo traduce. Habla seis idiomas: castellano, catalán, inglés, portugués, francés y la lengua de Tinder, esta mejor que ninguna. Por las mañanas traduce a Pep y por las noches agranda su leyenda de citas mancunianas. Mantiene excelentes relaciones con los futbolistas, que aprecian mucho su sinceridad. A veces también asoma Alex Rowen, un tipo simpático y eficiente que vive en Stockport. Es del City a muerte y trabaja 26 horas al día.

Los viernes suelen aparecer las mismas caras en la CFA: Jack Gaughan o Chris Wheeler, del *Daily Mail*, Martin Blackburn del Sun, que organiza la pachanga conjunta de la prensa y el club al final de la temporada y Andy Hampson, que cada semana pregunta religiosamente por los jugadores lesionados. Intrigado por su insistencia, Pep se anticipó el año pasado a la pregunta. «¡Hoy no hay lesionados!», se apresuró a decirle una mañana (empezaba a conocer al personal). Hubo muchas risas. De hecho, ha habido más risas que llantos en la sala de prensa. Hampson trabaja para la agencia Press Association. También van Stuart Brennan y James Robson, del *Manchester Evening News*.

La primera pregunta suele hacerla James Cooper, de *Sky Sports*. Tampoco falla el «hombre queso», Ian Cheeseman, histórico locutor del City. Ha narrado partidos del club para Radio Manchester durante 23 años y es muy conocido entre los hinchas, que lo buscan antes de los partidos para fotografiarse con él o para salir en los vídeos que graba en los alrededores del estadio y luego emite en las redes sociales. Por el flanco derecho del anfiteatro suelen estar Simon Stone, de la BBC, y David Anderson, del *Mirror*. Este tiene un acento norirlandés tan marcado que a Pep le cuesta horrores entender sus preguntas.

Tras un plato de comida saludable (se cuida y está como un pincel) camina Sam Lee, de *Goal.com*, un tipo a quien le gusta preguntar sobre aspectos tácticos del juego. Sam, que habla un excelente castellano, es muy crítico con ciertos enfoques de la prensa británica: «A menudo formulamos preguntas estúpidas que no pretenden aclarar nada, solo buscar un titular». Las portadas inglesas suelen dedicarse a las derrotas y las polémicas, no a los éxitos. Cierto es que han predominado los elogios durante la segunda temporada de Pep, pero Sam ha echado de menos algo de comprensión con las ideas del catalán: «Mi opinión es que ha faltado un punto de interés hacia el método, el concepto de juego. Hablo de los ingleses en general... intentar comprender un proyecto que trasciende de las estadísticas». Sam se casó en Barcelona y celebró la fiesta en el Mirablau, un local del Tibidabo que ofrece unas preciosas vistas de la ciudad. Su comentario es rotundo: «Espero que lo que ha conseguido este año Pep signifique un antes y un después para el fútbol inglés, que sirva para cambiar la mentalidad de los periodistas, los jugadores y los aficionados».

En los *broadsheet papers*, el *Times*, el *Guardian* o el *Telegraph*, es donde se han podido leer más análisis sobre las vicisitudes de este City. El periodista del *Times* que suele pisar la CFA es Paul Hirst, un tipo que el 15 de abril de 2018 publicó uno de los artículos más reveladores sobre la era Guardiola: «Creo que el mayor reto para Pep era adaptarse al aspecto mediático de su trabajo [...], y algunas de las preguntas más agresivas no le hacían mucha gracia». Piensa que los medios mantuvieron cierta distancia con Pep, en parte porque así lo quiso él, pero también porque así son ellos: «Es imposible gozar de "complicidad" con la prensa inglesa. Hay una orgullosa historia de independencia en los periódicos del país, de modo que no solemos bailarle el agua a nadie. Creo que nuestros juicios son equlibrados». Hirsty, como lo conocen sus colegas, valora las autocríticas de Pep: «Admitió tener dudas sobre su propia capacidad y sus propios métodos durante la primera temporada, lo cual es muy reconfortante considerando lo mucho que ha ganado. Me gusta que sea honesto y sincero cuando habla para los medios».

A media altura de la sala suele colocarse un tridente: David McDonell, del *Mirror*, el incisivo James Ducker, del *Telegraph* y Jamie Jackson, del *Guardian*, un gran personaje apodado Paradiso por sus colegas porque está escribiendo una novela llena de drogas, sexo, sicarios y prostitutas. Se titula *Night Time Cool* y la firma con el seudónimo de Jamie Paradise. Es un fenómeno que reside en Mánchester pero vive como si estuviera en Hawái: en días de nieve puede aparecer con *shorts* y playeras. Dejó una de las escenas del año cuando, en enero de 2018, preguntó a Pep si intentaría fichar a Alexis.

—Buena pregunta... —respondió Pep pensativo.

—Estoy aquí para hacer buenas preguntas —dijo Jamie, y toda la sala se echó a reír.

Desde la llegada de Pep a Inglaterra, Jamie Jackson analiza su actitud en las ruedas de prensa: «Su postura con los medios cambió entre la primera temporada y la segunda. El primer año fue más tensa. También es algo normal con los entrenadores del más alto nivel y lo entiendo: si no ganas, no estás contento. Pero creo que podría haber gestionado ciertas preguntas con más elegancia. Tampoco me importa que los técnicos estén raros, faltaría más, yo también me enfado, pero siempre con el debido respeto. Creo que él lo ha tenido». Jackson no piensa que la prensa haya sido particularmente dura con el catalán: «Diría que los medios en general han sido justos. En su segunda temporada todos quedamos boquiabiertos. Han gastado mucho dinero, sí, pero el United también lo ha hecho y, bueno, mira la diferencia».

Si observamos a los cámaras, no podemos pasar por alto a Jon Smith, alias míster Birra, que trabaja para ESPN. De pequeño recogía pelotas en el viejo estadio de Maine Road y ahora ve los partidos desde la tribuna de prensa. Tiene los ojos más azules que la camiseta de Silva y sufre más que Pep durante los partidos. Ahora, sin embargo, menos que antes: «Puedo recordar los 29 goles marcados en una temporada cuando estaba Stuart Pearce, y aquello fue un éxito. ¡He visto mucha basura a lo largo de los años!».

En el lado izquierdo del anfiteatro se sientan los periodistas españoles. Por allí andan Pol Gustems, de *El Periódico* y Catalunya Ràdio, y Marta Mateo, de RAC1 y antes de *La Vanguardia*. Algún día se debería hacer un reportaje sobre ellos: cómo la competencia radiofónica catalana ha convivido durante cinco años en Mánchester hasta llegar al matrimonio. Detrás de ellos suelen instalarse Dani Gil, de *Mundo Deportivo*, y Álvaro de Grado, de la Cadena SER y *Marca*. En los pasillos para los cámaras aguantan de pie José Álvarez de La Sexta y Maks Cárdenas, periodista chileno de mega, Canal del Fútbol y Radio Cooperativa de Chile. Durante la primera temporada también estuvo Antonio Fuentes, de Cuatro. «Se ha triplicado la cobertura de medios españoles en los últimos dos años», afirma un directivo del club.

Con la llegada de Pep se acordó con el City que hubiera dos preguntas para todos ellos. Una en castellano y otra en catalán. Los periodistas organizaron un sistema de rotación: por un lado los catalanes, por el otro los demás. El procedimiento funcionó hasta la Navidad de 2016, cuando el City decidió impedir preguntas que no tuvieran nada que ver con el fútbol o la actualidad de Guardiola. El departamento de prensa avisó a los corresponsales que debían atenerse a los asuntos deportivos, pero pasaron las semanas y no llegó el cambio, así que el City optó por una medida más drástica: no dar turno de preguntas a medios como *La Sexta*, la Cuatro o *Mundo Deportivo*. Ocurrió en febrero de 2017, durante la previa del duelo de la Champions contra el Mónaco; desde entonces no han hecho más preguntas. La ronda quedó reducida a las preguntas en catalán o a las que formulaba la cadena Movistar+, propietaria de los derechos televisivos en castellano.

La primera reunión entre Pep y la superjefa Vicky Kloss se llevó a cabo el 26 de mayo de 2016 en la más absoluta clandestinidad. A ella asistieron Manel Estiarte, Domènec Torrent, Pere Guardiola, Noel Gallagher, que hizo una entrevista, y Simon Pearce, *non-executive director* del Manchester City y pieza clave en las altas esferas del club, que vive en Abu Dabi, donde dirige las comunicaciones estratégicas de la ciudad. Fue la primera toma de contacto y se puso a Guardiola en contexto: el club preparó un informe para exlicar al técnico la naturaleza de la prensa británica. En él, se comparaba a España con Inglaterra y se indicaba que entre las 10 noticias deportivas más relevantes publicadas en España durante el año anterior, nueve estaban relacionadas con el fútbol. La única excepción era la situación fiscal de Leo Messi. En Inglaterra, en cambio, nueve de las 10 estaban relacionadas con polémicas extradeportivas (chicas, salidas nocturnas, etc.) o económicas (fichajes, inversiones de los clubs, etc.). Pep escuchó con gran atención.

El día en que Guardiola habló por primera vez en sala de prensa, le preguntaron si el nuevo empleo sería su último trabajo en el fútbol. Cuando encadenó seis victorias consecutivas en el arranque de aquella temporada, le preguntaron si el Manchester City sería capaz de ganar los cuatro títulos del año. «What the fuck?», murmuró Pep, quizá sin conocer bien el uso de la expresión y sin prever el revuelo que causaría. «¿Qué coño es esto?»

Era la sexta jornada de la Premier 2016-2017. «Aquí consigues crédito si ganas y te critican si pierdes. Así de simple», repite como un mantra un asiduo a las ruedas de prensa. Guardiola hizo su diagnóstico: «Creo que en España la prensa habla más de lo que pasa sobre el campo, de los aspectos del juego. Y, en mi opinión, es una de las razones de sus éxitos en los últimos años. Desde la quinta del Buitre, y también con hombres como Jorge Valdano o Johan Cruyff, en las ruedas de prensa se hablaba de lo que pasaba en los partidos».

La primera campaña de Pep fue, en general, la de las críticas. El Manchester City sufrió un bache entre noviembre y diciembre que dejó en Leicester uno de los momentos más significativos de la relación de Pep con la prensa inglesa. Aquel día llamó a Cris después del partido, como siempre, mientras ella se comía un bocadillo con Valentina en la Plaza de Santa Ana tratando de atenuar el disgusto. «Nunca lo he visto tan enfadado», dijo al colgar.

Los celestes perdieron en el King Power Stadium el 10 de diciembre de 2016 ante el vigente campeón por 4-2. En el minuto 20 ya iban 3-0 por detrás, y durante los primeros 45 minutos los de Guardiola no ganaron ningún *tackle*. En la conferencia de prensa posterior, el periodista de Sky en los Midlands, Rob Dorsett, sacó a relucir el dato. El catalán respondió así: «¿Qué son los *tackles*? Yo no soy entrenador para hacer *tackles*, así que no los preparamos. Lo que quiero es crear ocasiones para ganar». Hay que ser muy insensato para mancillar uno de los sacramentos más bellos del fútbol inglés, pero Pep lo hizo. Los aficionados del City, entre ellos algunos periodistas, abandonaron Leicester preguntándose cómo podía haber dicho eso. El exjugador Jamie Redknapp describió la frase como «una de las más extrañas que había oído nunca en el fútbol».

Guardiola vivió más episodios tensos con los medios. Destacó una entrevista postpartido del primer partido de 2017. Un choque que los *citizens* ganaron 2-1 en casa contra el Burnley pese a jugar con 10 hombres desde el minuto 32, por expulsión de Fernandinho por una entrada a Gudmunsson.

El criterio de los árbitros ha sido, sin duda, otro motivo de gran crispación para Pep ante los micrófonos durante estas dos temporadas. Se reflejó aquel día en la *flash interview* postpartido. Era el 2 de enero.

—¿Qué le pareció la expulsión?

—Usted es el periodista, no yo.

—Usted es el entrenador, seguro que a los *fans* les gustaría conocer su opinión.

—Pregúntele al árbitro, no a mí.

—¿Le preocupa que haya un problema de disciplina con Fernandinho? Es su tercera expulsión de la temporada.

—Lo aceptaremos. El equipo con más posesión tiene siempre expulsados. Debo entender mejor las normas de Inglaterra. Sé que sois especiales, pero aún no lo he entendido bien.

Tras el desastre de Mónaco (la eliminación más temprana de Pep en la Champions) se acentuaron las críticas de la prensa. «El fiasco de Mónaco debe poner a Guardiola en alerta», tituló el *Guardian* el 16 de marzo de 2017. «Olvídate del juego bonito: amarra el resultado sofocando a tu oponente para defender una ventaja de dos goles», escribió Mark Ogden en ESPN el mismo día. Semanas antes, Simon Stone, de la BBC, le preguntó en la sala de prensa si en algún momento se plantearía modificar su estrategia. La respuesta fue contundente: «¡Os gustaría, eh! A veces pienso sobre ello, pero creo que esa opción no es mejor que mis principios.

¿Sabe por qué? Porque en siete años he ganado 21 títulos. Lo siento, chicos».

Y se consumó el año en blanco de Guardiola. El City cayó en semifinales de la FA Cup contra el Arsenal, se quedó sin opciones de ganar títulos y se sucedieron titulares como «Guardiola suspende el examen de inglés» o «La perfección es el sueño lejano de Guardiola». Inglaterra también se acordó de los 200 millones de euros invertidos en el mercado veraniego de fichajes. «Si gastas tanto dinero tienes que lograr éxitos y la primera temporada ha sido un desastre», dice un habitual de la sala de prensa. La fijación por la pasta no es una novedad. Lo explica así Stefano Boldrini, corresponsal de *La Gazzeta dello Sport* en Inglaterra: «Aquí se habla siempre del dinero, en los diarios, en la radio y en la tele. Es el país que inventó el capitalismo, así que aquí el *money* es siempre el *money*».

Antes de disputar el último derbi de Mánchester (6 de abril de 2018), le preguntaron a Pep si creía que dos títulos eran un buen rédito para la enorme inversión realizada en dos temporadas: «Os puedo asegurar una cosa: es imposible jugar como lo hemos hecho sin futbolistas de la máxima categoría, y esos futbolistas son muy caros. Cuando la gente me dice que gano por la cantidad invertida en estos dos años, solo puedo contestar una cosa: tenéis razón, es imposible hacer esto, jugar así, si no cuentas con dinero. Quizá nosotros hemos invertido más estas dos temporadas, pero, si haces una media de los últimos años, muchos equipos han invertido grandes cantidades».

Inglaterra es un país donde los periodistas son instituciones. Quizá por ello, la Asociación de Periodistas Deportivos (SJA) organiza cada año una gala donde se entrega un sinfín de premios a los mejores profesionales. Hay galardones para el periodismo de críquet, de rugbi, de investigación, de eventos especiales (como las carreras de caballos de Cheltenham o los mundiales de atletismo) o de información local; hay laureles para el mejor columnista, el mejor corresponsal, la mejor página web, el mejor escritor y muchas categorías más.

El gran protagonista de las últimas ceremonias ha sido Daniel Taylor, redactor jefe de fútbol en el *Guardian*, que ha ganado el premio a mejor periodista deportivo en 2016 y 2017. En el segundo año ha hecho doblete: también se llevó el premio al mejor reportero por desvelar un escándalo de abusos sexuales a menores en el fútbol formativo inglés. Sin cubrir la actualidad diaria de Pep y el equipo, ha asistido a los partidos del City con bastante frecuencia. Guardiola también ha sido un tema en sus prestigiosas columnas. «Todo el mundo admira a Pep, la prensa lo respeta, pero no creo que los medios lleguen a entenderlo del todo», afirma. En sus artículos ha elogiado el juego del Manchester City en esta última temporada. Sus mayores reproches hacia Guardiola se refieren a su relación con los medios: «Se ha distanciado mucho de la prensa. Ningún periodista local tiene su número de teléfono, quizá no conoce ni a los reporteros. Han pasado dos años desde su llegada y no recuerdo haber tenido ninguna conversación a solas con Pep. Si no tienes ninguna relación con un entrenador, no te sientes tan culpable, si esa es la palabra adecuada, a la hora de criticarlo».

Otro gran reproche es haber roto con una vieja tradición en Inglaterra: las ruedas de prensa para los «periódicos de la semana». «Pep es el primer entrenador del Manchester City que no atiende a los *daily papers* en una habitación separada», escribe Daniel Taylor. En la Premier suele haber dos ruedas de prensa, una para los periódicos dominicales y otra para los periódicos que se publican el resto de la semana, los *daily papers*. Esta suele hacerse con un grupo reducido de periodistas en una habitación distinta. Tras la llegada de Guardiola, el City decidió que el turno de los *daily* se realizaría en la misma sala que la anterior (con la única diferencia de que las respuestas quedan embargadas hasta el domingo por la noche o el lunes). «No es lo mismo preguntar a un entrenador subido a un estrado que hacerlo en otra habitación de forma más próxima e informal. Es el primer técnico que ha roto con esta tradición, y eso no es bueno. Wenger lo ha hecho, Mourinho lo hace, todos lo hacen porque es parte de la cultura», señala Daniel Taylor.

Si hay un olimpo en el periodismo inglés, allí tiene un sitio Martin Samuel: mejor escritor deportivo en los British Press Awards de 2007 y 2013 (otros de los incontables premios que existen en el país) y mejor periodista deportivo para la SJA en 2005, 2006, 2007, 2010 y 2013, escribe en el *Daily Mail* desde hace nueve años y deja ver su barba y su melena por la zona de prensa del Etihad Stadium en contadas ocasiones, principalmente en las grandes citas. Sobre la actitud de Pep, Samuel coincide con Taylor: «Antes del Man City-Liverpool en la Champions, Kloop habló con cada periódico inglés por separado, así puede apreciarse la personalidad del individuo. En grupo no tiene la posibilidad de interactuar con Pep». Samuel, en cualquier caso, elogia el trabajo del catalán: «Pienso que Pep ha ofrecido lo que se esperaba de él. La primera temporada fue muy distinta de la segunda, por supuesto, pero la manera como ha potenciado a los jugadores, las posiciones en que los ha colocado, los cambios en la zaga y todo lo demás son hechos impresionantes».

Si la temporada del debut fue la de las críticas, en la segunda ha caído una catarata de elogios. Paradójicamente, la gran objeción de entonces se convirtió en el gran asombro: el método. Así es el negocio. «Este título no se debe a la disolución de las ideas sostenidas por Guardiola sino a su máxima realización», sentenció Jack Pitt-Brooke en el *Independent*. Las alabanzas aparecieron en el *Times* escritas por Henry Winter, jefe de la sección de fútbol, en un artículo publicado el 17 de octubre de 2017 bajo el titular «El City de Guardiola tiene la clase para unirse a los más grandes»: «Los otros equipos lo temen ahora. Dar con la manera de neutralizarlo debe de ser una pesadilla para los entrenadores». Barney Ronay, del *Guardian*, escribió lo que sigue en diciembre de 2017: «Se diría que en la temporada del City pesan menos los puntos que el estilo, el método; es el fútbol como un ideal, como algo que siempre se puede perfeccionar». En el mismo artículo recuerda que algunos disfrutaban viendo a Pep sufrir en el arranque de su etapa británica: «Durante un tiempo parecía que lo único interesante del City era ver cómo fracasaban en la Liga».

Como opiniones hay para todos los gustos, naturalmente, esta actitud no cesó del todo cuando las cosas fueron bien. Tras la decimonovena jornada de la Liga, tras una victoria por 0-1 en el campo del Newcastle y habiendo alcanzado la mitad del campeonato ganando todos los partidos salvo un empate en la segunda jornada, la tertulia de *The Game* (un *podcast* vinculado al *Times*) calificó a todos los equipos de la Premier. La periodista Allyson Rudd decidió puntuar la campaña del City con una B (un notable). Los espectaculares resultados no merecían un sobresaliente porque Rudd consideró que, con el dinero invertido el verano anterior, los éxitos eran más o menos asequibles o previsibles.

«Estamos en un mundo donde solo apreciamos a los ganadores. Es triste, pero es tan simple como eso», dijo Guardiola a la prensa el 12 de enero de 2018, antes de jugar en Anfield. El trabajo del catalán ha sido juzgado por articulistas y exjugadores convertidos en analistas de televisión, los llamados *pundits*. Stan Collymore, exjugador del Liverpool y del Oviedo entre otros clubs, se armó de valor el 12 de diciembre de 2016 para publicar en el *Mirror* un artículo que hoy se recuerda con chascarrillos en las salas de prensa: «Si piensa que puede barrer a todos los equipos de la Premier [...], está absolutamente equivocado. Si piensa que no necesita enseñar el combate de uno contra uno en los entrenamientos, regresará a España con el rabo entre las piernas». Un visionario.

También Gary Neville se metió en la refriega. En mayo de 2017, el antiguo *red devil* no estaba muy convencido de que Pep pudiera domar la Premier a su antojo: «Desafía la lógica inglesa que Guardiola venza de ese modo. Los equipos que ganan la Liga tienen fuerza y poder. Esta es la pregunta: ¿puede Pep dominar la Premier con ese estilo y esos jugadores?». Un año después recibió la respuesta. En la pasada campaña se produjo un pintoresco diálogo. Cuando el City jugó contra el Burnley, Neville consideró que dejar un puesto vacío en el banquillo durante una plaga de lesiones era «la broma perfecta». La réplica no tardó en llegar: «Ha de saber que mi trabajo no es una broma, nunca ha sido una broma. Es algo muy serio, y debe saberlo porque él fue entrenador. Bueno, no demasiado tiempo». Neville entrenó al Valencia tres meses y medio. El Barcelona le metió siete en el Camp Nou. Ganó tres partidos de Liga y perdió ocho de los 16 que jugó.

Pero si algo hubo en la pasada campaña fue asombro, incluso estupefacción, por parte de quienes opinan con el micro o el ordenador. Se asombraron individuos como Jamie Carragher, Greame Souness o Frank Lampard. «El City acumula posesión en el juego, tiene estilo con la pelota y el ansia de recuperarla cuando no la tiene [...]. Su manera de entender los partidos lo coloca por delante de cualquiera en el mundo del fútbol», dijo el ex del Chelsea en un plató televisivo. Incluso leyendas del Manchester United como Rio Ferdinand y Paul Scholes aplaudieron enseguida la calidad de sus eternos rivales. Eric Cantona y Roy Keane sugirieron que el United debería haber fichado a Pep para conservar su espíritu ganador. Cuando el City quedó campeón, Gary Lineker, presentador de *Match of the Day* y exjugador del Barcelona, dijo esto: «El fútbol inglés agradecerá siempre la influencia de Pep Guardiola».

«Pep se ha ganado el respeto de jugadores y exjugadores, pero el año pasado muchos decían que aquí no se puede cambiar nada», opina Domènec Torrent. Lo que perdurará, según él, será el cómo se ha hecho, no tanto el qué se ha hecho. Pep, al fin y al cabo, es el primer alumno de la escuela de entrenadores española que ha ganado una Premier: «Que los jugadores de aquí te digan eso... es la hostia, por lo que es este país. Solo por ese detalle ya has ganado».

El día en que el Manchester City se proclamó campeón de la Premier, el *Telegraph* tituló así: «Fútbol total: esta victoria es solo el principio». El *Sun*: «El fiasco del United da el título al City». El *Mirror*: «Clase de Primera: el City se lleva el título».

El *Daily Mail* (con una foto de Pep): «Soy el campeón». El *Guardian*: «El City se hace con el título machacando al United». Y el *Times*: «Lo mejor para el deporte».

CAPÍTULO 33

BRONCA EN OLD TRAFFORD
CUARTO DERBI:
MANCHESTER UNITED 1 - MANCHESTER CITY 2

This is why events unnerve me
They find it all, a different story
Notice whom for wheels are turning
Turn again and turn towards this time

NEW ORDER, «CEREMONY»

Diez de diciembre de 2017, día de santa Eulalia y san Mauro Gemelo. El City y el United de Mourinho habían disputado 15 partidos en la Premier y los separaban 12 puntos. Imposible determinar qué los separaba en el juego. Mou y Pep seguían sin encontrarse por las calles de la ciudad, aunque un cálculo aproximado dice que a pie, los separan unos siete minutos de puerta a puerta y todo indica que a veces han estado en el Tapeo & Wine el mismo día o que han ido al Wings, el chino favorito de Van Gaal, la misma noche. Pero, que se sepa, no han tropezado por la calle. Da igual: los paparazis siguen buscándolo sin mucho éxito en cenas de amigos o encuentros de enemigos.

Antes de que el Manchester City visitara a Old Trafford por tercera vez desde que el mundo del fútbol miraba a la ciudad, el *Guardian* bromeó al respecto con una pregunta capciosa: «¿Qué le pasa hoy a José?». Una poco velada alusión al permanente mal humor del portugués. El periódico sospechaba que su enfado podía guardar relación con el hecho de estar estancado en los retrovisores del City, que avanzaba como un cohete y miraba de reojo a los rojos. El periodista Daniel Taylor recordaba que Soriano había descartado a Mourinho como entrenador del Barça porque «genera conflictos con los medios casi permanentemente» (cita literal). Luego afirmaba que las personas con egos tan formidables como el de Mourinho no escapan de la inseguridad. Mou andaba cabreado porque los elogios de los medios solo viajaban a Tottenham, a Liverpool o al otro lado de Mánchester. Le molestaba que ningunearan sus méritos, puede que con razón porque, claro, en Inglaterra todo el mundo se había gastado más dinero que el United y solo él le estaba sacando rendimiento a una plantilla tan básica. Eso parecía pensar.

Lo cierto es que a Mou le caían reproches por todos lados, básicamente porque su equipo jugaba mal o peor dependiendo del día. A veces, con un poco de suerte, no jugaba fatal. Siempre había un futbolista que no cumplía sus órdenes o se equivocaba de forma imperdonable... Y al final aparecía De Gea, un grandísimo portero, para solucionar el entuerto. Del guardameta, a quien elogia siempre en público, se quejó un día en privado. «No he visto a nadie entrenar menos», dijo del sujeto designado dos años seguidos mejor jugador del equipo.

Ya antes de aquel partido, algunos periodistas pensaban que no iba a ser un día cualquiera. Incluso sus jugadores intuían que algo iba a pasar porque Mou ni los concentró ni les dio la alineación. Algo maquinaba en su *suite* del Lowry, tal vez consciente de lo que se le venía encima. «Un día juró que Pep no volvería a meterle cinco», y en eso está, dicen los expertos.

En esos tiempos, el City pasaba por su mejor momento del año, a mitad de camino en su imponente racha de victorias consecutivas (18). Para Taylor, maestro de la prensa inglesa, los días del *typical City* (el equipo de las meteduras de pata, el equipo que siempre tenía a sus aficionados en vilo) eran agua pasada. Y esa sensación también cundía entre la gente. Jugando como jugaban, nada malo podía esperarse. Y malo era, para empezar, perder el derbi. El 1-0 era un pequeño desastre que volvía a encender la Liga dejando la distancia entre ambos en cinco puntos. Así estaba el patio.

Aquel 10 de diciembre, el City cruzó la ciudad habiendo vapuleado al Liverpool y al Arsenal en casa y al campeón vigente, el Chelsea, a domicilio. Sus números ya insinuaban que podía reventar el título rompiendo todos los récords. Olía a festival. Un mes antes, Taylor vaticinó: «Si el City sigue brillando así, la mosca que Mourinho tiene detrás de la oreja va a zumbar como una loca». Y la mosca zumbó.

En Old Trafford corrió el rumor de los sobresueldos: se suponía que los jugadores del City iban a recibir paga doble por ganar al United, como si la recompensa pudiera servir de catapulta para el ego de unos futbolistas que, tal vez, hubiesen preferido oír instrucciones para frenar a De Bruyne o a Silva. De eso nadie les habló. Mourinho preparó el complejísimo partido, un encuentro lleno de matices tácticos, como si fuesen a jugar contra el Stockport. Pep lo preparó, pero a su manera: «Haremos esto si juegan con cinco, esto si juegan con cuatro atrás, esto si marcan al hombre a De Bruyne y a David, esto si... esto si...». Tan claro tenían el partido que en la primera parte volvió a evidenciarse a qué jugaba cada uno. Y la afición celeste cantó «park the bus, park the bus, Man United» desde el minuto cinco.

Màrius se quedó en casa. Su madre no le dejó ir al estadio. Por un momento debió de considerar la posibilidad de mandarlo al pub de la esquina, al Black Lion, temiendo la denuncia de un vecino por exceso de bulla. A él y a su hermana. ¡Mierda de hinchas! Lo cierto es que los rojos corrieron buscando fantasmas celestes con un empeño digno de mejor causa. Encajaron dos goles en saques de esquina, pero las sensaciones de los jugadores fueron dolorosas. «Nos han podido meter 20 porque son 20 veces mejores», reconocería en privado (y resignado) un jugador del United. Antes, sin embargo, hubo un tercer tiempo inolvidable, y lo ganó Mou. Esa misma noche, pocas horas después del repaso futbolístico, nadie hablaba de eso en la ciudad. Ni en Inglaterra. De hecho, aquel será siempre el derbi de la mala leche, por mucho que las estadísticas hablen de otra cosa.

«Mou la tenía preparada», piensan muchos en el City. Sobre lo acontecido en el estrecho túnel de Old Trafford (que ya había visto peloteras como la de Cesc Fàbregas arrojando una porción de pizza a la ilustre jeta de sir Alex Ferguson) hay varias versiones.

Mourinho alega falta de respeto en una celebración exagerada. Más de un periodista opina que el técnico portugués quería desviar la atención para velar la segunda derrota consecutiva en un derbi (y en Old Trafford). Los celestes que salieron de allí con la cabeza semiabierta o un ojo morado lo vieron con menos benevolencia y juraron venganza. Vayamos por partes.

«Vi a Mou junto al vestuario del equipo visitante. Suele estar en esa zona para saludar a la gente y no le di importancia. Entré en el vestuario y me iba a duchar cuando escuché gritos y eso, pero nada claro porque había música. Cuando salí, ya había terminado todo. La verdad, fue muy rápido. Luego el míster nos echó en cara que no hubiéramos salido a defenderlos, que solo apareciesen Lukaku y un par más y que debíamos ser un equipo, pero es que no dio tiempo», recuerda un jugador del United. «Después del partido nos llamamos varios jugadores para saber qué había pasado y si estábamos bien», añade. Alguonos malpensados dan por hecho que, aquella tarde, McTominay y Lingard se ganaron la gloria (y el puesto) porque pasaban por allí e intervinieron en la querella. Los que no la vieron perdieron una oportunidad de oro. Bueno es Mou para eso.

«Estaba dentro de la caseta celebrando la victoria, felicitaciones y esas cosas. Creo que estaba abrazándome con Stones y Walker y, de golpe, veo botellas volando desde el pasillo. Luego aparece Mikel y me acerco para sacar gente, había como un tapón porque el sitio es muy estrecho y van llegando cada vez más, pero tampoco muchos, tres o cuatro. En la puerta había cinco o seis de los nuestros y siete u ocho de los suyos, reconocí a Mou y a los más altos, claro. Era un *show*. Fue cuestión de segundos, no duró casi nada, pero resultó muy desagradable», recuerda Domènec Torrent. «Se han contando muchas historias —añade—, pero yo sé lo que vi y lo que vi fue eso. Cerramos la puerta, Mikel sangraba y Edu no veía nada.» «Estaba en las duchas hablando con mi padre por teléfono. No sabía si era parte de la fiesta o qué, pero cuando volví al vestuario me enteré de todo», cuenta Guardiola (algunos dicen que se escondió).

Meses después, Lorenzo Buenaventura se reía: «¿Bronca? Bronca fue la que se lio en un Cádiz-Sevilla. Nos tenías que ver a Bilardo y a mí: separábamos a cuatro y se pegaban siete. Aquello era una bronca. ¡Lo de Old Trafford no fue na!». Habla del 22 de marzo de 1993, en el Carranza, cuando Stimac, un croata del Cádiz, tumbaba sevillistas a puñetazos como si fuera Cassius Clay o Mike Tyson. «Aquello fue una pelea de verdad, te lo digo yo. Había 20 tíos repartiendo hostias en un espacio diminuto y un animal croata que parecía un abejorro dando porrazos dentro de una botella.» El presidente del Sevilla, Luis Cuervas, acusó a los cadistas de provocar a Maradona, pero el del Cádiz, Rafael Garófano, que además era teniente de alcalde en el ayuntamiento gaditano, dijo que el número uno argentino «la había liado muy gorda».

Al Cádiz de Carmelo, Stimac, Milano, Arteaga o Kiko Narváez (y de Lorenzo Buenaventura) lo entrenaba Ramón Blanco; en el Sevilla de Carlos Salvador Bilardo, además de Maradona, jugaban Juan Carlos Unzué, Diego, Manolo Jiménez, Martagón Simeone y Suker. No había cámaras.

En el vestuario de Old Trafford tampoco. Curiosamente, el United no dejó entrar al redactor de Amazon con su pequeño instrumento de trabajo. «Problemas de espacio», le dijeron. Diez millones de euros invertidos en un documental y el día de los mamporros le tapan el objetivo. Ya es mala suerte. «Es una de las razones por las que pensamos que estaba todo preparado, que si perdían buscarían una excusa para armarla», dice un directivo del City.

De hecho, lo que desencadenó la pelea fue algo que le dijo Mou a Ederson, algo parecido a «un poco de respeto, no habéis ganado nada». Ederson, otro hijo de su barrio que no se corta un pelo, se fue a por él de obra y de palabra. A Ederson es difícil callarlo, pero aún más pararlo. Detrás del portero empezaron a volar los líquidos energéticos que estaban tomando los jugadores. La respuesta consistió en arrojar las botellas mismas, esas que tienen un pitorro muy prominente.

Los que se llevaron la peor parte fueron Mikel Arteta y el fisio Edu Álvarez. Los *bobbies* (siemprea hay unos cuantos en los túneles de vestuarios) se vieron desbordados por el choque de trenes. El estrecho pasillo estaba lleno de jugadores que regresaban del campo y la música estaba muy alta (Mendy incluso subió el volumen). Edu iba con Ederson. Fue entonces cuando Mourinho se acercó al portero para reclamar «respeto» de un modo muy poco respetuoso: «¿Qué os habéis creído?». Ederson apartó a Mou de su camino y Mou lo empujó mientras Edu intentaba meterlo en el vestuario, un objetivo tan ilusorio como frenar a un rinoceronte desbocado. El brasileño se cabreó y allí ardió Troya. Acudieron los refuerzos de Mou con Lukaku a la cabeza y se levantaron los pesos pesados en el vestuario del City. La botella que Lukaku le lanzó a Ederson impactó en el sufrido rostro de Edu Álvarez tras rebotar con el pitorro por delante en la ceja de Mikel. La gresca duró pocos segundos, tiempo suficiente para varios gritos, dos empujones, tres batidos en vuelo y un botellazo. Nada más.

«Pep nos vino a decir que, pese a lo ocurrido, debíamos celebrar lo que habíamos hecho y cómo habíamos jugado. Que teníamos todo el derecho del mundo a estar contentos.» Manel Estiarte asegura que, después de esas palabras, la celebración fue grande, entre las mejores de la temporada. No se sabe de dónde, pero Mendy sacó hasta confeti. Como la del primer partido, el de los percebes, la fiesta demostró que el equipo está unido por una causa común.

Esa noche, los últimos en irse del campo fueron Txiki Begiristain y Ferran Soriano. El túnel de Old Trafford empieza en el césped y acaba en la salida del campo. Antes, si giras a la izquierda, llegas a la zona de vestuarios. En esa puerta aguardaron Txiki y Soriano a los jugadores, técnicos y empleados. Uno por uno los felicitaron y les agradecieron su esfuerzo. Bromearon con Edu y con Mikel sobre sus heridas. Estaban tan contentos por el resultado como preocupados por las consecuencias de lo acontecido.

El director ejecutivo entró en el vestuario cuando los utileros sacaban las últimas cajas. Mourinho andaba vigilando por allí. Los *bobbies* no se habían ido. El portugués mascullaba. «No sé qué han hecho estos tres utileros, pero parece que no se ha jugado un partido», le dijo a Txiki. Al día siguiente, la FA abrió una investigación que quedó en nada.

Ese lunes, Pep y Cristina comieron en el restaurante del Gotham, un pequeño hotel de la ciudad, uno de sus rincones favoritos. Al bajar en el ascensor coincidieron con un joven cocinero que los reconoció. El chico casi se desmaya. «¿Eres Guardiola?», preguntó tratando de arrodillarse. Pep lo impidió. «Colega —dijo—, ayer fue uno de los mejores días de mi vida. Los jodimos bien. Gracias y mil veces gracias por jugar como jugamos.» Al salir a la calle, Pep miró a Cristina.

—Juraría que es feliz, ¿no? —le dijo.

—Solo por ver a ese tío tan contento, lo de ayer valió la pena —contestó ella.

Recogieron a los niños, llegaron a casa y Pep se puso a currar: volvió a ver el partido.

CAPÍTULO 34

LA FINAL DEL LAZO

Today's the day that all the world will see
Another sunny afternoon
Walking to the sound of my favourite tune

OASIS, «MORNING GLORY»

El 25 de febrero de 2018, festividad de san Valerio de Astorga, Shaun Gerrard, un técnico sanitario, contó que un hombre había llamado al 999, número de emergencias en Mánchester, debido a ciertos «problemas en sus piernas». Fue trasladado al hospital, pero al llegar se levantó de la camilla y se fue a saludar a un amigo que estaba allí ingresado. El *Manchester Evening News* informó de que se inventó la indefinida dolencia para que lo llevaran gratis al centro médico y poder ver a su colega. Un puto crack.

Ese mismo día, festividad de san Néstor de Magido, se supo que la calle más cara de Mánchester es Hayescroft Gardens, una avenida del barrio de Didsbury. En 2017, se vendieron un total de 10 propiedades por un valor medio de 903.500 libras. En la región del Gran Mánchester, la calle más cara está en la localidad de Hale, donde residen varios futbolistas. Se llama Hill Top. La calle top se tenía que llamar Top, claro. El año anterior se vendieron allí 19 propiedades con un valor medio de 2.016.667 libras. Una pasta.

También ese día, festividad de santa Aldetrudis, los medios anunciaron la llegada a Mánchester de «la bestia del este», una corriente de aire siberiano que provocaría las temperaturas más bajas en cinco años. Se alcanzaron los ocho grados bajo cero, -14 de sensación térmica. Ese mismo día, un loro llamado Zazu salvó la vida gracias a la pericia de los bomberos. El pajarraco escapó de su casa, en el barrio de Urmston, y acabó atrapado entre las ramas de un árbol. Estaba herido, por lo que no podía volar. Lo rescataron gracias a una plataforma elevadora. Aquel 25 de febrero, Pep Guardiola ganó su primer título con el Manchester City. Ocurrió en Wembley.

Los celestes se proclamaron campeones de la Carabao Cup en la catedral del fútbol inglés. Para llegar allí derrotaron al West Bromwich, al Wolverhampton, al Leicester City, al Bristol City y, finalmente, al Arsenal. Uno de los nombres de la competición fue, sin duda alguna, Claudio Bravo. Tras una turbulenta primera campaña en Inglaterra, el meta chileno hizo suya esa competición. Hasta tal punto que no se entiende el primer título de Pep sin sus paradas. Jugó todos los partidos y destacaron dos actuaciones en particular. La primera, la del Wolverhampton, en casa. El City superó al campeón de segunda división con apuros, en los penaltis, y con Bravo salvando tres encuentros letales con el rival Bright Enokbhare. Tres paradas para el recuerdo que complementó con dos más en los penaltis: detuvo los lanzamientos de N'Diaye y Coady. «Aquel fue mi partido del año. Nos dieron un repaso, tuvieron varios uno contra uno, pero, por cosas del fútbol, en ese partido salvé situaciones que el año anterior acababan en gol», cuenta Claudio.

El sorteo los llevó luego a Leicester. Con la acumulación de partidos, Guardiola formó un equipo lleno de suplentes. Bernardo Silva abrió la lata, pero igualó Jamie Vardy en el séptimo minuto del descuento. Sí, han leído bien: en el 97. Otro duelo en la prórroga, y a los penaltis. Bravo volvió a ser el héroe parándole la pena máxima a Ryiad Mahrez. La plantilla del City celebró visiblemente aquella victoria sobre el césped. Pep se fue a abrazar a Bravo, que le respondió de manera fría. Han vivido altos y bajos, pero nadie le niega a Claudio su decisivo papel en el primer trofeo de Guardiola.

La final se resolvió con un contundente 3-0. El primer gol estaba preparado, aunque, para muchos, se alejó de los cánones guardiolescos. Sirvió Claudio Bravo en largo hacia Agüero, el hombre más avanzado. Al Kun le bastó un toque con la cadera para librarse de Mustafi y dejarlo en evidencia. Más listo que el resto, el argentino se quedó solo ante el portero Ospina en un ejercicio de endeblez defensiva por parte del Arsenal. Agüero la picó con calidad por arriba, 1-0 en el primer tiempo. Marcó en una final, en un momento clave. En la reanudación no hubo color. El City se sacudió los nervios, barrió a los londinenses y sentenció: primero Kompany y después David Silva cerraron el marcador. Un gol de campeonato dedicado a Mateo. Cuando mandó el balón a la red en el 3-0, el banquillo *citizen* estalló en una gran fiesta. David se puso el pulgar izquierdo en la boca y con la otra mano apuntó al cielo. Todos los compañeros, incluidos los que calentaban, se abalanzaron sobre él. Uno de los momentos del año.

Cuando el colegiado Craig Pawson señaló el final, Guardiola abrazó a sus compañeros. Estrechó la manos de Arsene Wenger y, con mucha calma, caminó hasta el centro del campo. Saludó a todos los futbolistas y acabó celebrando la victoria con los suyos. Minutos después, ya con el título en el bolsillo, lo esperaba otra batalla.

La FA anunció que abría expediente a Pep Guardiola por lucir el lazo amarillo empleado en Cataluña para protestar por el encarcelamiento de varios dirigentes independentistas. Según las normas de la Federación, no se pueden exhibir símbolos políticos en el área técnica durante los partidos. Sí, en cambio, se pueden llevar a las ruedas de prensa. No multaron al técnico, pero le advirtieron de que podría ser sancionado con varios partidos si continuaba exhibiendo el lazo. Se armó un buen cristo.

«Llevo este lazo porque en España dos personas se hallan en la cárcel por defender algo como votar, una cosa con la que la gente que manda no está de acuerdo. No es justo. Hasta que no estén fuera, este lazo va a estar siempre conmigo», declaró Pep en diciembre. Se refería, como es sabido, a Jordi Sánchez, presidente de la Assamblea Nacional Catalana (ANC), y a Jordi Cuixart, presidente de Òmnium Cultural. Habían entrado en la cárcel el 16 de octubre por orden de la jueza Carmen Lamela, que decretó prisión preventiva y sin fianza para ambos. Pocos días más tarde, el presidente catalán Carles Puigdemont marchó a Bélgica para evitar algo semejante. Ahora hay nueve encarcelados a raíz del proceso catalán: aparte de los dos ya mencionados, están en prisión el exvicepresidente Oriol Junqueras, la expresidenta del parlamento Carme Forcadell y los exconsejeros del gobierno Joaquim Forn, Dolors Bassa, Raül Romeva, Jordi Turull y Josep Rull. Fuera de España hay siete políticos: Antoni Comín, Lluís Puig, Meritxell Serret, Clara Ponsatí, Anna Gabriel, Marta Rovira y el ya citado Puigdemont.

Si se mantuvo fiel a su estilo de juego en un país acostumbrado a los balones largos y al choque, no debería sorprender que Guardiola estuviera dispuesto a asumir las consecuencias de sus opiniones políticas. El viernes anterior a aquella final apareció en la rueda de prensa a la una y media sin saber que la FA lo había expedientado. Eso ocurriría horas después, a media tarde. Aun así, Pep fue rotundo y un poco distante. Predominaron las respuestas cortas, algunas monosilábicas, quizá porque fue el día en que Catalunya Ràdio reveló que la Guardia Civil había registrado en el Aeropuerto de El Prat un avión privado donde viajaban su mujer, Cris, Màrius, Maria, Joan, el cuñado de Cris, y Marc, el hijo de este. Según parece, la policía inspeccionó el aparato porque sospechaba que el presidente Puigdemont iba en él. «Mi mujer me lo ha contado. Imagino que la Guardia Civil tiene derecho a pararnos e inspeccionar el vehículo. Entraron, vieron a mi familia y se fueron. No sabemos nada más», explicó Guardiola.

El primer día en que el técnico de Santpedor lució el lazo fue el 28 de octubre de 2018 en el estadio del West Bromwich Albion, donde el City disputaba un partido de Liga. Lo llevó en 28 partidos más antes de ser expedientado. Su primera declaración sobre los acontecimientos en Cataluña, sin embargo, había llegado mucho antes, en los días previos al referéndum del 1 de octubre. «Lo único que queremos, imagino que todo el mundo y toda Europa lo sabe, es votar. Porque no pedimos la independencia. Esto no va de independencia, va de democracia», dijo el 20 de septiembre. El 1 de octubre dijo haber contemplado «con mucha tristeza» las imágenes de la policía cargando contra los ciudadanos catalanes que pretendían votar en el referéndum prohibido. «Todo el mundo sabe por qué llevo el lazo amarillo. Sinceramente, espero no llevarlo lo antes posible porque eso significaría que las personas encarceladas por pedir votar ya no estarían en la cárcel. Deseo que los jordis y el resto de los políticos puedan salir, volver a casa con sus familias y vivir la vida que merecen», explicó el 21 de noviembre tras jugar contra el Feyenoord.

En el siguiente partido de la Champions, contra el Nápoles, dedicó el triunfo a dos de los encarcelados: «Es un buen momento para dedicar esta victoria a Jordi Sánchez y Jordi Cuixart. No hay civismo más grande que las ideas. Tanto Òmnium como la ANC han practicado ese civismo expresando lo que queremos. Ojalá puedan salir muy pronto. Ojalá puedan porque muchos de nosotros sentimos que, en cierto modo, estamos un poco allí». Guardiola es socio de Omniun Cultural desde hace muchos años.

Tras la victoria por 1-2 en Old Trafford, cuando más lo apretaba un sector de la opinión pública española, apareció Mourinho para decir que le parecía legítimo que Pep se expresara como lo hacía, pero que a él seguramente ya lo hubieran sancionado. Guardiola dejó clara su postura: «Si la Premier o la UEFA quiere suspenderme por llevar el lazo, está bien. Pero debo insistir en que esta gente solo ha defendido el derecho a votar». Justo entonces, en vísperas de la final contra el Arsenal, llegó el expediente. «Guardiola afronta una sanción si continúa la protesta», titulaba el *Times* su artículo del sábado 24 de febrero. La FA explicó que ya había enviado dos cartas de advertencia durante los meses anteriores. Guardiola nunca se escondió.

Se generó mucha expectación para ver cómo llegaba a Wembley. La federación había amenazado no solo con multas económicas, sino también con prohibir la presencia de Pep en el banquillo durante varios encuentros. Guardiola pisó Wembley con un lazo amarillo en el pecho de la camisa. No lo llevaba abiertamente en la chaqueta. Durante el partido quedó disimulado. Fue más visible en las celebraciones. Manel Estiarte también llevaba un lazo sobre su jersey, y cuando se abrazaron, quedó patente que ambos lo exhibían.

Los *fans* del City también reaccionaron. Una parte de la afición realizó un llamamiento por las redes sociales para que los 35.000 aficionados que viajaron a Londres llevaran lazos amarillos como muestra de apoyo a su técnico y respuesta a la FA. Fueran cuales fuesen los motivos, lo cierto es que miles de lazos amarillos viajaron de Mánchester a Londres aquel fin de semana. Y Pep lo agradeció: «Ver esto me produce un sentimiento de pertenencia, de agradecimiento. Los *fans* no tienen por qué estar involucrados porque es un asunto de otro país, pero entienden la situación de las personas encarceladas. Estoy profundamente agradecido».

Dada su celebridad, es posible que Pep Guardiola haya sido el mayor altavoz internacional de la causa independentista. «Pep ha llevado el asunto a una gran audiencia», escribió Sam Wallace, jefe de fútbol en el *Telegraph* y autor de un extenso reportaje sobre el tema publicado el 3 de marzo de 2018.

Martin Glenn, presidente de la FA, siguió inamovible en sus trece e incluso se hundió un poco más en la sinrazón: «No podemos, ni queremos, que el fútbol muestre símbolos políticos. Puede ser la estrella de David, la hoz y el martillo, la esvástica o Robert Mugabe en una camiseta, lo que sea. No queremos esas cosas». Tal vez no tuviera su mejor día el señor Glenn, que tuvo la enorme lucidez de disculparse por haber incluido la estrella de David en la serie. La esvástica no se movió de su sitio y Pep no cambió de rumbo: «Lo acepto. Si he vulnerado las reglas, acepto la sanción. Pero antes que entrenador soy un ser humano. La FA sabe que voy a llevar siempre el lazo amarillo, lo vean o no lo vean».

Estas fueron las palabras que pronunció después de ganar la Carabao Cup. Guardiola respondió al expediente con una carta donde exponía los motivos del lazo en la solapa. La misiva, que redactó con Xavier Sala i Martín y los servicios jurídicos del City, argumentaba que el símbolo «representa una causa humanitaria, no política». Lo equiparó a una larga lista de emblemas, entre ellos el lazo rosa (contra el cáncer de mama), el lazo violeta (contra la violencia de género y también contra el cáncer de testículo) o la flor amarilla (a favor de los enfermos terminales). Entendía que el lazo amarillo se vinculaba a «movimientos transversales donde no está involucrada la orientación política de quien los luce». Guardiola resaltó que el símbolo «solo guarda relación con cuatro personas encarceladas sin juicio cuya libertad se pide», pero no implica ninguna postura concreta con respecto a la independencia de Cataluña.

Pep, sin embargo, era consciente de que su conducta no debía afectar al Manchester City. «El club está por delante de mi opinión, por supuesto», afirmaría semanas más tarde cuando continuaban los rumores sobre su posible sanción. Finalmente decidió no llevar el lazo en los banquillos, único lugar donde estaba vedado. Pero no se lo quitó ni un día en las ruedas de prensa hasta el final de la temporada.

Aquella tarde londinense fue una fiesta para la afición *citizen*, que obtuvo la primera recompensa de la era Pep. Fue la primera alegría de la temporada. El nuevo City ganó con la vieja guardia: tres goleadores que pertenecían a la primera generación ganadora tras la llegada de jeque Mansour, tres mitos como Sergio Agüero, Vincent Kompany y David Silva. Los tres lo celebraron a lo grande con el equipo: se sentían los líderes del nuevo grupo.

El club organizó una pequeña celebración en una sala de Wembley. No había margen para un gran festejo ya que en tres días volvían a enfrentarse al Arsenal, esta vez en la Premier, pero los futbolistas, sus familias y el cuerpo técnico se reunieron con la plana mayor del City encabezada por Khaldoon. El emiratí pronunció un discurso muy protocolario: estaba satisfecho con el primer título de Pep, felicitó a todos y los invitó a seguir trabajando. También habló Soriano, un poco solemne en su gratitud por el esfuerzo de los chicos. Los invitó a divertirse en la fiesta (que animaba un pinchadiscos) y a seguir adelante para conseguir nuevos objetivos. Guardiola también habló. Txiki Begiristain se quedó a pie de barra con Quique Cárcel, secretario técnico del Girona. Valentina, la hija menor de Pep, y Carla y Alejandra, las hijas de Edu Álvarez, fueron las reinas en la pista de baile.

Khaldoon, siempre tan formal, le pidió un favor a Cristina: «¿Puedo robarte a tu marido unos minutos?». Pep lo acompañó a un apartado. El jeque se sacó un teléfono móvil del bolsillo y se lo dio al catalán. Al otro lado de la línea estaba su excelencia Mohammed Bin Zayed Al Nahyan, príncipe de Abu Dabi. Hablaron unos minutos poco antes de que se diera por concluida la celebración.

El equipo volvió a Mánchester. Debía seguir trabajando para hacer historia. Buena parte de la afición volvió a casa por carretera y esta se convirtió en un infierno, un auténtico suplicio. Fe de ello puede dar Noel O'Brien, de 36 años, uno de los *fans* que quedó atrapado en aquel atasco monumental. Él y un colega habían alquilado una furgoneta para viajar con sus hijos y varios amigo. Eran 10: siete adultos, un adolescente y dos niños, uno de ellos hijo de Noel. Estuvieron cinco horas parados en la autopista. «Me llamó mi mujer a las once y media para saber cuánto tardaríamos y luego me envió un mensaje a las cuatro y media. A esa hora empezábamos a movernos», cuenta. Al día siguiente, un lunes, Noel debía ir a trabajar a las siete de la mañana. Llegó a casa minutos antes: «Llamé al trabajo y me las arreglé para tomarme el día libre. Me acosté y no me levanté hasta la tarde». Por suerte, la furgoneta tenía más asientos que pasajeros, llevaban almohadas y los dos niños pudieron dormir durante todo el viaje: «Durmieron de un tirón desde las nueve de la noche hasta que llegamos, así que estaban bien para ir al colegio. Ninguno de los adultos pudo dormir». La experiencia les enseñó una valiosa lección: «Decidimos que, si había otra final en Wembley, nos buscaríamos un hotel y dormiríamos en Londres.

CAPÍTULO 35

KHALDOON: ALGO MÁS QUE EL AMO

I think it's time for me and you to take over the world
I'm only a paperboy from the North West
But I can scrub up well in my Sunday best

COURTEENERS, «TAKE OVER THE WORLD»

A Khaldoon Khalifa Al Mubarak le gustan los caballos, los negocios y el fútbol. Nació en 1975 y es licenciado en Economía y Finanzas por la Universidad de Tufts, a ocho kilómetros de Boston (como Eugene Fama, nobel de economía en 2013, o Pierre Omidyar, el sujeto que se inventó eBay). Está casado con Nadia Sehweil, una dama de origen canadiense a la que conoció cuando estaban en la escuela secundaria. Tienen dos hijos. Quienes han cenado con la pareja dicen que su mujer es tan encantadora como él. No seremos nosotros quienes lo pongamos en duda. Su padre, que era embajador de los Emiratos Árabes Unidos en París, fue asesinado en 1984 por el grupo terrorista Abu Nidal.

No es miembro de la familia real, pero es uno de los hombres de confianza del jeque Mansour. Será por algo. Fue nombrado presidente del Manchester City después de que Mansour comprara el club al ex primer ministro de Tailandia Thaksin Shinawatra el 1 de septiembre de 2008 por unos 250 millones de libras. El número de cargos públicos y privados que ostenta más allá (o más acá) de Mánchester es gigantesco. El montante económico de las operaciones que dependen de su gestión es para nosotros incalculable y, a decir verdad, nos importa un pimiento. Lo que sabemos es que con él empezó todo porque fichó a Soriano y porque lo que luego le dio a Pep no se paga con dinero.

También sabemos que suele aterrizar en el aeropuerto de Mánchester el día en que hay partido o, pocas veces, la víspera. Llega en su avión privado dispuesto a trabajar desde la cercanía. Al fin y al cabo, mantiene contacto diario con Ferran Soriano, pero le resulta fría la distancia por muy modernas que sean las comunicaciones y pese al buen rollo que hay entre ambos. Y Khaldoon Al Mubarak no es un hombre distante.

«Puedes pensar que por nuestros orígenes hay una gran diferencia cultural, pero no. Dada su formación, la diferencia cultural es nula. Nos entendemos muy bien. Es formal y educado, pero tiene un sentido del humor muy sutil», dice el director ejecutivo mientras se toma un café a primera hora de la tarde durante un extraño hueco de su agenda.

Cuando está en Mánchester y no se aloja en una *suite* del Lowry, el único hotel de cinco estrellas de la ciudad, Khaldoon se asea en los baños de la CFA antes de regresar al avión. No es muy exigente ni, aunque parezca raro, hombre de muchos lujos, al contrario. Es fácil de contentar, incluso en la comida. «No es nada caprichoso. Come lo que hay, si puede con Pep y Soriano, muchas veces en el Tunnel ventilando una cita de trabajo para aprovechar el tiempo», cuenta alguien que conoce sus costumbres. No tiene mucha vida social en la ciudad. De hecho, uno de los pocos compromisos públicos que se le recuerdan se produjo la temporada pasada cuando tuvo que agasajar al rey emérito de España, el muy campechano Juan Carlos I. Cenaron en un reservado del Fazenda.

La mañana del día de partido despacha con Soriano y con Barreda. Hablan de lo que toque: planes, la situación deportiva... así que, tarde o temprano, por allí acaba asomando Txiki. La reunión suele hacerse en la «sala de Khaldoon», un espacio que Pep quiso eliminar en su primera visita: le parecía demasiado grande e inútil y quería darle otro uso.

—Esa no se toca —dijo Txiki.

—Lo ha pedido Pep —le contestaron.

—Pues ya se lo explicaré yo, pero es la de Khaldoon y no se toca —insistió Txiki.

Y ahí sigue la sala, a 20 metros de los despachos de Begiristain y Guardiola.

Khaldoon saluda tanto a Manel Estiarte, Vicky Kloss o un jefe de área como al cocinero que lo atiende si va al comedor o a cualquier empleado con el que se cruce, ya sea Brian Kidd, Lorenzo Buenaventura o el último vigilante de seguridad. Se interesa por el trabajo de la dietista, el utilero o el masajista si se tercia, viene a ser lo mismo, porque los conoce, sabe qué hacen en el club y respeta su labor.

«Es un tipo cordial, pero, a fin de cuentas, administra el patrimonio del *big boss* y, por lo tanto, exige resultados. Quiere explicaciones, pregunta por los porqués... Y te sientes presionado, claro. Les debe de pasar a Ferran y a Txiki, a todos...», revela una persona bien informada. No debe de tener muchas quejas: el club ha dado beneficios desde la llegada de Soriano y Begiristain. Y ha jugado el mejor fútbol que se recuerda en Inglaterra.

Aseguran, y no tenemos motivos para dudarlo, que Khaldoon confía en sus empleados. Lo dicen quienes reciben esa confianza, empezando por Soriano: «Nunca nos ha hecho cambiar una decisión. Respeta lo que decidimos, solo quiere conocer los motivos de esas decisiones». Y Ferran pone un ejemplo que ilustra sus palabras:

> Una vez, cuando vendimos a Negredo por 12 millones, barajamos la posibilidad de fichar a Falcao. Lo informamos, como siempre, le pusimos sobre la mesa las opciones que teníamos. Al final descartamos a Falcao, pero él insistió.
>
> —¿Por qué no? Es viable económicamente —me dijo.
>
> —Bueno, los técnicos han dicho que no —le contesté.
>
> Volvió a la carga un par de veces y dejamos el asunto. Más tarde, en una charla por teléfono sobre otra cuestión, volvió a sacar el tema. Le pedí cinco minutos y monté una videoconferencia. Llamé a Txiki y a Manuel Pellegrini y les pedí que le dieran ellos las razones. Se lo explicaron y dijo: «OK, sabéis más que yo». Y no fichamos a Falcao.

«Es un tío de puta madre», dice Guardiola. Algunos piensan que en la primera reunión entre Khaldoon y Pep saltó la chispa entre ellos. Durante estos dos años se han dado situaciones divertidas porque Pep, que no se corta un pelo, ha bromeado al pedirle cosas muy raras. Como el día en que lo instó a comprar el resto de la planta en el edificio donde él vive.

—No la necesito, Pep —le respondió desconcertado.

—Ya, pero así me aseguro de que a mi lado no vive alguien que ande montando fiestas los miércoles a las dos de la mañana —le contestó el técnico.

O cuando le pidió que comprara el hotel situado frente a su casa: «Si quieres me pagas menos, pero compras el edificio y lo derribas. Es horroroso». Khaldoon todavía se ríe.

«Pep es siempre vehemente y atrevido cuando habla con él, y eso le gusta, lo cautiva», asegura un testigo de algunas conversaciones. No hay que olvidar que Khaldoon fue conociendo al entrenador en la derrota, y en esa época Pep fue muy Pep. Y Pep, después de los partidos, incluso cuando gana, no es fácil de manejar. «Me fascina verlos juntos. Son dos personas altamente sensibles y muy inteligentes así que es un placer oírlos hablar», explica Vicky Kloss, responsable de comunicación en el City.

«Es un profesional extraordinario, con una gran capacidad de trabajo, intuitivo y muy preparado, pero a la vez es un tipo cercano, una buena persona», dice Ferran Soriano. «Despacha con Ferran, está al cabo de todo lo que pasa y se interesa de verdad por lo que hacemos... Pero las decisiones son nuestras, él delega y se interesa», afirma Omar Barreda, mano derecha del director ejecutivo.

«No sé por qué, pero yo creo que se han hecho amigos. Pep se fía de él, lo respeta y le tiene mucho afecto. Y a mi hermano estas cosas le cuestan, es bastante desconfiado... Pero tienen muy buen rollo», dice Pere Guardiola. «La relación entre Khaldoon y Pep es inmejorable. Podía intuir que iban a tener una buena conexión, porque los conocía a los dos, pero han superado las expectativas», señala Soriano. «Espectacular, te lo digo yo: la relación es espectacular», concluye Txiki Begiristain.

Txiki sostiene que todo empezó el día del Tottenham en casa, tras el 2-2 de la temporada anterior, y tuvo una majestuosa continuidad contra el Everton. La tercera escena fue más feliz: una reunión tras ganar 5-0 al Swansea, cuando celebraron el título de Liga. Por diferentes motivos, Txiki tiene muy presentes esos tres momentos entre Khaldoon y Pep, pero especialmente las tardes de los *spurs* y los *toffees* porque fueron las que marcaron un punto de inflexión en el camino de Pep y su relación con Khaldoon: «Por la manera como le habló, por la manera como le transmitió su confianza en el proyecto... No sé, era un día muy malo, el partido dejaba muchas incertidumbres porque habíamos sido mucho mejores y el equipo no obtenía resultados. Y Khaldoon estuvo fantástico. Creo que aquel día Pep vio que la historia que Ferran o yo le contábamos era cierta, que él también lo pensaba de verdad. Básicamente le dijo que entendía que no era fácil, pero que creía en lo que estaba haciendo y que ante sus ojos no había otro camino que no fuera el suyo, el de Pep. "Tú eres nuestro hombre, Pep, no hay otro", le dijo. Y también le dijo que sabía que iba a acabar bien. ¿Era lo que Pep necesitaba oír? Seguramente. Pero se lo dijo convencido y, además, Pep lo notó. A Pep no lo engañas».

«Khaldoon creía al cien por cien lo que le dijo. Y aquel día fue especialmente humano con Pep», recuerda Soriano sin entrar en detalles. En una entrevista concedida a City TV al término del campeonato, Khaldoon recordó aquel día, pero, sobre todo, el partido contra el Everton al inicio de la temporada. Era el 21 de agosto cuando los hombres que entonces entrenaba Ronald Koeman empataron en el Etihad. «Fue muy frustrante. Si lo recuerdas, todas las frustraciones de la pasada temporada se concentraron en aquel partido», explica Ferran. Khaldoon recuerda que el equipo tuvo la pelota el 60 % del partido, que falló muchas ocasiones, que disparó 19 veces a puerta y que las decisiones del árbitro no fueron acertadas («expulsó a Walker y cambió el partido»), y, al final, el City igualó un duelo que debía haber ganado porque marcó Rooney en la primera parte y hasta el minuto 82 no empató Sterling. O sea, todos los fantasmas de la primera temporada condensados en 90 minutos.

Los íntimos cuentan que Pep estaba de un humor de perros aquella noche y pidió que nadie bajara al despacho. Pero Khaldoon había viajado con alguien muy especial: si la memoria no le falla a quien nos lo contó, era el hijo del dueño, del jeque. «O sea, que no había más hostias que recibirlo. Además, ¡era Khaldoon!», cuenta un testigo de aquel tenso episodio. Pero Pep no quería ver ni a Koeman (casi un hermano mayor) ni a Txiki ni a Cristina ni a sus hijos... Estaba desolado. «No me ficharon para jugar bien y no ganar», ha dicho a menudo recordando aquellos días. «Nadie se mete más presión para hacer las cosas bien y, al final, ganar es la consecuencia de hacerlo bien», afirma Manel Estiarte. Al final, claro, Khaldoon entró en el despacho de Pep. Y estuvo genial.

«Recuerdo que me senté con Pep, que estaba muy tocado, y le dije: "Tranquilo, no será como la pasada temporada". Claro, no imaginaba que sumaríamos 100 puntos y marcaríamos 106 goles. Pero fue un mal momento que se convirtió en muchos buenos momentos. Era una aspiración jugar ese fútbol, y este año lo hemos logrado. Para cualquiera que disfrute del aspecto creativo del juego, pienso que lo que el equipo ha hecho esta temporada es sensacional. Honestamente, el gozo y el estrés van ligados, pero esta temporada he disfrutado y ha sido por el modo como hemos dominado la mayoría de los partidos. Ha sido muy gratificante. Ya no necesito aliviar la tensión como el año pasado», dice Khaldoon desde Abu Dabi.

Sostiene Txiki que en Khaldoon hay un aficionado, que le gusta el fútbol, y tiene la sensación de que ha aprendido a ser del City, que padece, y cuando no está en el palco, cuando ve el partido en casa, sufre como un hincha más, lamenta los errores y celebra los goles como un verdadero *citizen*. «Una de las cosas que más me satisface es ver a Pep preparando los partidos, su forma de entrenar es muy divertida. Lo disfruto mucho, me encanta su capacidad para mejorar a los jugadores», explica Khaldoon.

La relación entre ambos es, seguramente, una de las razones por las que el jueves 17 de marzo el club anunció que Pep había aceptado la renovación más larga de cuantas había pactado en su vida, una prolongación de tres años firmada un par de días antes. Este acuerdo insólito muestra que Guardiola está muy a gusto en Mánchester. «Si por mí fuera, renovaría de medio año en medio año», dijo Pep un día en Barcelona, pero por vez primera en sus 10 años como entrenador había firmado por tres temporadas, algo que sorprendió incluso a Cristina, su mujer. «Pep trabaja rodeado de amigos y rodeado de respeto, y eso ha sido decisivo», dice una persona de su entorno.

Además, el entrenador sabe que tiene un equipo joven al que puede exprimir a conciencia durante los próximos años con un objetivo muy claro: llevarlo a una final de la Champions League. Pero el acuerdo tiene que ver, también, con el plan de estudios de sus hijos, a quienes beneficia la decisión. «Estoy muy contento, es un placer trabajar en esta familia, en este club, disfruto cada día con estos jugadores. Todos conservamos la motivación y vamos a tratar de hacerlo mejor los próximos años. Volveremos hambrientos y más agresivos, vamos a crecer y a mejorar», dijo Pep tras firmar su renovación.

Ocurrió en las oficinas londinenses del City, en el número 10 de Brock Street, el día siguiente a la entrega del premio al mejor entrenador de la Premier. Allí estaban Soriano, Txiki, Barreda, Cristina, Pere y Josep Maria Orobitg, su asesor financiero, acompañado por su hija Anna, su mano derecha, y Oscar Tena, el nuevo director de la empresa. La primera llamada de Pep fue a Abu Dabi.

«Pep es incansable, no habrá autocomplacencia. Su renovación es una gran noticia. Estoy encantado de que siga tres años más. Sabe que va a tener todo nuestro apoyo, como hasta ahora. Ha identificado las necesidades para reforzar la plantilla y las decisiones están tomadas desde enero. No necesitamos seis refuerzos, pero vamos a aportar calidad y competitividad a una plantilla muy joven», explicó el presidente del City. En la tele del club añadió esto: «Su renovación es consecuencia del ambiente que reina en el equipo, de la filosofía que queremos implantar en toda la organización, empezando por el propietario, el jeque Mansour, que tiene una gran relación con todos. No fue una negociación, fue una charla muy sencilla. Nos miramos a los ojos y dijimos que estábamos contentos de seguir viajando juntos».

«Si ha tomado esta decisión es porque se siente capacitado para dar el cien por cien», asegura Manel Estiarte. Y porque está a gusto: «Tengo una muy buena relación con el presidente, con Ferran, Txiki y Omar, con todos los que pertenecen a este club, nos conocemos desde hace tiempo. Txiki es parte de mi familia y se dan las mejores condiciones para mantener un club estable. A Khaldoon lo conozco perfectamente y sabe que me apartaré cuando las cosas no vayan bien. Intentaré que eso no suceda, me esforzaré para dar pasos adelante, no pasos a un lado, haré todo lo posible para seguir a este nivel. Desde que el jeque Mansour llegó al club, siempre ha estado ahí, con los altibajos propios del deporte, pero el City lleva los últimos seis años en la Champions y ahí es donde queremos seguir estando, compitiendo por los objetivos más importantes». Palabra de Pep

«No fue una negociación, fue todo muy rápido. El club hizo una propuesta y nosotros la aceptamos matizando un par de cosas. Nos dijeron que sí y firmamos. Cuestión de mirarnos a la cara un par de veces», confirma una persona conocedora de toda la historia. Y añade: «Khaldoon está supercontento, nosotros también y Pep... lo parece ¿no?».

«Vamos a ayudarlo a mejorar la plantilla siguiendo sus criterios, claro. Pero la base es muy sólida. El objetivo es mantener este nivel y la experiencia me dice que es un error obsesionarse con la Premier», declaró Ferran Soriano tras la firma del acuerdo.

Pep no le ha prometido títulos a Khaldoon, solo que trabajará cada día para mejorar la calidad del equipo. Eso, probablemente, es lo que Khaldoon quiere oír. Si son amigos es porque no se han engañado nunca. Tampoco Khaldoon quiere ofrecer a los socios más de lo que puede dar: «No hemos prometido lo imposible, cumplimos los objetivos marcados, somos cuidadosos porque serlo es importante para el futuro del club. Debemos ser humildes porque somos un club de origen humilde y quiero pensar que hemos actuado de manera humilde, en la victoria y en la derrota».

«Construimos los cimientos durante los primeros cinco años con una gran inversión para alcanzar un punto donde fuera posible reinvertir en el propio club y ser sostenibles. Hoy somos una empresa con beneficios y el panorama es óptimo desde el punto de vista comercial. Cada nuevo acuerdo es mejor que el anterior. Hace ocho o nueve años todo era un drama, ahora fluye el negocio», asegura Khaldoon.

Tal vez su acierto fue confiar en personas como Ferran Soriano, que a su vez apostó por Txiki. Los dos sabían que muy mal se les tenía que dar para que Pep no terminara en Mánchester. Y encima ha acabado congeniando con Khaldoon, quien, por cierto, le ha hecho dos regalos en dos años. El primero es una botella de vino que le dio en enero de 2017 con motivo de su cumpleaños y que el técnico guardó durante varios meses. El segundo, en febrero de 2018, una visita guiada al Louvre de Abu Dabi, una obra de arte en sí misma diseñada por los arquitectos Norman Foster y Zaha Hadid. El técnico disfrutaba de unos días de descanso con Cristina durante un parón de selecciones. Khaldoon sabía que a Cristina le hacía mucha ilusión esa visita.

Para el Manchester City (y para Pep), Khaldoon es algo más que el amo del club.

CAPÍTULO 36

EL DÍA DE GOODISON PARK

Hey! Stay young and invincible!
Because we know just what we are
And come what may we're unstoppable
Because we know just what we are
Yeah we know just what we are

OASIS, «STAY YOUNG»

El sábado 31 de marzo de 2018, víspera del domingo de Pascua, el Manchester City jugó en Goodison Park. Camino de Liverpool, aprovechando la calma del tren del mediodía, supimos que cumplían años David Gower (61), jugador de críquet, Jane Powell (89), una de las siete novias para siete hermanos (en Ancoats hay un bar que se llama 7 Brothers), Milan Kundera (89), escritor, y sir William Macpherson of Cluny (92), un juez severísimo. O sea, había mucho que festejar. También conocimos las ofertas de la semana en ALDI: un sauvignon blanco por 5,49 libras, una pierna de cordero (británica, claro) por 4,49, una bandeja de productos españoles (chorizo y olivas, básicamente) por 1,59 y tres gambas argentinas, tuyas por 4.99.

Lamentablemente, los periódicos informaban también de lo que la policía del gran Mánchester consideraba la muerte más prematura por consumo de una droga sintética conocida como *spice*. Se anunció el viernes, pero había ocurrido en Stockport dos semanas antes. Era un crío de 14 años que se había quedado a dormir en casa de un amigo con quien tomaba la droga, una sustancia con efectos parecidos a los del cannabis. El *spice* mató a 27 personas en 2016. Sus estragos son evidentes en las calles de Mánchester.

También supimos que, tras varias semanas vigilando con prismáticos en su casa de Suffolk, Melissa Harrison por fin logró ver una lechuza mientras tomaba el té en la cocina.

El equipo de Guardiola arrasó al Everton. Y la afición local reconoció entre aplausos una de las numerosas exhibiciones de fútbol que han dejado los *citizens* este año. El City se llevó la admiración del público y tres puntos que lo dejaban a una victoria del título. En el descanso, varios periodistas afirmaron que era la mejor actuación del City a domicilio esa temporada, que no es poco. Ganando al United en casa eran campeones de la Premier. «Quizá nos aplauden porque vamos a jugar contra el Liverpool en las semifinales de la Champions», dijo Guardiola tras aquel recital. El City remató 18 veces (nueve entre los tres palos) por seis (dos a puerta) el Everton. Tuvieron la pelota el 82,13 % del tiempo, a dos décimas del mayor registro en la historia de la Premier. «Solo Pablo Escobar ha tenido más posesiones», escribió un tal @stamp_1878 aquella tarde.

Pep no oyó la ovación de la hinchada *toffees* porque se retiró antes del campo para cederles todo el protagonismo a sus jugadores, pero se mostró agradecido después: «Es agradable. Jugamos para nuestros aficionados, pero la satisfacción es mayor si la gente que ama el fútbol disfruta con nuestro juego. La temporada pasada aplaudí yo después del 4-0. Esta temporada nos han aplaudido ellos, así que muchas gracias».

Aparte del fútbol, los amigos y la familia, pocas cosas le gustan más a Pep que un buen plato de *mongetes* de Santa Pau, unas alubias típicas de Cataluña. Suele pedirlas en Can Ferran, donde reina su amigo Fermí Puig, y, por supuesto, en la Bodega Sepúlveda, el restaurante barcelonés de la familia Solà. Guardiola tiene un amigo que vive a caballo entre Mánchester y Cataluña y que suele comprarle un kilo en el Mercado de la Boquería. El viernes, antes de jugar en Liverpool, Pep estaba solo en su casa de Salford, pero tenía el partido en la cabeza, las decisiones tomadas y una remesa de alubias recién llegada de Barcelona. Se cocinó un plato para la cena.

Dos semanas antes se había llevado el equipo a Abu Dabi. Estaba contento: «Allí disfrutan. Lo de Abu Dabi nos vino genial. Buscábamos el sol y hacer grupo. Trabajaron bien, se juntaron, vimos el sorteo de la Champions. El año anterior fuimos y di más horas de libertad. Esta vez trabajamos mucho, estuvimos más tiempo juntos». Aun así, los jugadores salieron un día a cenar y jugaron al escondite o al Fortnite (el videojuego de moda) en el hotel. Claudio Bravo se llevó a la familia y el Kun Agüero a varios amigos. Luego, los internacionales se concentraron con sus selecciones. Como siempre, Pep temía el reencuentro, pero no pudo ser mejor.

Después del partido, los jugadores del City saludaron a los más de 3000 seguidores que se habían desplazado a Liverpool. Mientras David Silva, Laporte, Ederson, Fernandinho y Gabriel Jesus regalaban sus camisetas, Guardiola los esperaba en el vestuario. A los empleados del club que lo saludaban les repetía la misma frase: «Ya lo tenemos, ya lo tenemos. Un partido y es nuestra, pero ahora toca Champions». Estaba feliz, pero sabía que los esperaba el Liverpool. Como siempre, lo primero que hizo al llegar al vestuario fue hablar con Cristina, llamar a casa. Después lanzó un mensaje al equipo: «Quitaos el título de la cabeza. Llegará tarde o temprano. Hay que pensar en el Liverpool». Y los felicitó.

Fue aquel un buen fin de semana, aunque la familia estuviera en Barcelona con los abuelos. Era Semana Santa. Nada que ver con la temporada anterior, cuando el Everton de Koeman les metió cuatro. Esta vez, cuando se encontró con Txiki Begiristain tras cumplir los compromisos televisivos, los dos se miraron y casi no tenían ni que hablarse: «El Liverpool, Txiki, el Liverpool», dijo Pep. Y Txiki tenía muy claro lo que quería decir.

El City, vestido de fucsia en Goodison Park, sumaba 84 puntos tras 31 partidos. Ningún otro equipo había logrado tantos puntos a esas alturas de temporada y, sin duda, ninguno había jugado con tanto estilo. Fue la victoria número 50 en 69 partidos de la Premier. Solo Mourinho había alcanzado la cincuentena más rápido (necesitó 63 jornadas). Con el triunfo se convirtió en el tercer equipo en la historia de la Premier, tras el Chelsea (2005-2006, con Mourinho) y el United (2010-2011, con Ferguson) que ganaba a todos los rivales del campeonato.

«He visto pocos equipos mejores que este, quizá el United o el Arsenal de sus épocas doradas, pero después de eso nada», dijo Allardyce, entrenador del Everton, cuando se le preguntó si había visto un conjunto mejor que el City de Guardiola en aquel encuentro. Allardyce ha dirigido más de 500 partidos en la Premier League y nunca ha sufrido un descenso. «Intentas hacer algo para detenerlos, pero pueden jugar con cualquier cosa. Esa es la belleza de este equipo. Brillante. Estoy desanimado, pero fueron geniales», admitió el veterano entrenador tras ver cómo el City aniquilaba a su equipo.

La historia del partido se resume en la larga jugada del minuto 14, cuando el City ganaba y Fernandinho puso la pelota en juego, dentro de su propio campo, en corto para De Bruyne, que se la devolvió; este se la dio a Kompany, atrás; y el belga de primeras a Otamendi, en paralelo. Ota controla, amaga jugar en corto y desplaza en largo para Sané que, abierto a banda, pegado a la cal como extremo izquierdo, ya en tres cuartos de campo, recoge y encara al lateral, se frena y toca para Gabriel Jesus. Este se apoya en Sterling, a quien encuentra de cara; el de Londres juega atrás, a banda con Laporte, y este de primera otra vez a Fernandinho, con el que combina; Fernandinho juega de nuevo con Sterling, que recibe de espaldas y juega otra vez para el pivote brasileño, que decide cambiar la orientación para dársela a Silva por la derecha. El mago espera a Walker, que corre por la derecha, más a la banda (el campo se hace grande otra vez) y en esas aparece Ota, de lateral, que toca en corto hacia De Bruyne. El belga recibe por dentro y la da atrás a Kompany, que salva la presión de cuatro jugadores en el centro del campo. El capitán avanza solo y toca para Fernandinho, que se la devuelve, la pasa en corto sobre la raya de mediocampo para De Bruyne, que cede a Laporte y este a Ederson, el único jugador que faltaba por intervenir. El portero brasileño recibe en la frontal y el Everton lo presiona con tres. Tiene pases a las dos bandas, con Nico y Laporte, y a Kompany en el centro. También se ofrecen De Bruyne y Fernandinho. Piensa y elige a Dinho. El control orientado lo habilita para buscar un pase directo hacia la portería del Everton y encuentra a Gabriel Jesus, con quien pivota, cruza el medio campo y se la da a Silva a la izquierda. Con el equipo local roto, Silva controla y se la da a Sané, quieto en la banda a 25 metros, sobre la raya; el alemán toca adentro para Fernandinho y arrastra a su par. Ya hay ocho del Everton tapando la portería, pero la pelota vuelve a Silva, que espera y acaba jugando con Fernandinho, atrás, que combina con Laporte. El francés toca para Sané, este se lanza en profundidad y la mete en el área cuando llega Silva. Allí, tras un minuto y 18 segundos de toque constante, tras una infinidad de pases, Silva encara al portero, un poco esquinado, y remata alto sobre el lateral de la portería. Si se han cansado ustedes al leerlo, imaginen los futbolistas locales al padecerlo.

No hubo gol, pero la pelota fue del City, solo del City, siempre del City. Un murmullo de reconocimiento se impuso en la afición del Everton y los aplausos resonaron entre los 3000 seguidores llegados de Mánchester, que llenos de orgullo cantaron «City, City, best team on the world» [City, City, el mejor equipo del mundo]. «¿Cómo describirlo?», se preguntaba Kevin De Bruyne al final del partido. Acababa de dar una asistencia de gol a Gabriel Jesus, la asistencia número 20 de la temporada: «Cuando juegas como hemos jugado hoy en la primera parte, cuando ves en la cara de los rivales que no saben qué hacer, sientes un poder absoluto. Sientes que dominas la situación, que en todo lo que está pasando tienes poder, que lo tienes todo bajo control. Durante la primera parte hicimos el mejor fútbol de la temporada. No sé cómo decirlo, pero la primera parte ha sido de otro nivel, muy distinto de lo habitual. Era tal nuestro dominio que no sabían si presionarnos o quedarse atrás o hacer algo en el centro. Podías ver en sus caras que no se enteraban de lo que estaba pasando y todo esto, supongo, es lo que sientes cuando tienes ese control, lo que ves en sus caras».

Feliz como estaba de ver jugar tan bien a su equipo y sabiendo que siete días después podían lograr el título si ganaban al United en casa, el capitán, Vincent Kompany, se fue de Liverpool orgulloso: «Significaría un mundo para nuestros aficionados. He vivido en Mánchester lo suficiente para saber lo valioso que es para ellos y lo importante que es impedirlo para el otro equipo».

«Estamos más cerca que nunca. Tenemos un partido que ganar, pero si no podemos contra el United tenemos seis oportunidades más. Estamos muy cerca, pero es solo la primera pelota de partido y estoy muy satisfecho con el rendimiento», declaró Guardiola antes de regresar a casa

El tren siempre va más lleno a la vuelta, se bebe más y se canta más que a la ida. Con más motivo si se ha ganado como se ganó: con Walker casi de extremo, con Laporte de lateral y sin el Kun (algo que para los seguidores del City tiene un mérito tremendo). «We'll win the League on derby day» [Ganaremos la Liga el día del derbi], cantaba la afición. Dos amigos ya talluditos bebían cerveza en lata y discutían a la altura de Warrington quién había sido el mejor.

—El mejor siempre es Silva, no cabe duda —decía uno.

—De Bruyne es insuperable —afirmaba el otro.

Los dos, sin embargo, estaban de acuerdo en una cosa.

—Nadie ha jugado jamás como nosotros, pero eso no se debe a los jugadores. Eso ocurre porque tenemos a Guardiola.

—Sí, *we've got Guardiola.*

Entonces, el vagón se puso a cantar: «Yes, we've got Guardiola». El City iba a ser campeón de la Premier.

CAPÍTULO 37

FUCK OFF!
QUINTO DERBI:
MANCHESTER CITY 2 - MANCHESTER UNITED 3

I've been dreaming of the things I've lear-
nt about a boy
Whose bleeding, celebrate to elevate
The joy is not the same without the pain

BADLY DRAWN BOY, «SOMETHING TO TALK ABOUT»

El 7 de abril de 2018, festividad de san Pelusio, san Serapión y san Pedro Nguyen Van Luu, día de la mujer mozambiqueña y del periodista brasileño; un hombre armado con un cuchillo de cocina sembró el pánico de madrugada en la estación de Oxford Road antes de ser reducido por la policía de Mánchester. Ese día se jugó en el Etihad el derbi 175 de la ciudad.

Desde que se supo que podían ganar la Liga aquella mañana, Pep trató de quitar presión a la jornada. El partido quedó en medio de la eliminatoria de cuartos en la Champions, y eso lo enfrió un poco. Pep se centró en Liverpool, no quiso adelantar escenarios y no habló mucho del United antes de hora. El Liverpool les metió 3-0, resultado que alteró un poco la previa del derbi. El viernes, en rueda de prensa, Guardiola respondió a muchas preguntas sobre la derrota de dos días antes, una conmoción en Inglaterra, pero también dijo entender qué debía pensar un *fan* del City ante la posibilidad de ganar el título frente al United: «Lo comprendo perfectamente, sería como si un socio del Barcelona tuviera la posibilidad de ganar la Liga contra el Madrid». Ese día también dijo: «Yo no he derrotado a Mou ni Mou me ha derrotado a mí. Son nuestros equipos los que han ganado o perdido. Cuando llegué entendí cómo funciona esto, empecé a escuchar: "Pep llega aquí y los dos están juntos de nuevo". Pero han pasado dos años y nada especial ha sucedido». Pep añadió que, si no ganaban, tendrían cinco oportunidades más para lograr la Premier, pero la afición quería el título contra el United. Y lo tuvo durante 45 minutos. El *Times* del lunes no se mordió la lengua: «Guardiola estaba equivocado: este derbi era importante».

Ninguno de los presentes en aquel partido comprenderá jamás cómo el City dejó escapar aquella oportunidad histórica tras una asombrosa exhibición de juego. En el descanso, el City pudo volver al vestuario con una ventaja de cuatro o cinco goles, pero se retiró con 2-0 en el marcador. En cualquier caso, tras la primera parte era campeón de la Premier en la vigésima jornada y en casa, ante su afición... y frente a las narices del United y de Mourinho. Imposible soñar con una puesta en escena más espectacular. Pero, claro, el City es el City: los viejos fantasmas celestes asomaron de nuevo y no fue campeón.

Henry Winter fue muy crítico en el *Times*: «Pep menospreció el derbi dando descanso a De Bruyne, Walker, Agüero y Gabriel Jesus mientras ponía el ojo en la vuelta de la Champions contra el Liverpool». Y añadió: «Si hubiese jugado con un nueve de verdad, el partido habría terminado en el descanso». Lo cierto es que Agüero no estaba en condiciones de jugar y que a nadie le hubiera extrañado un 5-0 en la primera parte. Sterling, que jugó de nueve, destrozó a los centrales del United, que ni lo vieron: se quedó solo tres veces ante De Gea. Daniel Taylor escribió en el *Guardian*: «El derbi habría sido una victoria aplastante del City si Raheem Sterling no hubiese confundido las medidas de la portería con las dimensiones de una gigantesca catedral».

Pep estaba más cabreado que nadie. Al día siguiente, tras el entrenamiento, tras buscar las razones de la sinrazón, iba en coche a casa y seguía sintiendo el «trágame, tierra». La derrota aún lo mortificaba. Se detuvo en un semáforo: un coche frenó al lado de su Mercedes negro y le tocó dos veces el claxon. Pep se volvió: eran dos aficionados del United que lo habían reconocido. «¡Vete a la mierda, hijo de puta! Somos del United y Mánchester es roja. ¡Te hemos ganado, cabrón!», le gritaron. Lo mismo le ocurrió a Carragher cuando volvía de comentar un United-Liverpool en Old Trafford para Sky. La diferencia es que el exjugador del Liverpool fue sancionado en su trabajo porque le escupió al hincha del United, que estaba grabando la escena. Pep se limitó a contestar algo así como «OK, OK, no pasa nada». Pisó el acelerador cuando el semáforo cambió de color, miró hacia delante y siguió su camino. El que lo llevaba a intentar, pocos días después, una imposible remontada contra el Liverpool de Klopp.

Perdieron 1-2 en la vuelta, pero la vibración del Etihad Stadium durante la primera parte será recordada mucho tiempo. La gente se lo creyó. Creyó que podía ser su noche europea. Y lo pudo ser, pero en esos partidos pasan muchas cosas y se deciden por muy pocas. El Liverpool fue un justo vencedor, abrumó durante media hora en Anfield y aguantó como un león en el Etihad. Durante la eliminatoria destacaron tres detalles en tres goles. El primero, que abrió la lata en Liverpool: el pase de Alexander-Arnold a Salah se produce con el egipcio en fuera de juego. Aún en Anfield: la acción que acaba en gol anulado a Gabriel Jesus no fue fuera de juego por unos pocos centímetros. Y ya en la vuelta: el tanto anulado a Sané al borde del descanso ponía el 2-0 y dejaba al City a un gol con la segunda mitad por delante. El alemán marcó tras un balón rebotado en Milner, que legitimaba su posición adelantada. Mateu Lahoz no se percató o no quiso percatarse. Un error desafortunado.

«En Liga, contra un equipo de media tabla, no pagas esto porque ganas de todos modos, pero esas decisiones, a este nivel... es demasiado igualado. No se puede. Estas cosas pasan en la Champions», opina un directivo del City.

Tras la semana trágica de la temporada, arreciaron las críticas en la prensa. Mark Ogden atizó al catalán en ESPN: «¿Fue un éxito su planteamiento en el Barcelona solo porque Leo Messi formaba parte del equipo?». Dos semanas más tarde, Pep ganó la Premier League con su planteamiento y con los mejores registros de la historia.

Hemos hablado de las broncas de Guardiola, pero aquellos días el catalán estaba muy orgulloso de los suyos: «Cuando las cosas van mal, no dudas en las charlas. Les dices: "Chicos, sois unos putos cracks". Eso es lo que les dije aquella semana, por supuesto. Mi sensación, con todo acabado, es que estuvimos de puta madre en las semifinales y contra el United».

CAPÍTULO 38

MANCHESTER IS BLUE, LADS!

I can feel the Earth begin to move
I hear my needle hit the grove
And spiral through another day
I hear my song begin to say
Kiss me when the sun don't shine
The past was yours
But the future's mine
You're all out of time

THE STONE ROSES, «SHE BANGS THE DRUMS»

El Manchester City llegó a Wembley para jugar contra el Tottenham después de haber encadenado tres derrotas. Una de ellas en la Premier, seis días antes, en el Etihad contra el United, dejando escapar una oportunidad histórica de ganar la Liga frente al eterno rival. Difícilmente se repetirá. En Londres necesitaba una victoria frente a los *spurs* y debía esperar a que los de Mourinho perdieran o empataran contra el West Bromwich Albion, algo poco probable. Los *baggies* eran los últimos de la tabla y terminaron a 69 puntos del campeón. Nadie vestido de celeste daba un duro por ganar el título ese fin de semana. Venía el City, además, de caer eliminado en la Champions League y a Pep empezaban a aparecérsele fantasmas: incluso le parecían pocos los 13 puntos de ventaja que le llevaban al segundo, los rojos de Trafford, a falta de 18 puntos en disputa. Comenzaba a inquietarse, se ponía nervioso. Y Pep no sabe disimular.

El viernes por la mañana, Pere Guardiola tenía una reunión con Txiki Begiristain y se acercó al despacho de su hermano. Algo intuía porque lo conoce bien. «Había hablado con él por teléfono el jueves y algo sospeché, así que fui a verlo —cuenta el empresario—. "Pere, si mañana perdemos en Londres, se nos escapa el título", me dijo. Empezó a echar cuentas y... ¡no ganaban un partido más! Estuve a punto de decirle que sí, que perdíamos la Liga, seguro, pero le dije que no se preocupara, que ganábamos en Wembley sin problemas. Además, lo creía.»

«Eso fue el viernes, pero cada hora que pasaba estaba más tranquilo. Sabíamos lo que debíamos hacer: salir a ganar», recuerda Domènec Torrent. Fue uno de los partidos para los que Pep pidió más precisión en los informes, pero nadie se extrañó: el Tottenham es, probablemente, el equipo con más variantes tácticas de la Premier. «El Tottenham de Pochettino es el equipo que cambia más de sistema en cada partido. No tanto como el Dortmund de Tuchel, que en una final de Copa nos cambió cuatro o cinco veces y nos hizo variar otras tantas, pero los de Pochettino hacen muchas cosas y las hacen muy bien», añade Torrent. El segundo de Pep asegura que en Inglaterra han cambiado menos de sistema que en Alemania o en España porque no lo han necesitado: «Nos lo han exigido menos, pero en eso Pochettino es muy bueno».

«Siempre he sido muy de cuidar la táctica. Como todo juego, el fútbol requiere táctica, sin ella no tiene ningún sentido. En el ajedrez hay estrategia, en el baloncesto también. Todos los juegos tienen estrategia. Y la razón por la que soy entrenador es la táctica. Pero sé que con el tiempo iré dejando matices para ir más al ser humano. Ahora estoy dos horas viendo un partido y dejaré de hacerlo para pasarme dos horas hablando con un jugador o con el cocinero o con el fisio», dice Guardiola.

Tal vez por eso, este año Guardiola ha incidido más en la idea de «sois muy buenos, sois los mejores» que en muchos conceptos tácticos. En parte porque jugaban con gran solidez y la mayoría de las cosas que hacían en el campo las hacían bien. Pero hay además motivos relacionados con lo ocurrido el año pasado y durante su experiencia en el Barcelona. A diferencia de lo que sucedía en el Barcelona o en el Bayern, donde debía recordarles a los jugadores que los rivales eran buenos («íbamos a Getafe o a Colonia y era fácil caer en la tentación de pensar que íbamos a ganar sin dificultades»), Pep y su cuerpo técnico sostienen la teoría de que en el City asustaban al equipo. «Les avisábamos de tantas cosas sobre el rival que llegó un momento en que pensamos: "¡Joder! Les hemos contado tantas maravillas de los otros que les hemos metido el miedo en el cuerpo"», cuenta un técnico. Pep cambió el rumbo. «Se ha pasado el año recordándoles lo buenos que son porque son capaces de pasarse la pelota mil veces y meter más goles que nadie y ganar más partidos que nadie», explica uno de sus colaboradores. «En el verano tomé conciencia de que nos faltaba autoestima. Creo sinceramente en ellos y se los digo siempre que puedo porque son muy buenos, muy buenos», dice Pep.

Llegado el sábado, día del partido, en Londres hacía un día precioso. Pep se dejó de tácticas y les tocó la fibra. «Fue a por el aspecto emocional y nos dijo que un gran equipo se levanta después de los golpes. Nos dijo algo así como "lo habéis hecho mil veces y lo podéis volver a hacer". Nos dijo que saliéramos a ganar para demostrar que queríamos ser campeones de la Premier League, que éramos mejores de lo que pensábamos», recuerda un jugador.

Pere llevó a sus hijos, Guillem, Pol y Martí, al Regent's Park. Los dos mayores suelen tener partidos de fútbol los fines de semana con su equipo, el Honest Sausage. Su hermano, alojado en el hotel Hilton Wembley, ya estaba más tranquilo.

Por la tarde, el hermano pequeño del entrenador fue a Wembley con sus dos hijos y Walter, un amigo muy culé que vive en Londres. El City arrasó al Tottenham en una primera parte sensacional. «Uno de los mejores partidos de la temporada, sin duda», dice Domènec Torrent.

Vincent Kompany salió al campo llevando de la mano a Harvey, un niño de 11 años *fan* de David Silva, Sergio Agüero y el propio belga, que capitaneó el equipo en la victoria número 14 fuera de casa. «Hoy han sido mejores. Los 20 primeros minutos nos han machacado. Bueno, de hecho han sido mejores todo el año, por eso van a ganar la Liga», dijo Pochettino tras el partido.

Dos o tres minutos después de que los jugadores entraran en el vestuario, Pep salió disparado de allí. En la gran sala donde se inicia el túnel que lleva al campo en las entrañas de la catedral del fútbol inglés encontró a Kyle Walker hablando con Danny Rose. Lo mandó para dentro. Leroy Sané y Kevin De Bruyne, que había sido escogido «hombre del partido», hablaban frente a las cámaras de Sky. El alemán participaba en la protocolaria entrega del premio. Luego debían atender a otras televisiones. Pep abortó la operación y se los llevó corriendo al vestuario. Tenía un mensaje que darles. A Sané lo perseguía un tipo que debía hacerle el control antidopaje y acabó presenciando la charla de Pep porque entró con Leroy en el vestuario. «Pep nos felicitó, nos dijo que la Premier estaba al caer, que después del entrenamiento de recuperación de la mañana saliéramos corriendo y nos fuéramos tres días de vacaciones, que el miércoles volviéramos pensando en el Swansea, que habíamos conseguido algo sensacional y que podíamos estar orgullosos.Nos dijo que sería muy bonito celebrarlo en casa con nuestra afición y que no nos podíamos dejar ir por respeto a nuestros rivales, o algo así», recuerda un jugador presente en la charla.

El sábado por la noche, mientras el City regresaba en tren a Mánchester, en el Night & Day de Oldham Street actuaron los Antics. Al día siguiente, el West Bromwich Albion ganó en Old Trafford. Cuando Jay Rodríguez marcó en el minuto 73, del City quedaban cuatro gatos en la ciudad y casi nadie estaba pendiente del partido. Pep se había ido a jugar al golf con Màrius. Tenía una cita con Tommy Fleetwood, -4 en el último Masters. «Bueno, él juega al golf y yo a otra cosa. O al revés, pero no es el mismo deporte, eso seguro», bromea. Después del partido tomaron una cerveza («lo mejor del golf», según Pep) con la esposa de Tommy, una gran *fan* del City. Fleetwood es del Everton. De vuelta a casa, en la autopista, bajo una lluvia de mil demonios y atrapados en un atasco, Màrius miró el móvil: el West Brom acababa de meter un gol. «Estos ya no remontan», pensó Pep. «Hoy ganamos la Premier», dijo Màrius. «Me enteré de que era campeón de la Premier dentro del coche, parado en un atasco en la autopista mientras diluviaba. No es el sitio que uno sueña, pero bueno...», cuenta el técnico.

Pep llamó a Cristina, habló con sus hijos y recibió una llamada de Pere, que vio de reojo la primera parte con Laura, su esposa, en casa de sus amigos y vecinos Javi y Màrian tras una calçotada espectacular a la que también acudieron Virgina y su marido, el mítico músico del grupo EMF Ian Dench y los hijos de los tres matrimonios (Guillem, Pol, Martí, Martina, Carlota, Theo y Margo) además de su amigo Walter. Recibió también mensajes de amigos como Xavier Sala i Martín o su colega Domènec Torrent, que había salido a pasear como solía hacer los domingos por la tarde.

A Dome le cayó un aguacero y se refugió bajo el voladizo de la antigua Great Northern Railway Company, ahora un centro comercial con tiendas, un casino, una bolera y varios restaurantes. «Me pilló un diluvio y busqué cobijo justo frente al Revolución de Cuba. Me eché a reír: no pasaba ni Dios por la calle y éramos campeones: "¿Qué cojones haces aquí solo si has ganado la Premier?". ¡No tenía con quién abrazarme! Había salido solo porque Gemma, mi mujer, acababa de volver de viaje y estaba muy cansada. No conseguí dar con Pep y le envié un mensaje: "Disfrútalo como nunca, hemos hecho una Liga acojonante".»

Pep había desconectado el teléfono y cuando llegó a casa empezó a llamar mientras él y su mujer brindaban con champán. Llamó a Khaldoon, a Soriano, a Txiki, a sus colaboradores más cercanos. Recuerda especialmente la conversación con el emiratí: «Lo felicité y le agradecí su comportamiento el año anterior porque, a pesar de no ir las cosas del todo bien, nunca hubo el más mínimo reproche. Ya sabes que a menudo los que mandan cuando no ganas... pues en todo momento recibí mensajes de apoyo y tranquilidad. Siempre. Y cuando más los necesitaba».

«Pep me llamó y me dijo "esto la vamos a celebrar de verdad"», cuenta Lorenzo Buenaventura, a quien la noticia lo pilló paseando por el Puerto de Santa María con su esposa. De vez en cuando echaba un vistazo al teléfono con la sensación de que en cualquier momento llegaría el gol del United, pero no llegó.

¡Vaya si lo celebraron! «Ni por asomo creía que iban a perder el partido», reconoce. Lo cierto es que se olvidó del encuentro y se dedicó a lo importante: su señora. Entonces se cruzó con su amigo Patrick, un tipo de Southampton muy *fan* de los *saints* que años antes le había dado clases de inglés: «Vino y me dijo: "Felicidades, eres campeón de la Premier". Miré el móvil y vi que había ganado el West Bromwich. Le di un beso a mi mujer y nos fuimos a tomar un té para celebrarlo».

Los mensajes de Pep, Lorenzo o Dome eran solo algunos de los muchos que tenía Mikel Arteta al aterrizar en Mallorca esa tarde: «Faltaban 20 minutos para que terminara el partido cuando despegó el avión en Mánchester. Cuando llegué a Palma supe que algo había pasado. ¡Tenía 150 mensajes y unas 60 llamadas perdidas!». De camino a la casa de Portals Nous donde suele pasar sus días de descanso, llamó a Pep y a sus compañeros del *staff*, a sus amigos y a su esposa, que estaba en Los Ángeles.

Carles Planchart se enteró en su casa de los NV Buildings, en Media City. La zona, muy próxima a Old Trafford, se llena de seguidores del United cuando hay partido. Estaba en casa, tumbado en el sofá, y el WhatsApp del *staff* empezó a escupir mensajes de felicitación. Había dejado de ver el encuentro cuando vislumbró la posibilidad de que el United perdiera. Se acicaló y se fue a celebrar el título en un tranvía repleto de aficionados y tan feliz. Volvería a casa en taxi .

El capitán del equipo, Vincent Kompany, siguió el partido en casa de sus suegros, en Hale, con su familia y varios amigos, entre ellos uno del United que los vio celebrar el gol de los *throstles* y a quien hubo de consolar después, cuando la casa era una fiesta celeste. Para Kompany era la tercera Premier. También para el Kun, que estaba recuperándose en Barcelona, y para David Silva, que dormía la siesta en Valencia, adonde había llegado ese mismo día: «Me había echado un rato y me despertó mi padre para darme la enhorabuena. Me fui derecho al hospital para celebrarlo con mi chica y con Mateo».

El cuarto capitán, De Bruyne, estaba de vacaciones e hizo un FaceTime con Kompany cuando las celebraciones ya habían empezado en casa de sus suegros. Minutos después, el 4 del City se dirigió al pub Railway de Hale. Por allí pasó también Kyle Walker. El lateral estaba tan nervioso (puede que algo barruntara) que no quiso ver el partido y se pasó la tarde ayudando a su hijo a pegar cromos en el álbum del Mundial. Fue su mujer quien le dio la noticia: «"Ha perdido el United. ¡Habéis ganado la Premier!", me dijo». Kyle se abrazó a su familia, llamó a John Stones y tras colgar se acercó a su esposa: «"Lo siento, pero me voy al pub", le dije. ¿Qué iba a hacer?». También se acercó Bernardo Silva. El portugués estaba en pijama cuando se enteró de lo de Old Trafford. Se vistió Stones y lo recogió en coche. También estaba Delph. Fabian es de Bradford y no lo ha tenido fácil para sonreír. Cuando aparcó el coche junto al pub donde había quedado con sus compañeros, de otro bar salieron varios hinchas del United que le cantaron el típico «United, United, United!». De su boca salió entonces un sentido «Manchester is blue, lads!» [¡Mánchester es azul, chicos!]. Después se abrazó con Brandon Ashton. El barbudo utilero, todo un personaje, es la pura esencia del City construido por Guardiola, todo compromiso y pasión. Vive en Smithy Bridge, un suburbio de Rochdale, con su mujer, Jade Seed, y su hija, Nellie Alice. Allí vivió el gol de Jay Rodríguez.

«Te voy a decir la verdad. Aquella tarde pensaba ir con Delph y mis colegas a tomar algo. Teníamos libre el día siguiente y a Fabian le encanta venir con mis amigos, pero por la mañana lo canceló —cuenta Brandon—. Mi mujer se puso muy contenta porque yo había estado en Londres con el equipo el fin de semana y al menos disfrutaríamos de una tarde juntos en casa. Fui al súper, compré unas cervezas y buena comida y pasamos una buena tarde. Y en estas me preguntó: "¿No vas a ver el partido del United?". Ella no sabía que si perdían éramos campeones. El caso es que puse la tele y el West Brom marcó mientras ella daba de comer a la niña. Y bueno, ya lo que vino... empecé a gritar, a cantar y a saltar. Ella también se alegró y me dijo: "¡Qué estupendo! Vamos a tener una noche bonita aquí los dos". Y yo le dije: "Lo siento, pero yo me voy al bar, cariño".

Ella se echó a llorar. Nunca me había visto ganando algo, hace solo un par de años que estamos juntos. No entendía mucho el momento. Le dije que ganar la Premier no era como que te tocaran 10 libras en la lotería, que mucha gente mataría por estar en mi lugar. Me tomé dos cervezas con ella y me fui al pub donde había quedado con el equipo. Y empezó la fiesta. Acabamos rodeados por *fans* del City. Es una de las sensaciones más mágicas que se pueden tener. Cantar con ellos, celebrar el triunfo... yo nunca llego a tener esa interacción con los *fans*. Estuvo muy bien. Recuerdo a Walker cantando con ellos el "We've got Guardiola". Fue maravilloso. Bueno... ¡eso creo! No recuerdo nada, pero tengo la sensación de que nos lo pasamos muy bien!» Hay testigos que lo corroboran. Lo dejaremos ahí.

Marc Boixasa, el delegado, vive en los apartamentos construidos sobre el solar que dejó The Haçienda, frente a la estación de Oxford Road. Estaba echando la siesta y fue Adela, su novia, quien lo despertó. Empezó la fiesta en casa y allí concluyó horas después. Volvió a gatas. Al salir llamó a Edu Álvarez, el fisio, que estaba jugando al Fortnite con su hija Carla en su casa de Spinningfields mientras Eva, su esposa, veía un capítulo de Pepa Pig con la pequeña Alejandra. Voló el champán. Marc pasó a buscarlo a la espera de que en el WhatsApp del equipo apareciese un mensaje: «¡Al Australasia!». Es uno de los restaurantes más finos de la ciudad. Ya no hubo marcha atrás. Aparecieron Gabriel Jesus, Carles Planchart y Xabi Mancisidor con su mano derecha, Richard Wright, los fisioterapeutas del equipo (Steve, Lele, Carlo y Edu) y Sam y Barry, los preparadores físicos. Aquella noche se bebieron Mánchester.

Ya lo había dicho Pep: lo iban a celebrar. Y no mintió.

El miércoles por la tarde, cuando el equipo se reagrupó para volver a los entrenamientos, Guardiola convocó a reunión en el comedor, pero no solo con los jugadores y su *staff*. Esa vez también llamó a la gente que trabaja en la lavandería, a los empleados de seguridad, a los jardineros, a las recepcionistas, a los cocineros, a las señoras de la limpieza... Estaban Txiki y su secretaria, Ana, Manel Estiarte y su equipo (Clare, Jodie, Cole, Nicki, Emily, Sophie, Katie y Beky) y, por supuesto, los médicos, los fisioterapeutas, los utileros, la dietista y el delegado; o sea, todos los que trabajan para que los futbolistas se sientan cómodos. Y notablemente emocionado les dijo:

> Vale, chicos, no pudimos celebrar juntos el campeonato porque estábamos en casa. Quizá esta sea la charla más fácil de dar y, al mismo tiempo, la más complicada. Felicidades porque somos campeones, somos los mejores de Inglaterra. A todo mi *staff*, a todos, a todos los que trabajáis, aquí me gustaría pediros que os sintieseis parte de esto. Siempre se habla del entrenador y de los jugadores, pero es imposible conseguir lo que hemos conseguido sin vuestro increíble esfuerzo. Por supuesto, estamos aquí gracias a los chicos porque son excepcionales. No se trata de un solo partido porque perder uno o dos... pero estar ahí nueve o diez meses cada día es lo más extraordinario que un atleta puede mostrar en su vida. Y vosotros a su alrededor habéis creado algo único en el vestuario. Es imposible conseguir lo que hemos conseguido sin ser buenos seres humanos, sin ser buenas personas, sin aceptarse los unos a los otros. Lo que hemos hecho es ser mejores que 19 equipos. Nada más. Es mucho, pero nada más. Pero lo que habéis hecho cada día los trabajadores de este club cuidando a la gente, vosotros, Stacy, Lee, toda la gente de aquí... merecéis todo mi respeto. Lo que ha pasado este año estará siempre en mi corazón hasta el último día de mi vida. Y espero que en el vuestro también. Lo que he vivido y he sentido esta temporada es algo fantástico. Por eso ahora, cuando acabe, quiero que bajéis todos al campo para hacernos una foto, pero no solo con los jugadores, con vosotros, con todos los trabajadores. Antes me gustaría que nos diésemos el mayor y mejor aplauso del mundo, el que nos merecemos.

Días después, el domingo 22 de abril, tras golear a Swansea en el Etihad (5-0), el cuerpo técnico cenó en el restaurante Tapeo & Wine y después, ya con los jugadores, cerraron el Panacea, una conocida discoteca de la ciudad. La mayoría llegó a casa de madrugada.

El 6 de mayo, tras empatar a cero contra el Huddersfield, el presidente ejecutivo de la Premier League, Richard Scudamore, impuso las medallas a los jugadores del City que habían jugado más de cinco partidos en el torneo; o sea, todos menos Brahim, Foden, Nmecha y Muric. El trofeo lo entregó Shauna Miller, entrenadora del City in the Community, la obra social del City.

Esa noche, más de mil personas celebraron el triunfo en un hangar situado al sur de la ciudad. Fue una fiesta espectacular en la que Ferran Soriano les dio una sorpresa a Pep Guardiola y todos sus futbolistas: sobre la pantalla del escenario proyectó una imagen de Sheffield. «¿Alguien sabe dónde está esta ciudad?», preguntó el mandamás del City Football Group. Cuatro empleados y Kyle Walker levantaron la mano. «Kyle, sube al escenario, por favor», dijo el *boss*. El lateral subió al escenario. Soriano le rogó entonces que pulsara un botón y en la pantalla apareció una fachada con una imagen del jugador proyectada sobre ella. Era Lansdowne Estate, en Sharrow, un distrito de Sheffield donde el número 2 del City jugaba a la pelota de niño con sus amigos. La proyección llevaba este mensaje: «Felicidades, Kyle, campeón de la Premier League 2017-2018». Acto seguido hizo lo mismo con De Bruyne. Kevin subió al escenario y apretó el botón. Apareció el estadio del Drogen de Gante, club que organiza cada temporada la Kevin De Bruyne Cup. «Todos veréis el lugar donde empezasteis», les dijo Soriano.

Y así fue. Para Guardiola, el ayuntamiento de Santpedor; para Phil Foden, el viaducto de Stockport; para Yaya Touré, el club ASEC Mimosas de Abiyán (Costa de Marfil); para el ucraniano Zinchenko, el castillo de Radomishl, su ciudad natal... Todos los jugadores recibieron su homenaje. Y en la fachada del ayuntamiento de Mánchester se veía el escudo de los *citizens*.

Las fiestas siguieron. «Nunca he celebrado un título tantas veces en mi vida», diría uno de los veteranos. El jueves 10 de mayo, los miembros del *staff*, con Pep a la cabeza, cerraron el San Carlo y luego se fueron a tomar unas copas en el Tattu, bar de moda de la ciudad. Pep se fue a casa. El lunes 14, unas 100.000 personas tiñeron de azul las calles del centro de la ciudad en la rúa organizada por el club. Solo faltaron el Kun Agüero, de camino a Argentina para incorporarse a la concentración de Argentina de cara al Mundial, y David Silva, que estaba en Valencia con su esposa y su bebé (por fin en casa), mandó un emotivo mensaje. Pep Guardiola habló desde el escenario: «De ninguna manera esperaba acabar con 100 puntos esta Premier, pero lo hemos hecho. Ahora es tiempo de disfrutar lo que hemos conseguido, nada más. Vamos a ver el Mundial desde el sofá con una buena cerveza o un buen vino y volveremos más fuertes».

¿Más fuertes? Que tiemble Europa.

CAPÍTULO 39

FIESTAS, CALCETINES Y ESPAGUETIS

With the twenty four hour party people
plastic face can't smile a white out
Because I have to wait for you to conduct
Press the pause of the self destruct
With the twenty four hour party people
plastic face can't smile the white out
With the twenty four hour party people

HAPPY MONDAYS, «24 HOUR PARTY PEOPLE»

Aún hoy, en las barras de los pubs, por las calles y locales varios de Mánchester, la afición mancuniana debe seguir intentando despejar una duda existencial: ¿Qué fue más espectacular, la manera como el City de Pep ganó la Premier o la manera como el pueblo celeste de Mánchester lo celebró? Mucho más allá de lo que diga la película de Amazon sobre la pelea con Mou o sobre *La Guerra de las Galaxias*, hay hechos difíciles de explicar. La pregunta es de respuesta compleja, la verdad, dada la cantidad de personajes que llenan las gradas del Etihad, los trenes que van camino de los partidos a domicilio, las calles de la ciudad a diario y, si nos lo permiten, la CFA. Por ejemplo, si de algo está orgulloso Txiki Begiristain es de haber tenido la ocasión de disfrutar con la compañía de una leyenda como Mike Summerbee y de conocer sus memorables correría nocturnas de los años setenta. Pep, que lo conoce menos, no oculta su respeto y devoción por el narizotas, que, por otro lado, debe de estar muy orgulloso de la capacidad de este equipo para irse de fiesta. Ha sido precisamente en cines, restaurantes, bares, reservados de discotecas, pubs de barrio o karaokes varios donde se pusieron los cimientos del mejor conjunto en la historia de la Premier League.

El principal instigador de las celebraciones ha sido Pep Guardiola, digno heredero del Dream Team, también conocido como Drink Team, un equipo que bebía mejor que jugaba. Fue él quien organizó la primera reunión de todo el grupo, y allí, en el Fazenda, instó a todos a entonar el «Cumpleaños feliz» cuando supo que una de las recepcionistas del club cumplía años.

Poco después se llevó a los trabajadores del club a ver la película *La La Land*. «Fue un detalle bonito, no tenía por qué hacerlo. Nos comentó que a su hija le había gustado mucho y que debíamos verla», cuenta Ana Leiva, la secretaria guatemalteca de Txiki, dulce como un mango. Una cándida componente del *staff* creyó a un compañero cuando este le dijo que subían al autocar para ir a un bar de señoritas. Se pasó el camino temblando y no salió del engaño hasta llegar a la puerta del cine. Los chicos no lo pasaron mal, especialmente gracias a los comentarios del Kun Agüero, que animó como nadie la velada. Era la segunda vez que Manel Estiarte veía la película. La vio tres veces más: con su mujer, en Pescara, y con cada una de sus hijas. Se sabe los diálogos de memoria.

Desde que llegó Pep es norma inquebrantable que a las cenas de club acuda todo aquel que trabaje en el First Team Building de la CFA. «Esta ha sido la tónica habitual de Pep, no excluir a nadie, invitar a todos. De recepción, a lavandería, pasando por cocina... todo el mundo viene», asegura un ejecutivo de la entidad. «Pep solo se ha enfadado una vez conmigo y fue por no ir a una cena. Pensé que solo iba el cuerpo técnico y a mí me dio un poco de apuro. Al día siguiente lamentó que no hubiese ido. Cuando convocaron otra cena encargó de invitar personalmente a todas las chicas de la oficina para que no hubiera dudas», cuenta una empleada.

La tradición empezó con la llegada del entrenador y se consolidó durante la segunda temporada. El sitio elegido para cada festejo variaba, pero uno de los favoritos era el Tapeo & Wine. Allí el City ha encontrado la mezcla perfecta de buena comida española con un espacio idóneo, pues tiene la posibilidad de desplegar un karaoke que ha dejado muchos momentos de gloria.

El lugar, propiedad de Juan Mata, es conocido entre los empleados del club como «la segunda casa» por la cantidad de veces que se citan allí, aunque solo sea para tomar una caña o saludar a José Manuel, el encargado, o a Lara, una de las mejores camareras de la ciudad. Además es muy fácil toparse con colegas del United, el Stockport o el Bury. Y con Juan Mata padre, claro, algo que no tiene precio. Allí, donde casi se ahoga Mara Armendáriz con un trozo de carne; Pep Guardiola celebró su cumpleaños dos veces; Mourinho, por cierto, también. El primero sopló las velas del pastel; el portugués declinó la invitación porque, según le dijo al camarero, no le quedaban motivos para soplar: «Ya he cumplido todos los deseos de mi vida».

Se celebraron tres fiestas en el Tapeo & Wine durante la segunda temporada, todas antes de ganar los títulos. Allí la gente ha podido palpar el gran ambiente que se respira en el club. «Hicimos una en octubre que fue cojonuda. Entonces ya dijimos: "Vamos a hacer algo grande de verdad". Se notaba el buen rollo entre todos los departamentos —dice un veterano del club—. Fue un fiestón de puta madre. Pero lo bueno es que las hemos repetido. Antes hacíamos una cada seis años y el entrenador comía en una mesa con su gente. A Pep no le gustan las mesas, prefiere relacionarse.» Otro empleado cuenta esto: «En una de las fiestas, Pep vino y me dijo: "¡Eh, gracias por lo que has hecho! ¿Está todo bien? ¿Habéis cenado bien? ¿Vas a salir a cantar?". ¡Su puta madre! ¡Qué genio!». «Creo que gran parte del éxito de Pep y sus compañeros es que han sabido transmitir el buen ambiente del *staff* a los futbolistas y a todos los trabajadores del club», opina otro empleado. Domènec Torrent dice: «Este ambiente no lo he visto nunca en ningún sitio». Y Pep lo agradece.

En las fiestas ha sido frecuente que Edu Mauri, médico del equipo, cogiera el micro para cantar «Mediterráneo» o que Mikel Arteta imitara a Torrente cantando «Torero», el clásico de Chayanne. Incluso los más tímidos han actuado frente al micro. Ana, la secretaria de Pep, protagonizó con Arteta una inolvidable versión de «Despacito». Y nunca falta el «Sweet Caroline» de Neil Diamond a cargo de algún fisio. El técnico se inclina por «Wonderwall», de Oasis, uno de sus temas favoritos, la canción que ha sonado cada día de partido durante la última temporada cuando los jugadores llegan al vestuario. Se ha instaurado como tradición jueguen en casa o fuera. A Guardiola y Edu Mauri se los ha visto abrazados cantando a pleno pulmón «L'estaca» de Lluís Llach, buen amigo del entrenador.

Los futbolistas, en cualquier caso, se han cuidado de no liarla parda fuera de las horas permitidas. Quizá saben que Pep Guardiola tiene más ojos que una mosca en la noche de Mánchester. En eso toma ejemplo de Alex Ferguson, que pagaba a los taxistas de la ciudad para que lo mantuvieran informado sobre las andanzas nocturnas de sus jugadores.

Si la Champions daba su consentimiento, uno de los lugares de reunión era el reservado de Revolución de Cuba las noches de los miércoles. Allí suena música latina, esa que tanto gusta a buena parte de la plantilla. Otro centro de reunión era el Club Liv, justo al lado, algo más glamuroso, más de *house* y música electrónica, buena alternativa para salir los jueves o los domingos (viernes y sábados está abarrotado), a no ser que le echaran el cierre un domingo mientras los camareros de la ciudad se duchaban con cervezas en el Albert's Scholss. Allí, en el Club Liv, se celebró como Dios manda la última victoria del Manchester City en Old Trafford, el de la bronca en los vestuarios. A Silva no se lo ha visto en ninguna fiesta; otros, no se las perdían ni con los huesos rotos. El History fue lugar de reunión a principio de semana, y los más buscones pisaron locales como el Neighbourhood (excepto cuando lo cerraron por una reyerta), pero, eso sí, siempre antes de las 23 horas.

Otra de las discotecas clásicas es el Panacea, inaugurada en 2005 en el corazón de la ciudad, que se reservó para albergar la primera fiesta de toda la plantilla con el *staff* tras la victoria en la Premier League. Fue el domingo 22 de abril, justo después de jugar contra el Swansea en el Etihad. Lo de las fiestas tras la consecución del título de Liga igual da para otro libro.

«No sé si ha habido Premier más celebrada que esta», confesó un miembro del equipo en plena resaca. «Para mi gusto, demasiadas fiestas», dijo con la boca torcida, muy en su papel, la dietista Sìlvia Tremoleda, que sufría como nadie viendo al grupo tomarse unas copas cuando aún quedaba competición porque, argumenta ella, el consumo de alcohol perjudica enormemente la recuperación muscular. Pep se reía cuando ella se quejaba. ¡Qué se le iba a hacer si el entrenador les daba tres días de fiesta a los jugadores! Cuando volvían al tajo solo organizaba partidillos, les soltaba tres charlas y luego seguían ganando camino de los récords. Tremoleda ha contribuido de forma notable al rendimiento del equipo, sin duda, pero odia hasta el vino en las comidas, convencida como está de que es falsa la teoría de que una copa al día es beneficiosa para la salud. Sea como fuere, las normas impuestas por la dietista se han seguido a rajatabla en el club. Nos parece muy bien. Y ya nos perdonará usted, pero donde esté una pinta de Bollington que se quite el mejor vaso de agua.

Tremoleda ha prohibido el vino incluso en las barbacoas, aunque el cuerpo técnico no le hace ni caso: cada vez que Mikel Arteta aparece con chuletones de Tolosa, se descorchan botellas para su amarga desesperación. Eso sí, los jugadores no prueban el vino o la cerveza en la CFA. «Sé que beben en casa y en los pubs, pero yo aviso: el alcohol mata», insiste. Quedamos avisados, pero... moriremos de pie y con un vaso de cerveza en la mano.

El equipo fue de fiesta en fiesta de manera tan legítima como justificada. A la improvisada del título, cuando la derrota del United decidió la Liga, siguió la del Panacea, el 22 de abril de 2018, y a esta la oficial, organizada por el club tras el encuentro contra el Huddersfield. Aquella fue la más concurrida: estaba invitada toda persona que trabajase en cualquier edificio del club y fuera mayor de edad. Con los invitados iban sus hijos. Los amigotes eran bienvenidos siempre que no bebieran más que Edu Álvarez y Brandon Ashton juntos durante un fin semana con sus colegas. También fueron vips como Noel Gallagher, compositor de Oasis, o Johnny Marr, guitarra de los Smiths. Total: más de mil personas y varios animales. Después, el 10 de mayo, vino la ya mencionada cena en el San Carlo con posterior visita al Tattu.

La última, la gorda y pública, fue el día de la rúa por la ciudad. Aconteció el 14 de mayo y los jugadores se concentraron en la CFA a mediodía. Se vistieron con camisetas especiales para la ocasión, acudieron a actos con la comunidad y finalmente salieron en bus descapotable. En el vehículo no faltó nada. En las calles, tampoco: como ya se ha dicho, unas 100.000 personas celebraron el éxito en las principales avenidas de Mánchester. El recorrido acabó con los parlamentos en la calle Deansgate, pero a los futbolistas aún les quedaba otra fiesta. Los jugadores y empleados se fueron a otra cena, esta vez al Cottonopolis, un restaurante de cocina asiática. Cottonopolis es un viejo apodo de Mánchester, primera ciudad industrial del mundo y centro neurálgico de la industria textil en el siglo XIX. Esa cena la pagó Guardiola de su bolsillo.

Con respecto a las fiestas privadas del *staff*, cuentan los asistentes que lo único que se sabe siempre es cómo acabarán. Antes de cerrar la noche, los ingleses toman el mando del karaoke, ponen el tema «Glad All Over» de los Dave Clark Five y todo Dios canta a viva voz «we've got Guardiola». «A Pep, la verdad, no le gusta mucho que hagamos eso, pero es que a nosotros nos encanta», dice uno de los cantantes. Pes se ruboriza y agacha la cabeza mientras su equipo se enorgullece, en pleno festival, de tener a Guardiola.

Y cuando eso pasa, Maria mira a sus hermanos, a Valentina y a Màrius, y mira a su madre y piensa, como en el campo cuando oye a los *fans*, que no deja de ser curioso que le canten a alguien que, en el fondo, no es más que su querido papi. Y lo piensa con una extraña mezcla de orgullo, sorpresa y vergüencita.

Para llegar hasta ese momento, para llegar a tantas fiestas, todos han puestos mucho trabajo y todo su talento. También han dejado un reguero de manías por el camino. «No conozco a ningún deportista que no tenga supersticiones», dice Manel Estiarte mirando a un risueño Begiristain. De sus manías ya hemos hablado en otro capítulo. Las de Estiarte son incontables, darían para un libro. «En el fondo buscas refugios para tu seguridad», explica. La superstición no deja de ser una creencia contraria a la razón y, en el City, quien más o quien menos tiene la suya. El waterpolista tiene 200 y no revela casi ninguna, pero es evidente que este año le ha dado por no cambiarse la corbata, así que se le ha visto cada día de partido con una muy bonita.

Pep también tiene sus rituales. Los días de partido siempre ha vestido la misma camisa, hasta el punto de que, una mañana, su esposa salió corriendo de casa para que se pudiera cumplir la liturgia: tenía que llevarle la camisa de la suerte a la habitación que ocupa en la residencia de la CFA (siempre la misma, claro). Guardiola siempre sale al campo el último, pero el último de todos, cuando ya está todo preparado. Antes llama a Cristina desde el túnel y luego habla con Maria, su hija mayor. Después, antes de pisar el césped, le da un abrazo a Manel Estiarte y le dice que lo quiere al oído. En la mano, dos botellas de agua que deposita en el suelo cuando se sienta en el banquillo.

Si hay botellas de agua, también hay calcetines de la suerte, y ahí aparece Edu Álvarez. Tiene la costumbre de vestirse tras la elección de los calcetines: empieza por los pies. O sea, abre el cajón de los calcetines, decide los que se va a poner y a partir de ahí escoge el resto de su ropa. Los calcetines mandan, pero, lógicamente, en el caso de la ropa de trabajo hay que amoldar los calcetines a las necesidades: cada año debe elegir unos calcetines que vayan a juego con el chándal. La temporada 2016-2017 usó unos grises y amarillos. El día de los 100 puntos, el chándal era granate. Buscó y reflexionó: azules con lunares blancos, granates con lunares azules y azules con lunares granates. Los tres pares cuadraban, pero sometió el asunto a votación doméstica: Eva, su mujer, Alejandra, la hija mayor y él mismo votaron por los azules con lunares granates. La hija menor discrepaba.

«Negociar con la pequeña es jodido, ¿qué haces entonces? Engañarla. En un montón de viajes llevaba los granates en la mochila, pero luego me ponía los otros», admite Edu. Si su mujer no estaba en Mánchester, a veces no le daba tiempo a lavar los calcetines, sobre todo cuando había partido cada tres días. Como la vida no es fácil, se los ponía sucios: «No íbamos a jugarnos la Liga por una bobada».

Los calcetines han dado mucho que hablar. A Sané se le rompieron al ponérselos el día de Cardiff y se lesionó. La costumbre le exige ir con los calcetines puestos al campo. Luego allí se cambia de ropa y a trabajar. Pero hubo dos días en que los calcetines no llegaron al campo: en Liverpool (fueron ya vestidos desde Mánchester en autobús) y en Donetsk porque no estuvo. Perdieron en las dos ocasiones.

Marc Boixasa, el delegado, siempre va al gimnasio por la mañana. Se ha pasado el año con la misma camisa, corbata y traje, este con una mancha de batido que le cayó en Old Trafford. Para comer siempre toma pan de banana en el *pre-match meal*. Ya no come salmón porque lo había en el menú el día que jugaron en el Etihad contra el Everton y empataron. Si se concentran en la CFA el día antes, duerme en la habitación número 22 o 24. A mitad de temporada se adhirió a la idea de Mikel Arteta: comer espaguetis a la carbonara el día de partido.

Los miembros del *staff* se sientan siempre en los mismos asientos del bus cuando van al campo. Brian Kidd, por ejemplo, tiene a su derecha a Manel Estiarte. La mayoría de los jugadores hacen lo mismo. También entre ellos abundan las supersticiones, pero no las confiesan. Como dice Estiarte, «hacerlo trae mala suerte».

«Me pone muy nervioso la gente con supersticiones —contesta Ferran Soriano cuando le preguntas—. No lo puedo entender. Te juro que me molesta, es algo irracional, una esclavitud absurda, no hay base científica que lo justifique. Es una sinrazón.» El director ejecutivo mira a su alrededor y solo ve supersticiones. ¡Qué le vamos a hacer! Vivir según dónde puede ser una sinrazón.

CAPÍTULO 40

LA NOCHE EN QUE PUDO ACABAR TODO

Don't look back in anger
I heard you say
At least not today

OASIS, «DON'T LOOK BACK IN ANGER»

El 21 de mayo del 2017, domingo, el Manchester City acabó la temporada 2016-2017 goleando al Watford en Londres (0-5). Por vez primera en su trayectoria como entrenador, Guardiola cerró un curso sin ganar ningún título. El Manchester City fue tercero, sumó 78 puntos y quedó a 15 del Chelsea, el campeón. «La derrota forma parte del deporte, siempre lo he sabido», dijo el jefe. El equipo volvió a Mánchester en tren esa misma tarde.

La noche siguiente, Ariana Grande tenía una cita con sus fans en el Manchester Arena durante la gira *Dangeorus Woman*, que la había llevado a Birmingham el día 18. Era, pues, el segundo de los dos conciertos programados en Inglaterra para la promoción de su tercer álbum, Dangerous Woman, editado un año antes. Raheem Sterling compró entradas para el concierto. Cristina Serra también, para ella y para sus dos hijas. Dieciocho mil personas abarrotaron aquella noche el Manchester Arena.

Era, digamos, el típico evento para el que le compras entradas a tu sobrina porque sabes que nada le hace más ilusión. Maldita la hora. Esa noche se quebraron muchos sueños y pudo acabar todo para Pep Guardiola. El Manchester Arena es un lugar donde, en los últimos dos años, han tocado Metallica, Noel Gallagher o Paul Weller. Allí se han celebrado espectáculos de Disney, combates de boxeo o mundiales de dardos. Es un espacio al que todo el mundo acude tarde o temprano, una verdadera institución en la ciudad.

Ya había terminado el concierto. Se encendieron las luces y el público empezó a salir, la mayoría chicas adolescentes cuyos padres las esperaban a las puertas del estadio. Entonces ocurrió. Eran las diez y media. Un individuo de 22 años nacido en Mánchester y vecino de Fallowfield, un suburbio situado al sur de la ciudad, se inmoló en el vestíbulo que da acceso al recinto por la entrada de Victoria Station. Asesinó a 21 personas y 166 resultaron heridas.

La familia Guardiola vive a tres minutos caminando del lugar donde se produjo la matanza. Pep estaba en casa viendo un partido de fútbol con su hijo Màrius: oyeron la explosión sentados en el sofá. No sabían qué pasaba. Pep miró por los ventanales y vio a la gente correr por las escaleras del Arena. Justo entonces recibió una llamada de su esposa: le dijo que había ocurrido algo, no sabía exactamente qué, y que estaba intentando salir del estadio con las dos niñas. Ahí se cortó la comunicación.

Cristina no tenía ni puta idea de lo que podía hacer ni sabía qué las aguardaba fuera, como casi todo el mundo dentro de aquel recinto. Siguió a María, su hija mayor, que corría hacia la puerta más cercana. Cristina, con Valentina en los brazos, se vio de pronto en la calle y a salvo. Tenía cobertura y llamó a su marido. Cuando recibió la segunda llamada, Pep ya estaba con Màrius en la puerta del edificio donde viven. «Estamos fuera, estamos bien. Vamos para allá», oyó decir a su esposa. Se encontraron a medio camino y regresaron a casa asustados, tristes, rotos... Dejemos otros detalles de aquella noche. Cristina llevó a casa a sus hijas, pero hoy sigue pensando que debió quedarse para ayudar a los demás. Ella es así.

Gündogan y Sané viven en el mismo edificio que la familia Guardiola y, como Pep, estaban en casa cuando se produjo la explosión. «Ya estaba en la cama cuando se oyó el estruendo. No imaginé que fuera una bomba, pensé que serían jóvenes haciendo de las suyas, pero luego empecé a oír sirenas de ambulancia y de coches de policía. A los cinco minutos era tal el ruido y era tan próximo que pensé que había pasado algo grave muy cerca de casa. Inmediatamente bajé a la recepción. Allí me dijeron que las *webs* de los periódicos hablaban de una bomba en el concierto», cuenta Gündogan. Salió a la puerta y vio gente corriendo. Encontró allí a su compañero Leroy Sané. También a David Quintana, el encargado de atender a los jugadores en el City, que apareció resoplando.

David estaba en el Tapeo & Wine celebrando el fin de la temporada con su novia y un par de amigos. Acababan de pedirle un plato de huevos rotos a José Manuel. Sonó el teléfono varias veces, pero quería tener una noche tranquila, así que lo ignoró. Hasta que Martin, un agente de seguridad en el Manchester Arena, empezó a mandar mensajes y a llamarlo compulsivamente. Por fin devolvió una llamada y Martin le dijo: «Ha habido un atentado en el Arena. Busca a tu gente». «¡Cris y las niñas estaban dentro!», escupió contra la mesa. Y salió corriendo hacia la casa de Pep. Por el camino logró hablar con su jefe y supo que todos estaban bien. Pero sabía que Sterling también tenía entradas para el concierto porque las había conseguido él mismo, y el jugador no respondía a sus llamadas. Cuando llegó al Puente de Salford, donde la policía había montado la primera barrera de control, vio a Sané y a Gündogan.

El centrocampista del City nunca olvidará aquella noche: «Raheem planeaba ir al concierto. Le mandé un mensaje y no me contestó. También imaginé que la mujer de Pep y sus niñas estaban allí, pero la gente de la recepción me informó de que habían vuelto, que habían podido salir del Arena a los pocos minutos del atentado. Eso me tranquilizó. Me dijeron que habían llegado bañadas en lágrimas, pero que estaban en casa. Por la calle había muchas personas, muchas niñas, que caminaban abrazadas, llorando. Vi a toda esa gente en la calle y... fue algo muy triste». Su mayor preocupación, como la de Sané y Quintana, era encontrar a Sterling.

Finalmente apareció Raheem, que a última hora había decidido no ir al concierto y estaba cenando cuando se produjo el atentado. Al enterarse de lo ocurrido mandó un mensaje al chat del equipo, algo que alivió ligeramente el peso de una noche larga y tremendamente dolorosa.

Pero Mánchester, tan dura y tan cálida como el ladrillo horneado que sale de sus fábricas, se puso de pie con amor y orgullo. A la mañana siguiente, muy pronto, alguien dejó dos ramos de flores junto al muro de la iglesia de Saint Ann's Square. A media mañana ya eran cientos y, por seguridad, la policía decidió trasladarlos al centro de la plaza y ponerlos a los pies del monumento dedicado a Richard Cobden, un famoso hombre de negocios y estadista liberal, posiblemente el hombre más viajado de su época. Recorrió Europa hasta San Petersburgo, toda España y gran parte de América, casi siempre a caballo (aún no había ferrocarriles). Fue muy popular porque luchó contra la ley que gravaba la importación de semillas y, en consecuencia, elevaba el precio del pan (la norma fue derogada en 1846). Sus hijas fueron muy activas en el movimiento sufragista de Mánchester.

Bajo el monumento a aquel héroe mancuniano creció, como espontáneo homenaje a las víctimas, un manto de flores, osos de peluche y globos en forma de corazón. Por allí pasaron miles de personas a dejar el testimonio de su respeto. También Pep y su familia.

El jueves 25 de mayo se guardó en esa plaza un minuto de silencio que rompió la voz de Lydia Bernsmeier-Rullow, poeta y actriz nacida en la ciudad, a quien le salió del alma cantar: «And so, Sally can wait / She knows it's too late as we're walking on by / Her soul slides away / But don't look back in anger / I heard you say» [Sally no puede esperar, / sabe que es demasiado tarde mientras pasamos de largo. / Su alma escapa deslizándose. / Pero no mires atrás con ira, / te oí decir]. Los presentes cantaron con ella y esa estrofa de «Don't Look Back in Anger» se convirtió en un himno para el resurgir anímico de la ciudad.

«Lo vamos a superar juntos porque eso es lo que hace Mánchester», dijo Bernsmeier-Rullow aquel día. «Se trata de eso, de no mirar atrás con odio, de mirar hacia el futuro», añadió la mujer que rompió el silencio de sus paisanos y convirtió su dolor en esperanza.

Cuando supo lo ocurrido, Noel Gallagher, cedió todos los derechos de la canción al fondo de ayuda a las familias de las víctimas. Hasta hoy van más de 25 millones de libras recaudados para la causa.

La familia Guardiola superó aquella experiencia como buenamente pudo. Meses después, Maria, Valentina y Cristina volvieron al Arena. Mánchester se puso en pie y, casi un año después de la noche en que pudo terminar todo, sus calles se tiñeron de azul porque el City había ganado la Premier League. La gente volvió a bailar sobre las mesas de los bares...

Pero nadie olvida la noche del 22 de mayo.

AGRADECIMIENTOS

Oh yeah, all day and nighttime yours,
leave me never
The only time I feel alright is by your side
Girl I want to be with you all of the time

THE KINKS, «ALL DAY AND ALL OF THE NIGHT»

Esta obra está basada en hechos reales (naturalmente) y en extensas conversaciones con Ferran Soriano, Txiki Begiristain, Pep Guardiola, Omar Berrada, Joan Patsy, Manel Estiarte, Vicky Kloss, Domènec Torrent, Carles Planchart, Lorenzo Buenaventura, Mikel Arteta, Sílvia Tremoleda, Xavier Sala i Martín, Marc Boixasa, Brian Kidd, Edu Mauri, Xabier Mancisidor, Mike Summerbee, David Williams, Edu Álvarez, Ederson Moraes, Claudio Bravo, Vincent Kompany, Aymeric Laporte, Kyle Walker, Ilkay Gündogan, David Silva, Kevin De Bruyne, Leroy Sané, Brandon Ashton y Ana Leyva. A todos, gracias por dedicarnos vuestro tiempo y por hacer el libro posible.

—Preparad una lista de nombres para los agradecimientos —nos dijeron en la editorial.

—Igual salen más bares que personas— les contestamos.

No exagerábamos. Este libro fue ideado en lugares que no recordamos y redactado entre pintas en pubs como el Sir Ralph Abercromby, con Florence y Bethany detrás de la barra (y la canción «Rotterdam» de los Beautiful South sonando una tarde tras otra) o el City Arms, con sus pintas de Titanic y Sandinista! (el bar con los baños más bonitos de Mánchester). Va nuestro agradecimiento a ambos locales. Mil gracias también al Castle (un abrazo, Winston), al Gulliver's (donde el mayor placer es encontrar a Rob, el verdadero Messi de Mánchester), al Night & Day (con sus conciertos, que han puesto banda sonora a este libro), al 42's, al Venue y al Soup Kitchen. En estos sitios no hemos escrito mucho, pero hemos comido, bebido y bailado, que no es poco.

Gracias a las tardes soleadas en el Wharf. Gracias a las camareras y camareros del Black Lion, del Pen & Pencil, del Shamrock Inn, del Mulligan's, del Abel Heywood, del Seven Brothers y de la Mr. Thomas's Chop House. Gracias a los tragos con partido en el Lost Dene, el Brotherhood o el Second City.

Por supuesto, admiración eterna al tío que se inventó el FAB, a sus currantes y a la gente que baila allí. Y a los empleados del Dockyard, en Media City, donde empezó todo. También mil gracias a la gente del Mendizábal, a su mesa 25 y al bar de la pisicina de Vilabella. Los locales olvidados sabrán perdonarnos.

Gracias a Amaia por todo y por más, a Néstor por estar, a Jason Halligan por enseñarnos otra manera de vivir, a Juan y José Manuel, del Tapeo & Wine, y a todo su equipo (nos han cuidado, nos han alimentado y nos ha dejado la impresora) y a Larita (de Vallekas y colchonera) por sonreírnos y por aprender catalán en la intimidad. Gracias, por supuesto, a David, Graham, Sam, Jon, Pol, Marta, Álvaro, José y Maks. Gracias a David Quintana por abrirnos la puerta de la ciudad y atendernos como nadie. Gracias a Cristina por los días de ostras y a Gemma por las paellas.Todos vosotros habéis conseguido que Mánchester sea Mánchester. Gracias a Walter por los consejos, la documentación, las horas de afecto y el sofá. Gracias a John por coger el teléfono y a NG por el regalo. Y gracias a la gente de Malpaso, especialmente a José y Malcolm, por cuidar de esto.

A los empleados del City queremos agradecerles muy sinceramente su amabilidad y su paciencia. En especial al Departamento de Comunicación: gracias Vicky, gracias Carlos Vicente, gracias Alex (entrañable míster No) y gracias Rayna. Y, por encima de todo, mil gracias a Marta y Violeta por dejar hacer y por estar sin estar.

Pol, por último, quiere expresar su agradecimiento a los tres que más quiere (no solo por las pintas que le han pagado) y a la abuela Pilar. Perdonadle, pero ha vuelto a llegar tarde.

Gracias Mánchester. *We love you.*

ÍNDICE

ALIOS · VIDI ·
· VENTOS · ALIASQVE ·
· PROCELLAS ·

ALIOS · VIDI ·
· VENTOS · ALIASQVE ·
· PROCELLAS ·

Ucdigo
18,00

1/10/18

· ALIOS · VIDI ·
· VENTOS · ALIASQVE ·
· PROCELLAS ·